W0334183

Elementi di storia del diritto romano

EB 0006801428
ELEMENTI DI S
TORIA DEL DIR
ITTO ROMANO
AA VV.
GIAPPICHELLI

IUSTITIAM COLIMUS

F. Giumetti, M. Ravizza, F. Rossi, F. Tamburi

Elementi di storia del diritto romano

Giappichelli

© Copyright 2024 - G. GIAPPICHELLI EDITORE - TORINO
VIA PO, 21 - TEL. 011-81.53.111
http://www.giappichelli.it

ISBN/EAN 979-12-211-0229-1

G. Giappichelli Editore

Questo libro è stato stampato su carta certificata, riciclabile al 100%

Stampa: Rotolito S.p.A. - Pioltello (MI)

Le fotocopie per uso personale del lettore possono essere effettuate nei limiti del 15% di ciascun volume/fascicolo di periodico dietro pagamento alla SIAE del compenso previsto dall'art. 68, commi 4 e 5, della legge 22 aprile 1941, n. 633.

Le fotocopie effettuate per finalità di carattere professionale, economico o commerciale o comunque per uso diverso da quello personale possono essere effettuate a seguito di specifica autorizzazione rilasciata da CLEARedi, Centro Licenze e Autorizzazioni per le Riproduzioni Editoriali, Corso di Porta Romana 108, 20122 Milano, e-mail autorizzazioni@clearedi.org e sito web www.clearedi.org.

Indice

pag.

Parte II

L'epoca repubblicana

di Mariangela Ravizza

Parte III

L'epoca imperiale

di Francesca Rossi

Premessa

Questi *Elementi di storia del diritto romano* nascono dall'esigenza di fornire agli studenti della Scuola Marescialli e Brigadieri "Felice Maritano" di Firenze un testo snello, capace di rappresentare un punto di riferimento rispetto al programma del corso di Storia del diritto romano che sviluppiamo, come docenti, durante le lezioni del primo anno di corso.

L'esperienza accumulata in questi anni alla Scuola ci ha mostrato quanto sia formativo per gli studenti il confronto sui temi trattati a lezione, una pratica capace di stimolare interventi che arricchiscono l'apprendimento e la docenza. Per alcuni anni si è pensato perciò di poter fare a meno di un testo scritto e si è privilegiata la scelta di non voler ingessare il programma di studio – pur tracciato e unitario tra i corsi – stabilendo un legame con un libro di riferimento. Guardando all'esperienza da diversi punti di vista, però, è emersa anche la consapevolezza che un agile compendio, capace di proporre una strada minimale rispetto al programma, fosse utile per dare certezza allo studente nelle vicissitudini della sua frequenza.

Per questo, in un confronto aperto e costruttivo tra tutti i docenti della materia che insegnano nella Scuola, è stato deciso che alcuni di noi "mettessero per iscritto" l'esperienza maturata al servizio dei futuri Allievi. Come autori, abbiamo optato per proporre un testo agile, che non mira alla completezza degli argomenti ma a fornire alcune chiavi di lettura e alcuni spunti. Non si tratta di un 'manuale' (molti, davvero ben più autorevoli, assolverebbero meglio allo scopo), piuttosto di una traccia che seleziona temi e problemi di storia delle istituzioni pubbliche romane, storia delle fonti del diritto e del diritto penale nella lunga parabola della storia romana dall'età monarchica alla tarda antichità. Proprio per questa scelta, molte questioni trattate lasciano aperta la possibilità (o l'opportunità) di approfondimenti e ulteriori problematizzazioni, che consapevolmente abbiamo deciso di rinviare al consueto contesto delle lezioni. Il lavoro non intende sostituire l'ascolto individuale ma al contrario stimolare la partecipazione attiva e il contributo degli Allievi al percorso che annualmente svolgiamo insieme.

Il testo, infine, è il prodotto del lavoro congiunto ma autonomo di quattro colleghi e amici, che hanno riversato nella parte di cui ciascuno ha la responsabilità la loro personale sensibilità nei confronti della materia e dei temi trattati. Crediamo che anche questo possa contribuire a stimolare il senso critico degli Allievi-lettori supportandoli nel loro percorso di crescita come giuristi. È per loro che il lavoro è pensato ed è a loro, con i nostri migliori auguri per il loro impegnativo futuro, che è dedicato.

F.G. - M.R. - F.R. - F.T.

Parte I

L'epoca monarchica

di Francesca Tamburi

Sommario: * Caratteri fondativi ed elementi fondanti. – 1. La nascita della comunità. Una monarchia dall'impronta oligarchica. – 1.1. L'assetto pre-comunitario e la leggenda fondativa. Continuità e cesure. – 1.2. Il *rex* sabino-latino: un capo emblematico tra legittimazione sacra e profana. Il consesso dei *patres*, l'assemblea delle *curiae* e gli ausiliari del re. – 1.3. I collegi sacerdotali. La compenetrazione tra potere civile e religioso. – 1.4. La nascita del diritto. Un patrimonio di regole per il sistema gentilizio. – 1.5. Reati e primato delle famiglie: la violenza privata. – 1.6. Reo, comunità, delitti sacrali. – 2. Dalla rifondazione etrusca alla fine della monarchia. – 2.1. Una comunità 'inclusiva' e in forte espansione. Tarquinio Prisco e l'affermazione di una monarchia 'irregolare'. – 2.2. Servio Tullio e la riforma centuriata. – 2.3. Tarquinio il Superbo e la caduta della monarchia: eliminazione del *tyrannos* o 'colpo di stato' oligarchico. – 2.4. Il *ius* sotto i re etruschi. L'enigma delle leggi regie. – 2.5. *Rex*, esercito, reati militari.

* *Caratteri fondativi ed elementi fondanti*

Chiunque si appresti a studiare il diritto romano, in qualsiasi ambito – diritto privato, diritto pubblico, storia delle fonti e della repressione penale –, si proietta generalmente verso due momenti della sua storia: la repubblica e il principato. L'immaginario di un 'non studioso', consolidato anche dalla divulgazione, è spinto innanzitutto verso la storia repubblicana, rappresentata per secoli, anche al di là dell'esperienza romana, come esito ineludibile del cammino istituzionale di una comunità, capace di darsi un assetto perfettamente in equilibrio tra forme di potere molto distanti, ma anche come contesto di emersione di un sistema regole di diritto privato che è stato capace di incidere profondamente nella storia giuridica occidentale, come laboratorio di una forma di pensiero giuridica, come momento di strutturazione di un sistema penale. Oppure ci si rivolge al principato, evocato attraverso una serie di figure che lo hanno reso un'esperienza emblematica, profondamente condizionata dalla personalità dei suoi protagonisti, un tempo in cui si sono consolidati i caratteri del dominio romano nel Mediterraneo e non solo, si è strutturato definitivamente il diritto privato come scienza giuridica, i suoi esperti come intellettuali capaci di lasciare alla cultura mondiale un patrimonio letterario e scientifico ineguagliato, un'elaborazione che è rimasta distante quanto emblematica rispetto alla modernità, nell'ambito del diritto penale. L'epoca monarchica è tema 'da specialisti', nonostante svariati motivi di interesse oltre settore. O, viceversa, è racconto della leggenda fondativa, restituita anche all'attenzione più generale, con i suoi gemelli allattati dalla lupa e uno dei due che, vittorioso nel confronto, prima traccia un solco per delimitare i confini della futura Roma e poi procede a uno tra i più remoti e allusivi (quando spesso incompresi) fratricidi della storia [1].

Ma l'epoca monarchica di Roma è ben più di questo, non solo quanto al contenuto dei suoi accadimenti, ma anche in relazione al fatto che essa rappresenta una straordinaria chiave di lettura della storia, della società, della cultura e del diritto romano in senso ampio. Sarà più che chiaro, alla fine del percorso che gli studenti faranno leggendo questo libro – e a maggior ragione seguendo le lezioni di cui il testo costituisce l'ossatura –, come storia, società e cultura romana, attraverso le vicende delle sue istituzioni pubbliche, delle sue fonti del diritto, della repressione, non possano essere compresi senza cogliere i tratti iniziali, direi quasi ancestrali, della nascita e del primo articolarsi della vita associata in Roma. Per continuità o per contrapposizione, l'esperienza di questa antica e emblematica civiltà è profondamente condizionata dalla scaturigine delle sue vicende: anticipando un po' i temi, non si può comprendere appieno il ruolo del senato repubblicano senza sapere dell'esistenza di un consesso di personalità rappresentative con responsabilità di guida alle origini della comunità, non può cogliersi il senso del profondo radicamento dei legami familiari allargati e del tanto citato sistema clientelare senza focalizzare l'organizzazione gentilizia delle origini, non si può decifra-

[1] Qualcosa di analogo può dirsi per la tarda antichità ma del tema si parlerà più avanti, in questo libro (vedi *infra*, pp. 183 ss.).

re il significato del profondo tradizionalismo di cui è intrisa la svolta augustea o la perseveranza con la quale la scienza giuridica – e non – si rivolge, ancora in epoca imperiale, a quella 'codificazione' già repubblicana del diritto che conosciamo sotto il nome di XII Tavole, costituita in gran parte di diritto elaborato in epoca precittadina o monarchica. In ottica più generale, come ha sostenuto a più riprese Santo Mazzarino, il passaggio dal 'capo protostorico' al 'capo responsabile' incarnerebbe la storia stessa della magistratura, e non meno cruciale in questa prospettiva risulta a suo avviso l'evoluzione dei sacerdozi. Ho citato solo alcuni temi, più immediatamente evocativi, ma altri, in effetti, sono per il futuro giurista ancor più pregnanti. Basti pensare che è all'epoca monarchica che dobbiamo guardare se vogliamo comprendere quale è il rapporto tra il membro della comunità e la gestione del potere, nel suo carattere intimamente oligarchico, quale è il percorso attraverso il quale la regola giuridica viene avvertita come vincolante nella comunità romana delle origini, come il suo sistema giuridico abbia radicato un carattere giurisprudenziale, quali siano, infine, i fondamenti di un modello repressivo assolutamente peculiare.

Il motivo per il quale è nodale lo studio dell'epoca monarchica romana è, dunque, che essa fornisce una serie di chiavi di lettura di lungo periodo che trascendono i due secoli nei quali gli eventi di questo periodo si sono svolti. Dicendo questo non intendo indulgere al continuismo (cioè alla tendenza a ricercare un precedente a istituzioni e forme di governo successive), né voglio dare un'immagine finalistica della storia giuridica di Roma antica, ma credo che sia necessario tenere presenti alcuni elementi fondanti della struttura sociale e politica per comprendere altrettanti caratteri capaci di segnare sia il momento iniziale della comunità sia il prosieguo della sua storia. A fronte degli studiosi che hanno enfatizzato gli elementi di continuità fatti emergere anche dagli storici romani a partire dalla repubblica, altri hanno sottolineato la necessità di guardare alle notizie e alle prospettive sull'età monarchica da questi scartate. L'approccio a cui mi rifarò è uno terzo e intermedio, che tiene conto di entrambi i punti di vista, a partire dall'indagine sul racconto di Romolo e Remo.

Quello della fondazione non è un mito, piuttosto di tratta di una leggenda. «La leggenda è simile al mito. La sola differenza è che tratta ricordi 'storici' e li rielabora per renderli più significativi e per fondare la realtà di questo mondo», osserva Andrea Carandini nell'introduzione del primo volume de *La leggenda di Roma* (p. XIII). L'alternativa interpretativa se sia la storia successiva di Roma ad aver elaborato il racconto della sua fondazione per retrodatare un sistema di valori e un certo numero di punti di riferimento a livello anche istituzionale e giuridico, o se effettivamente le vicende della fondazione abbiamo condizionato il più tardo sviluppo dell'Urbe e dell'impero, non restituisce in effetti una contraddizione, quanto piuttosto una realtà bifronte, alla quale è bene rivolgersi senza preconcetti, cogliendo una molteplicità di elementi in grado di farci comprendere la storia millenaria di Roma. Una storia che, come sappiamo, va ben al di là dei confini della caduta delle sue istituzioni pubbliche, imponendosi come modello di dominio – si pensi a come nel nome della 'romanità' si siano riconosciute molte esperienze di governo successive –, e come modello ideale – e mi riferisco a come i *topoi* della romanità siano stati ripresi fino ai giorni nostri da diversi attori della storia mondiale.

Prima di entrare nel merito, due necessarie notazioni di metodo. La prima, non scontata per uno studente di primo anno di una laurea triennale, sgretola la più grande delle certezze didattiche, quella linguistica, che consente di dare nomi alle categorie, stabilendo, nel caso del rapporto tra monarchia ed epoche successive della storia di Roma (e non solo) anche delle comode assonanze. Bisogna tener presente, invece, che molti termini che usualmente adoperiamo per descrivere istituti e istituzioni di epoca monarchica ci restituiscono una concettualizzazione che è molto più tarda, sia perché il latino arcaico è una lingua di per sé perduta, sia perché le fonti che si riferiscono a istituti d'epoca monarchica li descrivono spesso adoperando i nomi che essi dovevano aver assunto soltanto poi. Userò, dunque, dovrò usare, anche se cercherò di ridurlo al minimo quando mi sarà possibile, termini che sappiamo non poter risalire effettivamente all'epoca arcaica di Roma per descriverne istituti e fenomeni sociali e giuridici: non è possibile ovviare a questa imprecisione ma è bene che gli studenti abbiano presente questo disallineamento, se non altro per non operare meccaniche sovrapposizioni.

Infine, proporrò la trattazione dei temi che ritengo più rilevanti per comprendere l'organizzazione della comunità monarchica, il radicarsi della percezione della vincolatività della regola giuridica e le prime fonti del diritto, il primitivo sistema di repressione penale. Ma è bene chiarire che lo studio dell'epoca monarchica di Roma si presenta, più di altri, scivoloso. Poche sono le certezze storiografiche e quasi per ogni snodo sarebbe opportuno problematizzare, presentando differenti posizioni dottrinali. Si è scelto in questo volume di limitare al minimo un'impostazione di questo genere, e quindi proporrò qui di seguito una chiave di lettura abbastanza netta dei fatti, avvertendo che non è la sola possibile e rinviando alla discussione in aula alcune ulteriori problematizzazioni.

1. *La nascita della comunità. Una monarchia dall'impronta oligarchica*

1.1. *L'assetto pre-comunitario e la leggenda fondativa. Continuità e cesure*

Le ricerche archeologiche ne hanno ormai da tempo fornito conferme: la nascita dell'aggregato comunitario da cui ha preso le mosse la storia di Roma si colloca nell'VIII secolo a.C. Che si sia trattato esattamente del 753 a.C., come tramandato dall'erudito Varrone, non è ovviamente provabile e tanto meno possiamo attribuire il crisma del fondamento storico alla data del 21 aprile. Sappiamo, inoltre, che un indiscutibile rilievo lo assume un gesto simbolico di fondazione, attribuibile a un uomo solo, che si pone in una posizione di preminenza rispetto alla comunità in formazione. Rispetto a questo dato storico, ovviamente, esiste un 'prima', una situazione ambientale, territoriale e sociale peculiare che ha un suo notevole peso nel determinare le condizioni di questa fondazione e le modalità di organizzazione della nuova comunità. Il primo problema che si pone, dunque, studiando la storia delle istituzioni pubbliche di Roma arcaica, risiede nell'indagare il rapporto tra questi due aspetti: cesura e continuità con il passato (ma a pensarci bene, non è una peculiarità di quest'epoca).

Il contesto territoriale, economico e sociale del Lazio nell'VIII secolo a.C., ha un peso rilevante nell'intendere questo momento iniziale. Fin dagli inizi del X secolo a.C. l'area del *Latium vetus* era popolata da svariate comunità di villaggio, sparse in un'area caratterizzata dalla presenza di colli e monti più elevati – un'orografia probabilmente più aspra rispetto all'attuale morfologia del territorio. Le popolazioni vi vivevano in capanne (*domus*), riunite in un agglomerato (*vicus*, un termine che ha una parentela linguistica con il greco *oikos*). Ogni *vicus* era circondato da una zona delimitata, destinata alle attività agricole (l'economia del Lazio aveva basi ristrette, costituita dall'allevamento di alcuni animali, da culture di cereali inferiori e alcune leguminose, dal lino e di pochissimi alberi da frutto, tra cui il fico e, forse, la vite) e l'intera area prendeva il nome di *pagus*.

Il *pagus* (ma già su questo le opinioni divergono) era dunque un villaggio. In esso risiedevano una o più *gentes*, ogni *gens* era costituita da più famiglie, ogni famiglia (e ogni *gens*) era strutturata secondo un ordinamento patriarcale, tutte le *gentes* di un villaggio/*pagus* avevano in comune territorio, tradizioni, culti religiosi antichissimi, stirpe, alcuni legami di sangue. In un *pagus* potevano convergere anche più *vici*.

Sappiamo – e a enuclearlo in questi termini è in particolare Émile Benveniste nel suo *Il vocabolario delle istituzioni indoeuropee. I. Economia, parentela, società* (p. 243) – che *gens* deriva dalla radice **gen–* (da cui anche il greco *génos*) il quale allude alla nascita fisica ma anche sociale. Sebbene l'ampiezza e la rilevanza del gruppo che si designa con il derivato di **gen–* vari a seconda dei contesti (greco, iranico ...), è una costante che si riferisca a un insieme di soggetti che si riconoscono in un antenato comune in linea maschile. In questa definizione, che non enuclea una peculiarità 'romana' ma una uniformità dipendente dal territorio e dagli usi, identifichiamo già un tratto identitario del primo aggregato, che segna un carattere profondo della romanità.

Alcuni tratti tipici dei modelli organizzativi di queste comunità originarie, comuni a tutte a quanto è dato desumere dai ritrovamenti archeologici o dalle ricerche antropologiche, sono particolarmente interessanti nella prospettiva di ricostruire il modo di leggere il mondo circostante e gestire la comunità di queste antiche popolazioni. Vediamone alcuni.

Innanzitutto, le credenze religiose, pre-deistiche, tipicamente magiche, in linea con quello che accadeva in altre civiltà primitive omogenee. In proposito sono suggestive le riflessioni di Pietro De Francisci, che ormai diversi anni fa ha tracciato i contorni di un mondo dominato dal dualismo uomo-natura, nel quale la natura si avvertiva pervasa da un'idea di potenza a cui gli uomini, attraverso alcuni soggetti ritenuti portatori di un potere a loro volta magico, tentavano di partecipare. Il cielo era il luogo da cui venivano i segni della magia e della potenza, e la terra quello che li riceveva, il contesto nel quale si tenta di replicarli potendo così investire gli atti del quotidiano di un rilievo, di una potenza appunto, ulteriore. Il mondo di questi popoli arcaici era, dunque, un mondo 'numinoso' (pervaso dalla presenza di *numina*, espressione di potenza divina che si manifestava nella natura), la cui energia si cercava di incanalare attraverso rituali a cui erano preposte personalità che di quel mondo magico erano in parte compartecipi. «L'etnologia mostra che i segni da cui i primitivi inducono l'esistenza di questa potenza occulta e misteriosa possono essere diversi. Tali: il possesso di una particolare sapienza magica: l'età: l'esperienza e la conoscenza di certe tecniche, donde la diversa posizione della donna e dell'uomo a seconda che quelle fossero possedute ... dalla donna ... o dall'uomo ...: la proprietà e la ricchezza specialmente se acquistata col lavoro, che è pure manifestazione di potenza: la forza fisica e il coraggio ...: la provenienza dall'estero, che rende misterioso il sopravveniente, di origine ignota, spesso apportatore di novità» osserva Pietro de Francisci nel suo *Primordia civitatis* (p. 362). Merita tenere a mente queste sue parole perché il criterio di selezione dei soggetti capaci di leggere e convogliare il mondo dei *numina* coincide, a vari livelli, con i soggetti che, nella fase precomunitaria e comunitaria, assumeranno un ruolo rilevante.

Poi, l'organizzazione di queste realtà. In ogni villaggio le decisioni dovevano essere prese da un gruppo composto dai capi più emblematici delle famiglie (quelli che poi potremo definire *patres*), ma un particolare rilievo lo avevano una serie di figure sacerdotali, capaci per l'appunto di mantenere vivo e controllare il rapporto con il mondo numinoso in modo da tradurre in modo propizio per la comunità le forze e le energie da esso espresse. È stato, a mio avviso, efficacemente dimostrato come molti dei sacerdozi che sappiamo risalire all'epoca monarchica di Roma avevano radici antichissime, pre-comunitarie, probabilmente diffusi uniformemente nelle diverse comunità di villaggio del *Latium vetus*: così i pontefici, gli auguri, le vestali, ma anche i sodalizi dei *fratres arvales*, dei luperci, dei salii, dei feziali (li vedremo più avanti).

All'interno di queste comunità di villaggio pare dunque potersi identificare una primitiva differenziazione aristocratica nella distribuzione di funzioni di governo: gli anziani o le personalità più emblematiche che incarnavano l'esperienza e la saggezza, a cui erano demandate le decisioni prese tenendo conto di quanto conosciuto dai sacerdoti, da un lato, i guerrieri, che prendevano decisioni per la comunità in caso di guerra o di crisi, dall'altro. Ad ogni modo, si tratta di figure dotate di alcune di quelle caratteristiche capaci di porle in contatto con il mondo magico – tra tutte, sapienza, esperienza, età, coraggio.

Come si giunge da queste, diciamo così, premesse all'aggregazione che porta, in particolare, alla nascita della prima comunità romana? Anche questa è espressione di un processo tendenzialmente diffuso nel territorio laziale (e non solo).

L'assimilazione tra villaggi doveva avvenire regolarmente, sotto la spinta di necessità economiche, di sfruttamento del territorio e di difesa, era favorita dall'impiego di una lingua comune e da culti comuni (spesso citato è il culto del *rex Nemonensis*, localizzabile in un bosco sacro nei pressi di Nemi). Mosse da questo intento nascono innanzitutto le leghe religiose, volte a garantire la pace tra le popolazioni dei villaggi vicini (non muoversi guerra) e consolidate da feste religiose comuni. Caso emblematico è il noto *Septimontium*, che si celebrava l'11 dicembre sulle cime del Palatino – il Germanus, il Palatual, la Velia –, sulle tre dell'Esquilino – Oppius, Cispius, Fagutal – e sul Caelius – più tardi si aggiungerà la Subura. Dai villaggi autonomi e uniti in 'federazioni' alla comunità più grande si passava o per fusione di più villaggi o per l'attrazione che un villaggio più grande esercitava rispetto agli altri o per allargamento di una realtà sulle altre. Come ammoniscono alcuni storici del diritto, non necessariamente questi trattati avevano come scopo quello di istituire delle federazioni con l'intento di procedere alla costituzione di una città-stato, ma rappresentano certamente un passaggio rilevante.

È questo contesto – probabilmente di non intuitiva vivacità agli occhi di noi moderni – a favorire, dunque, i contatti e i traffici tra le *gentes*, e l'osmosi di usi e rituali. Prendono così vita dei modelli di associazione di individui di assoluta rilevanza in epoca storica. Il nome con il quale le conosciamo è *curiae*, da *co-viriae*, riunione di uomini che non sono uniti da legami di sangue, e va tenuto conto del fatto che il termine *curia*, attestato solo nell'italico, senza paralleli nel greco e nell'iranico, sembra essere proprio dell'esperienza italica e più recente, indicando sia un luogo di riunione sia una suddivisione di una parte del popolo romano – così Émile Benveniste, ne *Il vocabolario delle istituzioni indoeuropee*, I (p. 197). Le personalità più significative dei gruppi familiari (i *patres*), dunque, iniziano a riunirsi, prima per risolvere problemi di culto, prendere le decisioni riguardo ai rituali, poi per accordarsi su scelte ulteriori e comunque di interesse comune ai vari aggregati.

Nell'VIII secolo a.C. è, dunque, in atto un processo di differenziazione sociale, con evidente selezione aristocratica (è possibile datare a questo periodo tombe e strutture abitative di genere diverso a seconda della ricchezza) e forse un più evidente sviluppo dell'agricoltura rispetto alla pastorizia. È in quello stesso momento che varie comunità, tra le quali quelle insediate nei colli (Palatino, Esquilino, Celio) progressivamente estendono il loro territorio via via avvicinandosi le une alle altre. Il paesaggio rurale inizia ad essere occupato da una serie di insediamenti dalla fisionomia della 'città in formazione' per usare un'espressione diffusamente impiegata dagli storici.

Di organizzazioni come quelle descritte era disseminato il territorio, e in particolare la sponda sinistra del fiume Tevere. Le comunità vivevano una condizione molto propizia sia in termini di protezione le une dalle altre, in ragione della morfologia del territorio, sia in termini di osmosi e di comunicazioni, grazie proprio al corso del fiume che – non è un caso – presentava una conformazione in grado di rendere particolarmente facile il guado proprio laddove sarebbe nata Roma. Roma non è, però, la sola, altri aggregati anzi hanno un'importanza equiparabile, alcuni erano centri dotati di una storia addirittura più lunga – si pensi ad Alba Longa – ma la nuova comunità, che ingloba i villaggi insediati nel Palatino e si estende verso quelli del Celio e dell'Esquilino per raggiungere i centri abitativi del Quirinale e del Campidoglio, è una realtà nuova, più moderna, nella quale la differenziazione aristocratica e funzionale già presente nell'organizzazione gentilizia delle realtà precedenti viene come messa in forma.

L'aggregato che dà origine a Roma, infatti, nasce in un contesto ambientale particolarmente felice, collocandosi in un luogo propizio dal punto di vista dell'orografia del territorio in rapporto all'esecuzione delle funzioni economiche, ma anche da un punto di vista della simbologia magico-religiosa. Non può essere un caso che la comunità che ha il suo centro nel Palatino si trovi nel punto in cui risiedono alcuni luoghi di culto rilevanti e tradizioni molto forti (di cui rimarrà vivo il ricordo anche in età storica più avanzata): il *ficus Ruminalis*, l'immagine vegetale della dea Rumina ai piedi del quale sarebbero stati deposti Romolo e Remo, il lupercale (la grotta della lupa), il culto di Fauno con il suo *tugurium*, il culto di Marte. Nel Palatino stava il *mundus*, forse una fossa sacra in cui si gettavano le offerte agli dèi, che alcuni collegano alla 'Roma quadrata', un abitato orientato e costruito secondo la scienza augurale, di cui parlano gli scrittori più tardi.

Un ultimo dato, ancora linguistico, che potrebbe segnalare un legame suggestivo, tra l'aggettivo *ruminalis* (del fico *Ruminalis*), che deriva da *Rumon* (antico nome del Tevere), il nome proprio *Romulus* e Roma: ognuno sarebbe caratterizzato dalla radice **rum*, *rom*, che ritorna anche in un nome gentilizio etrusco, Ruma. Ciò ha fatto pensare che il toponimo Roma fosse quello usato per indicare le popolazioni stanziate sul Palatino.

La leggenda della 'fondazione di Romolo' va quindi calata in questo contesto. È in questo momento che si innestano il dato storico, sociale ed economico relativo allo sviluppo delle primitive comunità del Lazio con la leggenda fondativa. E rispetto a questo contesto ha un significato peculiare, innanzitutto storico e poi simbolico. L'elemento di falsificazione nel far coincidere il momento iniziale di Roma con la vicenda di Romolo sta nell'omettere ciò che, quanto meno, precede il momento di rottura incarnata da quella stessa narrazione.

«La leggenda ... narra la mitistoria di un periodo che corrisponde storicamente all'VIII secolo a.C., fra la fine del regno del re di Alba Longa Proca e l'inizio del regno del secondo re di Roma, Numa Pompilio (tra il 794 e il 714 a.C.) e si avvale di una serie di personaggi e temi mitici per delineare il regno di Romolo, che potrebbe essere definito come l'eroe di Roma», osserva ancora Andrea Carandini nella premessa al primo volume de *La leggenda di Roma* (p. XV).

Romolo, o meglio la presenza di una personalità emblematica all'interno della società, in un periodo che coincide con quello della nascita leggendaria di Roma, è attestato dalle scoperte archeologiche, grazie alle quali sono stati rinvenuti, a partire dal 2005, nel colle Palatino, i resti di una struttura palaziale di singolare imponenza e struttura rispetto alle altre. Si tratta di una costruzione interna al santuario di Vesta, quindi situata nell'area sacra (altro dato rilevante per comprendere la prima organizzazione della comunità e il suo sviluppo successivo, anche in termini giuridici), che non può che rinviare alla sede di una figura di riferimento per l'intera comunità. La datazione di questa costruzione che gli archeologi definiscono 'maestosa' è proprio la metà dell'VIII secolo a.C. È questo momento di rottura che le fonti successive, e in particolare autori d'epoca augustea, hanno enfatizzato attribuendogli un significato che era certamente funzionale a rappresentare la storia come testimone di un ricorso storico: Augusto come un nuovo Romolo, il primo una personalità capace di rifondare gli equilibri di una dimensione associata fondata dal secondo (sulla svolta augustea, vedi *infra*, pp. 125 ss.).

Ad ogni modo, che questo primo mitico fondatore si voglia identificare proprio con Romolo o meno, è tutto sommato secondario. Ciò che è rilevante è comprendere quale fu il suo ruolo nella storia della comunità: Pomponio, un giurista del II secolo d.C., che pure non lo ritiene il primo ad aver governato la comunità, lo ricorda come il primo ad aver dato delle regole. E questo è il punto: storicamente e simbolicamente la definizione della regalità agli albori della comunità, nel momento in cui prende le mosse la definizione del nuovo aggregato, è legata all'imposizione di un ordine, alla cristallizzazione di regole, che non sono completamente nuove, piuttosto incarnano la messa in forma di prassi organizzative dei gruppi già esistenti.

La comprensione della 'svolta romulea' nel solco della conservazione (un'immagine anche questa, di tutta evidenza, perfettamente augustea) e la definizione del ruolo del re nella prima fase della monarchia romana potrebbe ben essere sintetizzata dall'indagine del significato del termine *rex*, che identifica il gemello fondatore e i suoi successori in rapporto alla simbologia fondativa.

Romolo è descritto come protagonista di gesti emblematici da cui scaturiscono una serie di conseguenze: traccia linee nel terreno, per segnare i confini della comunità, per distribuire il territorio tra i cittadini. In entrambi i casi non si muove in modo arbitrario, ma replica sulla terra segni che, quanti ne hanno la legittimità (i sacerdoti), leggono nel cielo. Dunque – è bene sciogliere tutti questi simboli – identifica lo spazio nel quale si esprime l'elemento identitario della comunità, nel quale vale il suo sistema di regole, nel quale si può vivere solo rispettando quelle prescrizioni, e ancora, porta ordine attribuendo una terra ai consociati, infine, mette in pratica ed è lo strumento della lettura di segni divini.

È bene tornare a Émile Benveniste e dare a lui la parola per un lungo tratto illuminante per comprendere come proprio queste fossero in generale le prerogative del *rex* nella tradizione indoeuropea più arcaica: «Il *rex* indoeuropeo è molto più religioso che politico. La sua missione non è di comandare, ma di fissare regole, di determinare ciò che è, in senso proprio, 'retto'. Di modo che il *rex*, così definito, assomiglia più a un sacerdote che a un sovrano ... Questa nozione era legata all'esistenza dei grandi collegi di sacerdoti che avevano la funzione di perpetuare l'osservanza dei riti». Questa condizione di conservazione si era verificata, oltre che a Roma, anche nella zona indoiranica e italoceltica, ma non in Grecia dove la regalità era identificata dal termine *basiléus* che però virava verso un differente campo semantico.

Come vedremo fra poco, la costruzione della regalità nella figura del primo *rex* impersonato da Romolo e dopo di lui da altri tre monarchi è la trasposizione di questo modello.

La leggenda di Romolo, dunque, è un mito fondativo nella sua peculiarità contingente, la creazione di una realtà intrisa di sacro ma profondamente terrena. Mette in scena, come scaturigine dell'impero mondiale, ciò che Roma intendeva rappresentare, il modo in cui voleva 'essere narrata': la costituzione dell'identità di una comunità, la strutturazione di uno spazio aperto e inclusivo del quale era possibile far parte solo condividendone le regole e il cui confine era sacro e inviolabile (dal che l'uccisione di Remo, che ammonito a non farlo, tenta di violarlo). Ma non è falsificazione della realtà dal momento che il modello del potere regale che raffigura è in coerente continuità con la tradizione più ancestrale, conservata da sacerdoti sapienti, e recupera – e conserva – i modelli organizzativi preesistenti che entrano compiutamente nella leggenda. Il *rex* fondatore, comunque si interpreti il suo ruolo e lo si collochi nella storia primigenia della comunità, assolve a due funzioni: stabilizza il sistema gentilizio, dividendo la popolazione in tribù (*tribus* ha forse il significato di 'insieme di tre raggruppamenti', il che spiegherebbe i tre gruppi originari, *Ramnes*, *Tities*, *Luceres*) su base etnica e distribuisce le terre tra i membri della comunità. Tutto ciò assolve alla funzione peculiare della leggenda fondativa utile al simbolismo della creazione di un modello sociale, facendo risalire al momento iniziale gli elementi essenziali di quella collettività storica, in stretto collegamento con il sacro, dato che lo spazio cittadino è spazio consacrato, corrispondenza tra divino e umano.

Se, dunque, il paradigma organizzativo che ruota attorno al primato delle *gentes* e dei *patres* individua il dato antropologico e sociologico che segna la struttura della società primitiva e imprime un carattere fondamentale alla percezione dell'aggregato anche in prospettiva storica (sistema gentilizio, sistema clientelare, precoce selezione oligarchica, fino alla dimensione sociale del sistema di valori attorno ai quali si coaugula la repubblica romana), la leggenda di Romolo e Remo individua il dato culturale e politico che intende far coincidere l'essenza di Roma con l'individuazione di un sistema di regole che rappresentano l'elemento identitario di Roma. I due percorsi non si elidono, piuttosto sono profondamente compenetrati, tanto che Pietro De Francisci ha parlato, in relazione alla fondazione romulea, di legalizzazione «ad opera e ai fini della *civitas*» delle «concezioni primitive dinamistiche e animistiche» (p. 361).

1.2. *Il* rex *sabino-latino: un capo emblematico tra legittimazione sacra e profana. Il consesso dei* patres, *l'assemblea delle* curiae *e gli ausiliari del re*

Riprendendo con le parole di Pietro De Francisci, la prima comunità romana «può raffigurarsi come un complesso di consorterie gentilizie (le *curiae* primitive) dominate e rette dalla autorità e dalla volontà dei *patres*» in cui «la vita collettiva ... è ispirata dalla sapienza esoterica e guidata dalla potenza di taluni collegi sacerdotali e particolarmente da un sacerdote preminente» che rappresenta il precedente del *Pontifex maximus*, il quale «già esercita la facoltà di riunire le *curiae*». Si tratta di un aggregato dotato di una certa organizzazione, ma condizionato da «un ambiente in cui agisce ancora l'influsso di non poche credenze predeistiche, rivelatesi in numerosi tabu (come quelli relativi ai metalli) e in numerosi riti aventi carattere magico-animistico ...: in cui quindi il dominio dei *numina* non era stato ancora sostituito (e non lo fu mai, completamente, nemmeno in seguito) dalla fede in divinità personificate» (*Primordia civitatis*, p. 491). Vediamo, dunque, come si articola la regalità e come è distribuito il potere decisionale e di esecuzione dei dettami all'interno della comunità, in un contesto in cui è ancora difficile alludere a delle 'competenze'. E iniziamo parlando, con un qualche schematismo obbligato dal fatto che le fonti non consentono una articolazione molto più puntuale, di quello che viene definito come il periodo della monarchia sabino-latina, probabilmente perché di origine sabina e latina furono i primi quattro re che le danno forma, Romolo, Numa Pompilio, Tullo Ostilio e Anco Marzio, e che si colloca tra l'VIII secolo a.C. e la metà del VII secolo a.C. Sulla distribuzione del potere in questo periodo, e quindi sul modello di regalità incarnato dai primi quattro monarchi, ci sono varie divergenze in dottrina e incertezze sussistono anche sul meccanismo della loro identificazione.

Credo, però, che sia ragionevole porsi nell'ottica di depotenziare un rigido approccio formalistico riguardo a questi temi, soprattutto per evitare di sovraimprimere alle istituzioni monarchiche di Roma antica l'impostazione di pensiero moderna. E tra tutte le opzioni possibili, sceglierò di perseguirne una, e in particolare quella che, per l'appunto, appare maggiormente in linea con il contesto precedente e coevo alla nascita della comunità e quindi alla istituzione della regalità, sapendo che questa dovette essere, in una comunità in rapida evoluzione sociale ed economica, un organismo in progressiva evoluzione.

Lasciamo da parte, qui, una prima incertezza che si rileva nelle fonti su chi fu il primo re. Secondo Livio, fu Romolo, il quale avrebbe riunito alcune comunità (che non conoscevano vita associata), avrebbe diviso i cittadini in tribù, distribuito tra di loro le terre e dato delle regole giuridiche. Secondo Pomponio, come detto, invece, Romolo non sarebbe stato il primo re ma, mentre i re precedenti avrebbero governato solo in forza della loro autorità, egli sarebbe intervenuto dando delle regole e dividendo i cittadini per tribù, su base etnica (cioè in base all'appartenenza a una *gens*). Le fonti antiche, lo abbiamo già accennato, collegano – con una scelta evidentemente simbolica – il momento fondativo all'atto del dare delle regole: e, d'altronde, *rex* e *regula* appaiono linguisticamente collegati, entrambi fondati sulla radice **reg*.

La fissazione di regole, dunque, fa parte della mitistoria della regalità e appare come il cuore del mito fondativo di una città che è consapevole dell'altissimo valore del suo diritto e della sua capacità organizzativa nella costruzione e nella perpetuazione della sua potenza. Ed è, d'altronde, evidente che i gesti enfatizzati nella mitistoria fondativa sono segnali del radicamento dell'identità della comunità e del singolo nel territorio, tratti dell'epoca arcaica e elementi caratterizzanti la grandezza di Roma: si tratta degli atti di creazione e delimitazione dello spazio cittadino (incarnati da Romolo), del riconoscimento della sacralità del confine e il gesto simbolico del valicarlo (che ha il suo emblema in Remo), la sacralità del confine (lo ritroveremo quando parleremo della sanzione posta dalla comunità all'atto della rimozione delle pietre, la sacertà, una pena a sua volta paradigmatica – vedi *infra*, p. 34).

Una parte della dottrina ha enfatizzato, fin dalla prima età monarchica, il ruolo centrale del *rex*, soggetto emblematico più del consesso dei *patres* e dell'assemblea: «fattore propulsivo dell'ordinamento cittadino» come lo definisce Luigi Capogrossi Colognesi (nel suo *Storia di Roma tra diritto e potere,* p. 32), sacerdote sommo, capo militare e garante della *pax deorum*. Altra parte, invece, è più propensa a privilegiare la continuità tra il modello organizzativo precedente la formazione della comunità del Palatino e la conformazione che quella assunse dopo la fondazione. Seguendo questa interpretazione, delineiamo dei caratteri del tutto peculiari nella monarchia sabino-latina.

Il centro del potere, nella nuova comunità come in quelle ad essa precedenti, rimangono i *patres*, i capi emblematici delle *gentes* riuniti in un consesso a cui spetta il compito di prendere le decisioni per il gruppo e, una volta venuto a mancare il re, di gestire la procedura che consente di individuarne uno nuovo. Non si tratta di un potere esercitato in ragione di una rappresentanza politica, come è stato giustamente osservato, dal momento che i *patres* incarnano la comunità stessa e la sua organizzazione. La legittimazione ad essere coloro i quali decidono per tutti deriva dalla loro posizione sociale e non da una delega. Sarebbero d'altronde rappresentanti di se stessi, essendo costoro l'ossatura della comunità.

Certamente il re ha una funzione emblematica, dal punto di vista simbolico e sostanziale. Nel ruolo di guida è stato il motore che ha spinto all'unificazione di un numero consistente di comunità di villaggio, accelerando un sinecismo o realizzando un'unione particolarmente consistente in un luogo molto fortunato del *Latium*. Risiede in una regia che si trova in una posizione di solitario rilievo rispetto al contesto comunitario (lo dicono i ritrovamenti archeologici) e costituisce l'elemento di identificazione di un gruppo che è frutto di un sinecismo. Rappresenta verso l'esterno (verso gli aggregati vicini) l'immagine di Roma nel suo insieme e del sistema di regole che questa si è data. È il vertice simbolico della religiosità, in quanto garante supremo del rispetto delle direttive religiose e dell'equilibrio del gruppo nei confronti degli dei.

Una figura che ha un ruolo talmente centrale e paradigmatico doveva essere investita di un potere solenne che riuniva tutti gli elementi di legittimazione percepiti come fondamentali da tutti i consociati: doveva essere profondamente legata alla legittimazione che ai *patres* derivava naturalmente dall'equilibrio delle relazioni all'interno della comunità, doveva essere espressione della religiosità nella quale il gruppo era immerso, doveva essere riconosciuto da tutti i consociati come personalità a cui il ruolo di capo emblematico era demandato (dal momento che il tuo potere non era originario).

Tutto ciò è perfettamente rappresentato dal meccanismo di identificazione del *rex* che le fonti attestano almeno per la monarchia sabino-latina: l'*interregnum*. Il *rex* romano è vitalizio e non ereditario, è scelto dai *patres* e *inauguratus*. Vediamo meglio come funzionava l'*interregnum*, seguendo le parole di Livio che descrive il processo di scelta del re Numa Pompilio.

> Liv. 1.17.5-6 "Allora i cento senatori associavano tra loro il potere, dividendosi in dieci decurie, e scegliendo un rappresentante per ogni decuria a reggere il governo. L'esercizio del comando apparteneva a tutti e dieci, ma uno solo recava le insegne del potere (...); il potere aveva la durata di cinque giorni, e toccava a tutti a turno. La vacanza del trono durò un anno intero [scil.: dopo la morte di Romolo], e per la natura stessa della cosa prese il nome di interregno, che ancora adesso si mantiene".

Come dicono le fonti, alla morte del re *auspicia ad patres redeunt*, un'espressione centrale che divide la dottrina tra coloro che attribuiscono al consesso dei *patres* un potere derivato dalla *vacatio* della regalità e perdurante solo per il periodo di questa, e tra quanti, sempre in forza di quella espressione, identificano proprio nei *patres* la titolarità originaria di ogni potere comunitario. Come è stato notato, *interregnum*, potere regale e dei *patres* sono tutti poteri originali – non esiste l'idea di trasmissione del potere – così come non si trasmette, privatisticamente, il potere del *pater familias*, il suo *meum esse aio* (l'antecedente della proprietà come diritto astratto), la sua *familia* (il suo patrimonio e il suo controllo sui sottoposti) per causa di morte (ciò che chiameremo *hereditas*).

Ad ogni modo, ci dice Livio, durante l'*interregnum*, dieci *patres* esercitavano il potere per 5 giorni cadauno all'interno di un gruppo di dieci *interreges*. Dopo 50 giorni si passava a un altro gruppo. Oltre che a esercitare il potere, il consesso cercava di individuare la figura di *rex* più idonea.

Tornando ancora allo storico, i *patres* individuano come *rex* Numa e dunque si apre una fase altamente simbolica:

> Liv. 1.18-6-10 "Quindi [Numa], condotto sulla rocca [Capitolina] dall'augure [...], sedette su di una pietra rivolta a mezzogiorno. L'augure si pose alla sua sinistra col capo velato, tenendo nella mano destra un bastone ricurvo senza nodi, che poi chiamarono lituo; quindi, abbracciata con lo sguardo la città e la campagna e invocati gli dei, divise gli spazi celesti con una linea da oriente ad occidente [...] poi portato il lituo sulla sinistra e posta la destra sul capo di Numa fece questa preghiera: 'O Giove padre, se è volere divino che questo Numa Pompilio, di cui io tengo il capo, sia re di Roma, mostraci dei segni sicuri fra

quei limiti che ho tracciati'. Poi enunciò gli auspici che desiderava fossero mandati. Essendo questi stati mandati, Numa, dichiarato re, scese dallo spiazzo consacrato".

Il re scelto dai capi delle famiglie deve essere un re riconosciuto dalle forze divine, ed ecco che vengono chiamati in causa gli àuguri, i sacerdoti capaci di leggere i segni del volere divino che, solo, può confermare che l'individuazione del capo emblematico sia stata opportunamente eseguita. Tale avallo consente forse anche di accertare che il capo individuato dai *patres* sia dotato di quella porzione di potere che gli permetterà di dominare e leggere le forze della realtà numinosa e convogliarle in quanto simbolo unitario della comunità. La personalità che, già scelta dal consesso, riceve anche questo riconoscimento è detta *inaugurata*, rafforzata nel suo ruolo dall'*augurium*, termine che ha in sé la radice **aug* impiegata in termini che fanno riferimento alla capacità di aumentare, accrescere il potere e l'autorevolezza, forse un'antecedente del legittimare che rappresenta la garanzia per cose, persone, atti, della protezione delle forze superiori. Una volta investito (e riconosciuto) della sua dimensione sacrale, in una comunità nella quale, come in quella precedente, sacro e laico si compenetrano, il nuovo capo si presenta di fronte alla comunità nel suo insieme, per un atto che non è un'elezione popolare, né forse ancora un'acclamazione nel senso di approvazione della scelta da parte della volontà della comunità tutta, ma il riconoscimento, la solenne presentazione al gruppo che il *rex* guiderà. Cicerone, nel *de re publica*, afferma, sempre in riferimento alla scelta di Numa:

> Cic. *de rep.* 2.13.25-17.31 "Appena giunto [a Roma], egli [Numa] sottopose all'assemblea delle curie una legge relativa al suo potere di comando (la cosiddetta *lex curiata de imperio*) [...] Morto il re Pompilio, il popolo, si proposta dell'*interrex* creò re Tullio Ostilio: e anche lui, sull'esempio di Pompilio consultò il popolo riunito per curie riguardo al suo potere di comando".

L'oratore di Arpino evidentemente usa un'espressione, *lex curiata de imperio* che non poteva essere impiegata in epoca regia, non solo e non tanto per il termine *lex*, effettivamente risalente ancorché impiegato in senso assolutamente differente rispetto a quello di fonte normativa proveniente da un procedimento deliberativo di un'assemblea – piuttosto espressione di una volontà d'imperio, ma ci torneremo – ma nello specifico per il significante *imperium*, dato che l'idea di *imperium* è sicuramente sorta in un secondo momento, intimamente legata alla concezione repubblicana e astratta del potere, e non a quella concreta e materiale dominante incontrastata almeno nella prima parte della monarchia. Traslitterando in un senso più coerente, Cicerone riferisce, come altre fonti, che l'ultimo momento del complesso processo di identificazione del capo emblematico fosse la sua presentazione di fronte alla comunità che concretamente si riconosceva nella sua guida.

Dunque, il *rex* creato, come si diceva, rappresenta l'unità della comunità rispetto all'esterno, nella sua essenza in cui sacro e profano partecipano e come guida civile e militare, guida in battaglia di un esercito che è a sua volta espressione del contesto gentilizio.

L'esercito è una chiave fondamentale per ribadire il funzionamento della monarchia sabino latina: è espressione dei *patres*, degli aggregati familiari i quali identificano arbitrariamente, sulla base di scelte interne – legate alla forza dei suoi membri –, i soggetti più idonei a combattere. Ogni famiglia contribuisce all'esercito con un certo numero di guerrieri, armati secondo possibilità e volere dei *patres*. Perciò l'esercito della monarchia sabino-latina è stato definito come un 'esercito di bande', composto da soggetti spesso male (o non opportunamente) armati che rispondono al comando innanzitutto dei *patres* e poi del *rex*. Si tratta di un modello di organizzazione certamente non funzionale allo sviluppo di tecniche specifiche di guerra e che mostrerà ben presto tutta la sua inefficienza – lo vedremo.

Se il *rex* è il capo emblematico, vertice simbolico del comando civile, religioso e militare, al consesso dei *patres* rimane lo specchio della società gentilizia, in cui ai migliori spetta il compito di decidere anche se è presente un re che li affianca e li rappresenta. E poi c'è l'assemblea che riunisce tutta la comunità. Questa adunanza è strutturata secondo il modello organizzativo delle *curiae*: le tre tribù originarie – *Ramnes*, *Tities*, *Luceres* – sono organizzate ognuna in 10 curie, alle curie si appartiene per discendenza, nella curia si esercitano culti particolari. Le *curiae* storiche sono eredi di quelle risalenti consorterie a cui abbiamo fatto cenno e che, non a caso, conservano riti ancestrali (come i *Fornacalia*, cerimonia volta ad assicurare l'energia del *numen* che presiede al riscaldamento dei forni), sono testimoni, nelle loro riunioni, di gesti altamente simbolici. All'assemblea del popolo spetta il compito, oltre che di riconoscere il re, di essere compartecipe di atti fondamentali per la comunità – non a caso guidati dal pontefice massimo – come l'*adrogatio*, il *testamentum calatis comitiis*, la *detestatio sacrorum*, sui quali non ci possiamo qui soffermare –, molto probabilmente di confermare il potere di alcuni ausiliari del re.

Chi sono questi ausiliari? Le fonti parlano, forse con qualche esasperazione nella retrodatazione, della divisione del potere in termini di competenza, del *magister populi*, una figura che coaudiuva il *rex* come comandante militare, del *magister equitum*, che affianca il *magister populi*, in particolare per la gestione della cavalleria, sicuramente più avanti del *praefectus urbi*, che supporta il *rex* nella gestione del potere civile, infine dei *quaestores parricidii* e dei *duumviri perduellionis* su cui torneremo parlando di repressione penale (vedi *infra*, pp. 32 e 38).

Se le espressioni usate per designare queste figure sono certamente frutto di una elaborazione storica successiva, anche le funzioni di alcuni di loro devono essersi sviluppate nel tempo, nel momento in cui, da una concezione del potere come materiale, si è passati a una sua raffigurazione astratta – di *potestas* e *imperium* repubblicano, ma anche della *vis* e della *maiestas*, come derivati dall'originaria idea di potenza ha parlato diffusamente Pietro De Francisci, sottolineando in modo certamente suggestivo come questo passaggio possa affiancarsi alla trasformazione, da un'idea materialistica a una astratta di obbligo nell'ambito del diritto civile (pp. 380 ss.). Ma anche questa è un'altra storia se osserviamo il nostro percorso inesorabilmente incasellandolo nei rigidi insiemi della modernità giuridica. Sicuramente di questo humus originario nel quale si sviluppa la comunità si nutre la nascita stessa del *ius* (del diritto) e in questa evoluzione si riconosce – vi torneremo.

1.3. *I collegi sacerdotali. La compenetrazione tra potere civile e religioso*

Abbiamo visto, dunque, come si riorganizza, nella nuova realtà, l'equilibrio delle comunità di villaggio, in particolare per quanto riguarda il ruolo delle *gentes*, attraverso i *patres* e le *curiae*, a cui si affianca la figura del *rex*. Abbiamo già notato quanto nelle aggregazioni precomunitarie fosse centrale la *religio* precocemente articolata in collegi sacerdotali e sodalizi che avevano contribuito ai sinecismi e in particolare alla formazione unitaria, coaugulata attorno alle cime del Palatino. Cosa ne è di quella arcaica religiosità nel nuovo aggregato? Come si articola e quale è il suo ruolo?

Anche qui è bene porsi in termini di continuità, notando innanzitutto che il passaggio dalle credenze nei *numina* alla religione deistica è lento ma costante, anche se non è facile delineare con precisione il cammino, fino a identificare in Giove, affiancato da Marte e Quirino la triade di divinità più rilevanti della comunità. Molti dei riti precomunitari sopravvivono anche nella Roma monarchica (e più avanti) affiancandosi a nuovi rituali. E così il panorama dei sacerdozi e dei sodalizi. Vediamoli innanzitutto indicandone brevemente soltanto le caratteristiche fondamentali.

Partiamo dai sacerdozi 'maggiori', e in particolare dai pontefici, guidati da una figura preminente, il *Pontifex Maximus*. Si trattava di un collegio preminente rispetto agli altri, idealmente il più autorevole nella scala gerarchica. I suoi membri avevano probabilmente un ruolo di guida all'interno delle comunità di villaggio e assumevano funzioni di controllo su altri collegi, sicuramente sulle vestali ma probabilmente anche sui flamini (di cui parleremo tra breve) dopo la 'fondazione'. Detenevano le competenze più rilevanti per la comunità: ancestrale è quella di saper leggere le fasi lunari e solari, funzione importantissima in un contesto ad economia prevalentemente agraria, che rimane loro appannaggio anche dopo l'epoca monarchica, sono i primi ad apprendere e impiegare lo strumento della scrittura, quando questa compare, probabilmente attorno al VI secolo a.C. Conservano e gestiscono l'elenco dei giorni 'fasti' o 'nefasti', cioè dei giorni nei quali era possibile (perché opportuno) o non era possibile (perché inopportuno) compiere determinati atti rilevanti a livello sociale e individuale. Sono ovviamente depositari della conoscenza e delle regole necessarie per svolgere correttamente alcuni dei rituali religiosi più rilevanti per il gruppo. Conservano memoria degli eventi più significativi per la comunità – guerre, carestie … –, prima oralmente e poi grazie alla scrittura negli archivi pontificali – merita ricordare che fu un giurista e pontefice massimo, Publio Mucio Scevola, nella tarda epoca repubblicana, a pubblicare gli annali dei pontefici sotto il nome di *annales maximi*. Partecipano, con un ruolo centrale, a molti atti importanti svolti al cospetto dell'assemblea delle curie (che possiamo chiamare *comitia calata*), ad esempio la convocavano quando si trattava di assistere al testamento di un cittadino membro della comunità (*testamentum calatis comitiis*) o ad un atto solenne di adozione (*adrogatio*) due volte all'anno, nei giorni fissi che per noi corrispondono al 24 marzo e al 24 maggio. Non ultima, una competenza fondamentale nella nostra prospettiva di giuristi, sulla quale torneremo (vedi *infra*, pp. 24 ss.), conservavano le regole che sovrintendevano alla convivenza cittadina, e cioè il primo diritto, il primo *ius*.

Il fatto che sacerdoti con queste competenze fossero presenti fin dalle comunità di villaggio è testimoniato da alcuni taboo che rimangono intatti anche nell'epoca successiva: ad esempio, non era loro consentito vedere un cadavere, segno del fatto che dovessero conservare intatta un'assoluta purezza.

Abbiamo già accennato agli àuguri, i sacerdoti a cui ci si rivolgeva, durante la procedura dell'*interregnum* per interrogare la divinità sulla scelta laica del nuovo *rex* compiuta dai *patres*. La procedura è emblematica del ruolo di questi sacerdoti, personalità dotate di sapienza magica, capaci di interpretare e imbrigliare le forze positive della natura – quindi perfettamente calati nella concezione religiosa primigenia che considerata il mondo percorso da una potenza che solo pochi potevano intercettare e decifrare. Essi sono in grado di leggere i segni divini in relazione a questioni cruciali. In questo senso possiamo delineare i contorni, che diverranno netti in epoca repubblicana, tra gli *auspicia*, segni divini la cui interpretazione è appannaggio del *rex* (e poi lo sarà dei magistrati) e che riguardano avvenimenti specifici e vicini, e gli *auguria* veri e propri, la cui decifrazione spetta solo agli auguri e che riguardano eventi caratterizzati da una distanza temporale maggiore e di maggior rilievo. Come si diceva, gli auguri, i cui responsi erano in grado di 'aumentare' il potere di coloro i quali ne erano destinatari (il nome deriva da *augere*, la stessa derivazione dell'appellativo *Augustus*), sono indispensabili al funzionamento del meccanismo di potere nella comunità.

Ancora tra i sacerdozi che abbiamo già nominato troviamo le vestali, un sacerdozio femminile anteriore alla creazione della comunità e preposto al culto della dea Vesta. Le sacerdotesse erano addette al mantenimento del fuoco sacro e dell'acqua (evidentemente simboli primigeni della vita nella collettività e per questo capaci di rappresentare la sua stessa integrità). Godevano di una considerazione sociale altissima e conseguentemente – e a maggior ragione nel tempo – di una condizione sociale elevatissima, caratterizzata da evidenti privilegi rispetto alle altre donne. Erano obbligate a una vita controllata e atta a garantire la purezza rituale. Erano responsabili, sia se trasgredivano alla conservazione di acqua e fuoco, sia se venivano meno all'obbligo di castità unendosi con un uomo. Di entrambe le circostanze abbiamo diverse testimonianze letterarie, alcune delle quali riportano l'intervento del pontefice massimo e da cui dipendevano fin dalla loro entrata nel collegio. Da lui, infatti, venivano *captae* – estratte a sorte o scelte – e a lui dovevano obbedienza. Era dunque lui che poter sovrintendere alla loro condanna alla pena della vivisepoltura.

Collegati al culto di alcune delle divinità più rilevanti per la comunità sono i flamini, tra i quali si ricordano i *flamines Dialis*, *Martialis* e *Quirinalis*, che sovrintendevano rispettivamente al culto di Giove, Marte e Quirino – quest'ultima, antica divinità laziale, parte della più antica triade capitolina. Anch'essi avevano origine molto risalente, come dimostrano i vari taboo che li riguardano: per tutti ricordiamo il divieto per il *flamen Dialis* di toccare il bronzo.

Altri sacerdozi che avevano ruoli di primo piano sono talvolta ricordati più precisamente come confraternite e definiti anche *sodalicia*. Si tratta dei feziali, anche loro figure presenti in tutte le comunità del *Latium vetus*, che presiedevano alle relazioni 'internazionali'. La radice **feti*, dall'indoeuropeo **dha*, di cui il loro nome è composto, significa 'porre', 'porre le condizioni'. Si occupavano di sovrintendere ai rapporti con gli altri gruppi, elaborando una sapienza specifica (lo *ius fetiale*) riguardo alle dichiarazioni di guerra e ai trattati di pace. Il *pater patratus* (la figura più rilevante del collegio, investito con dei riti ancestrali che evocavano le forze della terra) si metteva in contatto con la personalità analoga esistente presso gli altri gruppi ogni qual volta le comunità dovessero stabilire un contatto pacifico o bellicoso. Nel secondo caso, solo seguendo le procedure da questi sacerdoti indicate la guerra sarebbe *iusta* e eventuali successive condizioni di pace sarebbero state opportunamente concluse.

E ancora, i *fratres arvales*, una confraternita sacerdotale dalle origini antichissime, i cui membri si ritenevano dotati di una potenza indistruttibile, se non in ragione della loro morte. Esercitano, presieduti da un *magister*, un'azione sui *numina* protettori degli *arva*, la terra lavorata, dunque i campi, e sovrintendevano al culto della dea Dia. Accanto a questi, ricordiamo brevemente anche i *luperci* che avevano cura dell'antichissimo culto di Fauno, legato al lupo – il che fa intendere la loro origine primitiva, con tipico riferimento alla vita pastorale. Erano, come le altre, peraltro, una confraternita di origine gentilizia, come dimostra la denominazione dei diversi gruppi (Quintiani, Palatini, Fabiani, Collini); sovrintendevano ai lupercali, un percorso rituale evocativo dei legami territoriali. Infine, i *salii*, sacerdoti guerrieri, devoti a divinità arcaiche, tra le quali Marte.

Creati, secondo alcuni da Numa Pompilio, secondo altri da Tullo Ostilio, erano sempre patrizi e dotati di un costume, una armatura, che ne indicava l'arcaicità. Presiedevano a diversi riti, uno dei quali era l'*ancilia movere*, legato al movimento *sponte sua* dell'asta conficcata nella regia, la cosiddetta *hasta Martis*.

I membri di tutti questi sacerdozi o confraternite furono di numero variabile nel corso del tempo e non sempre le testimonianze delle fonti sono univoche. Si entrava a far parte di colleghi e dei *sodalicia* per cooptazione, seguendo procedure rituali specifiche, e vi si rimaneva a vita – salvo i casi di infrazione alle regole del sacerdozio. Ovviamente i vari gruppi non nacquero contemporaneamente ma il sistema di collegi, nel suo insieme, è frutto di una lunga elaborazione, che sembra essere stata profondamente condizionata dall'autorevolezza dei pontefici e dal ruolo spesso sovraordinato da essi raggiunto.

Accanto ai sacerdozi e alle divinità a cui spesso erano preposti, che incarnano la religiosità della comunità nel suo insieme, contribuivano alla religione collettiva anche i culti 'familiari' come quelli dei lari e dei penati, che appartengono alle singole *gentes*, o alle *curiae*, o addirittura a gruppi più ristretti. Il rispetto delle regole relative a questi culti non era meno cruciale per l'intera comunità, tanto che erano previste regole rigide per la loro conservazione e la loro successione all'interno dei gruppi o, eventualmente, per la loro interruzioni. Qualsiasi distacco dalle regole prefissate avrebbe rappresentato un rischio per la comunità intera.

Il ruolo centrale e fondativo della religione incarnata nei collegi sacerdotali e nelle congregazioni è evidente anche nel fatto che, secondo la tradizione, fu Numa Pompilio a creare o riorganizzare di tutti i sacerdozi. Come a significare che, al re che aveva stabilito le regole laiche per la comunità segue il re che si occupa di dare ordine alla religiosità del gruppo: il momento fondativo della monarchia, inteso nell'estensione tra i primi due sovrani, è costituito dunque dall'incontro tra le due componenti essenziali dell'aggregato urbano, che costituiscono due corni di una legittimazione reciproca. Questa concezione unitaria dei due aspetti del potere è riassunta dalla figura dello stesso re sabino-latino, il quale rappresenta l'elemento unificatore della comunità, tanto in ambito civile quanto in ambito religioso, incarnando la figura di massimo garante della *pax deorum* (l'equilibrio pacifico tra il gruppo e gli dei che lo proteggono). Il suo ruolo di preminenza che è plasticamente raffigurato dal grammatico Festo, grammatico del II secolo d.C., autore del *de verborum significatu*, il quale inserisce il *rex* nella rappresentazione dell'*ordo sacerdotum* (la gerarchia dei sacerdoti), indicandone la posizione di vertice.

Come è stato più volte osservato, in effetti, la Roma monarchica, e in modo particolare la monarchia sabino-latina (perché con l'avvento dei re etruschi qualcosa cambia) è caratterizzata da un 'meccanismo unico' (l'espressione è di Aldo Schiavone) di legittimazione del potere basato sul fatto che i collegi sacerdotali partecipavano, nel loro complesso e attivamente, alla vita comunitaria e ai contesti nei quali venivano assunte tutte le decisioni di rilievo riguardanti il gruppo. D'altronde, che i collegi sacerdotali fossero il punto di riferimento di compiti 'istituzionali' esorbitanti la *religio* in senso stretto è immediatamente evidente avendo presente quanto fosse pervasivo il complesso delle loro conoscenze, descritte spesso, per ogni sacerdozio, attraverso la variante di una espressione significativa contenente il termine *ius*: accanto al *ius fetiale*, che ho sopra citato, gli auguri conservavano il *ius augurale*, i pontefici il *ius pontificum* etc.

Nella monarchia sabino-latina, dunque, l'asse sul quale si collocano le scelte della comunità in ambito civile, religioso e militare, è quello costituito dal re e dall'aristocrazia gentilizia da un lato e dai sacerdoti detentori di un patrimonio di sapere cruciale per il gruppo, dall'altro.

1.4. *La nascita del diritto. Un patrimonio di regole per il sistema gentilizio*

La considerazione con la quale ho chiuso il paragrafo precedente è essenziale per rispondere ad alcune domande cruciali per comprendere il funzionamento della prima comunità di Roma: come e quando nasce, in questo contesto, il diritto? Chi lo elabora? E come la regola giuridica viene percepita come vincolante dai membri della comunità?

Si tratta di un percorso che è lontano dall'idea per noi troppo scontata che il diritto sia il prodotto degli organi espressione del potere politico di una comunità. Perché un potere politico nella prima Roma, della monarchia sabino-latina, non esiste, eppure il primo diritto, il primo *ius* nasce proprio in quest'epoca. E non è un diritto fatto di leggi.

Osservare, dunque questo aspetto della vita della comunità arcaica è utile al giurista in formazione per destrutturare qualche certezza, osservando la possibile varietà degli ordinamenti in una prospettiva storica, proprio come fa rivolgendosi ad una moderna o contemporanea, in ottica comparatistica.

Il nucleo del diritto, in particolare di quello che chiameremo diritto privato, risale all'VIII-VII secolo a.C., è frutto del lavoro dei pontefici e dell'incontro tra sapere laico e sapere religioso. Il primo diritto (il primo *ius*) si forma, cioè in diretto collegamento con i rituali religiosi che gli forniscono la prima base di legittimazione ed è il prodotto della sapienza pontificale. Ecco che l'insieme di regole che la comunità si dà non ha un legislatore e prescinde da un atto normativo creativo. È anch'esso diretta o indiretta espressione delle consuetudini degli aggregati familiari precittadini.

I pontefici, lo si è visto, compongono un collegio sacerdotale tra i più influenti della comunità e, in quanto detentori delle conoscenze più rilevanti per il gruppo, conservano anche le regole che le *gentes* si erano date ancor prima della nascita di Roma (i *mores*, i costumi degli antichi gruppi) e elaborano (per poi conservare) quelle nuove che si rendono necessarie con il passare del tempo per disciplinare comportamenti e attività in un aggregato sociale in rapida evoluzione (nuovi precetti che inizialmente sono saldamente ancorati a quei *mores*).

Vediamo più da vicino come funziona il meccanismo di elaborazione e il radicamento della vincolatività del *ius*, il termine con il quale si indica il 'diritto'. E per vederlo partiamo dalla derivazione di questo monosillabo di eccezionale oscurità e su cui sono state fatte innumerevoli ricerche. *Ius* deriva dalla radice indoeuropea **yous*, la quale come osserva Émile Benveniste, allude allo 'stato di regolarità, di normalità che è richiesto dalle regole rituali' (p. 369). Regola e rito, dunque.

Si è già visto come, nella comunità pervasa da una religiosità numinosa come quella da cui deriva e su cui si costituisce Roma, era diffusa la tendenza a rappresentare ogni fatto della realtà attraverso il rito, a trasporre in una regola rituale ogni funzione e ogni atto, identificando anche nel gruppo personalità che, per la loro potenza e saggezza, fossero in grado di decifrare e controllare il magico quale componente del mondo naturale. È proprio di molte società arcaiche una tendenza che è stata definita 'sovrarappresentazione ritualistica della realtà', cioè la propensione a tradurre ogni gesto del quotidiano in un rito. Tale impostazione appare tanto forte in Roma che possiamo parlare, per questa realtà, di una vera e propria 'sindrome prescrittiva'. I rituali grazie ai quali la realtà viene imbrigliata in una fitta rete di prescrizioni, una sorta di complessa trasposizione del reale, qualora elaborati dai soggetti che avevano quella peculiare connessione con il mondo magico religioso, risultavano dotati di una 'funzione performativa', cioè della capacità di modificare la realtà stessa nella direzione voluta dal rito (e dal suo creatore).

Per raggiungere uno scopo, che doveva modificare la realtà intesa nel senso peculiare in cui questi antichi la consideravano, era dunque necessario impiegare un determinato rito, specifiche parole e peculiari gesti, capaci di alterare nel senso desiderato il mondo fisico e sociale.

Dire che i pontefici producono le prime regole giuridiche del *ius* significa dire questo, che tali sapienti, dotati di potenza magica, sanno individuare (cioè elaborare) rituali capaci di imprimere alla realtà una trasformazione nella direzione desiderata. Significa che costoro replicavano, ogni qualvolta fosse necessario, un meccanismo. Collegavano il raggiungimento di uno scopo a un rito e ciò faceva sì che – in ragione della concezione della religiosità, della natura e del rituale di cui tutti i consociati erano intrisi – sorgeva la convinzione per la quale solo 'quel rito', eseguito esattamente secondo le prescrizioni del pontefice, fosse capace di consentire la trasformazione della realtà e il raggiungimento dell'effetto voluto. E che esso solo fosse in grado di farlo. Il rituale (come la regola ad esso connessa), dunque, era avvertito come vincolante, non tanto per un principio di autorità, quanto per il fatto di provenire da soggetti che si sapeva (e si riteneva) legittimati a intervenire e imbrigliare il reale numinoso.

Le modalità grazie alle quali nascono le prime regole giuridiche (il *ius*) nella Roma arcaica, dunque, spiegano come e perché esso venga percepito come vincolante da tutti i consociati, (pur) in assenza di un principio di autorità di tipo politico che obbligasse a considerarlo legittimo e necessitato. Ecco perché è particolarmente esplicativo il significato di *ius* come 'stato di regolarità, di normalità che è richiesto dalle regole rituali'.

A incidere nella realtà era ogni gesto che noi facciamo rientrare nel 'giuridico' (e prima di noi anche i romani), come spostare il controllo potestativo su un bene – poi diremo trasferire la proprietà – o su una persona – costituire una tutela, vendere uno schiavo ... – da un soggetto ad un altro, saldare due soggetti in un vincolo 'matrimoniale' etc. E ogni volta che un *pater* voleva che questo avvenisse, che uno scopo (giuridico) imprimesse una trasformazione nella realtà, non poteva fare a meno di andare dai pontefici, esternare la propria necessità e ricevere in cambio l'indicazione del rituale che era in grado di trasformare la realtà stessa nella direzione voluta.

A questa domanda i pontefici rispondevano, attraverso una modalità tipicamente 'oracolare', attraverso un *responsum* (responso), che conteneva sostanzialmente l'indicazione della sola prescrizione rituale, senza alcuna necessità di motivazione. Il *pater* doveva poi realizzare il rito esattamente come era stato prescritto, perché ogni minimo errore era in grado di far fallire l'obbiettivo, una questione, questa, cruciale non solo per comprendere la funzione della prescrizione pontificale, ma anche per cogliere il senso dell'efficacia o inefficacia delle indicazioni rituali e quindi delle regole nella loro applicazione, un tema che però attiene a quello che noi chiamiamo il diritto privato.

I pontefici, dunque, elaborano, in ragione dell'autorevolezza che deriva loro dal controllo della potenza in termini rituali, un insieme di riti, che essi soli conoscono, che essi soli conservano segretamente e che servono ai *patres*. Questo sapere è, appunto, un sapere che non viene esternato, conosciuto dalla comunità nel suo insieme, ma comunicato quando ce ne è bisogno a colui che ne fa richiesta. E solo i pontefici sono in grado di stabilire se e dove esistano delle 'regolarità' tra comportamenti e prescrizioni, nel comprendere se una questione, una richiesta fatta da un *pater* è in effetti uguale a un'altra già fatta da un altro in precedenza, per cui è possibile e opportuno suggerire lo stesso rito. Ovviamente questa regolarità può apparire autoevidente quando la richiesta è lineare, non lo è quando è più complessa e necessita di una elaborazione concettuale da parte dei pontefici, chiamati a svolgere un'attività che consente di identificare il corretto strumento e di stabilire inferenze creando delle costanti che stabilizzano i riti. Con la trasformazione della comunità e della sua percezione del mondo, la potenza che legittima i pontefici potrà definirsi quale specifica 'competenza', e l'elaborazione concettuale che conduce al responso quale 'interpretazione', un termine cruciale nel mondo del giuridico che ovviamente designa questa funzione e molto altro con accezioni peculiari nei diversi ordinamenti.

Il primo diritto (quello che conosciamo come *ius Quiritium*, il diritto dei Quiriti) è, dunque, prodotto della logica di aggregazione comunitaria originaria in Roma, ed è sostanzialmente costituito da un insieme di rituali che sono necessari ai *patres* (gli unici che potevano presiedere ai riti e avevano la capacità di disporre per i propri sottoposti) ed è quindi funzionale alle esigenze del sistema gentilizio, che regolava attraverso queste prescrizioni la vita familiare e associata.

1.5. *Reati e primato delle famiglie: la violenza privata*

E veniamo alla repressione dei comportamenti ritenuti lesivi, per i singoli e per la comunità, nella prima Roma monarchica.

Innanzitutto, due questioni preliminari. La prima è relativa alla percezione della dannosità – diremmo della antigiuridicità – di un comportamento. Questa risulta sempre, in ogni ordinamento giuridico, antico o moderno, intimamente legata al sistema di valori della comunità che la esprime, e ciò vale, ovviamente, anche per la Roma arcaica. Nell'indicare i reati a cui sono collegate delle sanzioni, dunque, ci troveremo di fronte a comportamenti di cui dobbiamo sforzarci di comprendere non solo il 'disvalore' ma anche la gravità in relazione alle regole dell'organizzazione sociale ed economica del tempo. Questo sforzo di contestualizzazione, in generale necessario ogni qualvolta si approfondisca una questione giuridica, risalente o contemporanea, relativa al nostro ordinamento o ad uno differente, è necessario anche per comprendere il livello di gravità delle sanzioni collegate ai reati, ancora una volta dipendenti dal modello aggregativo e dalle concezioni sociali e religiose del gruppo.

Inoltre, possiamo domandarci: cosa era rilevante per considerare dannoso un comportamento, per la comunità o per un singolo? E quale funzione aveva la pena? Rispondiamo innanzitutto richiamando le parole di Bernardo Santalucia, tratte da uno dei suoi innumerevoli e preziosi studi di diritto penale romano, *Dalla vendetta alla pena*: "Nella concezione romana primitiva, solo impropriamente si può parlare di repressione di un crimine: la sanzione colpisce non tanto il reato quanto la trasgressione religiosa, che rischia di rompere l'armonia del rapporto fra la città e i suoi dei" (p. 12). Il problema che si poneva quando un soggetto teneva un determinato comportamento, era che questo alterasse l'equilibrio nel rapporto tra la comunità e il mondo magico-religioso o le divinità, perché capace di provocare un'impurità. È estranea a questo mondo l'idea che un fatto di reato ledesse un interesse pubblico. A macchiare la collettività potevano essere atti di differente gravità, e la pena era graduata anche in base al fatto che l'offesa riguardasse solo il singolo come esponente di un gruppo familiare o nel complesso l'intero gruppo. In entrambi i casi la purificazione era tuttavia considerata necessaria nell'interesse della comunità intera, perché anche un gesto che di fatto incideva su un nucleo ristretto di individui poteva ugualmente, se non perseguito, ammorbare l'intera comunità con effetti che potevano divenire devastanti in prospettiva generale.

Dunque, la comunità elabora una serie di strumenti idonei al raggiungimento dello scopo che, ancora una volta, rispecchiano le dinamiche dell'aggregato arcaico, in termini sociali e religiosi.

Possiamo identificare, in epoca monarchica, una serie di modelli repressivi, che probabilmente si affermano in momenti consecutivi. Vediamo quali sono, segnalando che al termine di questa sezione del volume dedicata all'epoca monarchica (vedi *infra*, pp. 55 s.), sarà possibile consultare una tabella riassuntiva di tutti i modelli repressivi.

Il primo strumento adoperato è la violenza privata. Si tratta di una modalità di reazione che affonda le proprie radici nelle regole comuni alle comunità pre-civiche, negli antichi *mores*. Ed era funzionale a sanare le conseguenze di atti che non ledevano direttamente i *numina* o le divinità, ma erano ugualmente dannosi per il gruppo nel suo insieme.

La violenza privata rispecchia perfettamente il predominio, che già si è visto a livello di gestione del potere, di organizzazione della *religio* e di creazione del diritto, che esprimevano le *gentes*. In una comunità in cui è il clan ad avere un ruolo centrale nella gestione del gruppo, è al clan che è demandato l'atto capace di purificare il danno compiuto da un soggetto nei confronti del membro della famiglia stessa. D'altronde, danneggiare un membro del gruppo ristretto o danneggiare il suo patrimonio (*familia* ha un significato, peraltro, patrimoniale oltre che soggettivo) o tenere comportamenti non rispettosi della *religio* del gruppo familiare, significava mettere in discussione l'intero gruppo. E quindi era questo a reagire, purificando la violenza con un atto di violenza che annullava la prima. Lo stesso termine pena, come è stato ampiamente notato, è intimamente collegato all'esercizio di una violenza riparatoria. *Poena* (da *poiné*) significa 'prestazione in funzione riparatoria', 'pagamento del prezzo del sangue'.

La violenza non necessariamente era proporzionata, almeno inizialmente, anche se l'idea, sottesa alla legge del taglione – 'occhio per occhio, dente per dente' –, per la quale solo una violenza commisurata all'offesa subita fosse ammissibile come *poena*, emerge piuttosto precocemente.

Attraverso le fonti conosciamo alcune situazioni nelle quali la violenza era impiegata per la soluzione delle controversie. Le vediamo davvero brevemente rinviando vari approfondimenti al confronto orale.

Partiamo dal *parricidium*, termine che fa riferimento all'uccisione dell'uomo libero. La comprensione di questo comportamento delittuoso presenta per noi vari punti oscuri. La norma che sanziona l'uccisione dell'uomo libero è fatta risalire a Numa Pompilio, e si ricava da una testimonianza di Festo:

> Festo s.v. *Parrici[di] quaestores*. "Erano chiamati *parrici(di) quaestores* coloro che solevano essere designati a compiere indagini sui delitti capitali. Giacché si diceva parricida non solo chi avesse ucciso il padre, ma anche chi avesse ucciso qualunque uomo non condannato. Che così fosse lo dimostra una legge di Numa Pompilio contenente queste parole: "Se qualcuno ha ucciso intenzionalmente un uomo libero, sia considerato parricida" (*si qui hominem liberum dolo sciens morti duit, paricidas esto*)".

La testimonianza pone una serie di problemi: cosa significhi *parricidium* e *paricidas esto*, quindi chi sia la persona offesa e quale la sanzione. Quanto alla persona offesa il problema se lo poneva, da linguista, lo stesso autore antico, perché *parricidium* rinvia immediatamente all'idea del *pater* e apparirebbe dunque a prima vista alludere proprio all'uccisione del *pater*. Soffermarci sulle innumerevoli interpretazioni che si sono susseguite negli anni animando un dibattito ancora vivo, è impossibile, ma la soluzione più plausibile è che *parricidium* designi l'uccisione di un *pater* o di qualsiasi uomo libero (come dice anche Festo). E, d'altronde, che il punto di riferimento della comunità come soggetti attivi fossero i *patres* è considerazione scontata. Quanto alla sanzione, l'espressione *paricidas esto* può riferirsi al fatto che chi ha ucciso un uomo libero deve essere considerato e trattato come un parricida e, dunque, abbandonato alla vendetta della famiglia – *paricidas esto* sarebbe equiparazione dell'uccisione dell'uomo libero a quella del parricida. Secondo altri autori, invece, chi ha ucciso un uomo libero doveva essere abbandonato alla vendetta di un membro della famiglia dell'offeso, e dunque *paricidas esto* indicherebbe la sanzione e cioè il rinvio all'esercizio della vendetta.

Certamente, dunque, l'omicidio di un uomo libero era sanzionato con la vendetta, ed è possibile aggiungere che la norma di Numa la imponeva, non consentendo che si arrivasse a una compensazione pecuniaria, perché la composizione pecuniaria non avrebbe effettivamente sanato l'impurità.

Finora si è fatto riferimento all'omicidio senza ulteriore specificazione, ma in effetti si è parlato dell'omicidio volontario. Le fonti, però, ci riportano testimonianza del fatto che fosse prevista una sanzione anche per l'omicidio involontario. Ce ne parla in particolare Servio, grammatico e commentatore del IV secolo d.C.:

> Serv. *in Verg. Buc.* 4.43 "Certamente nelle leggi di Numa si provvide a che, se qualcuno, senza volerlo, avesse ucciso un uomo, offrisse in espiazione per l'ucciso un ariete agli agnati di lui. Perciò sembra che qui opportunamente, con l'usare il termine *ipse*, dia dignità all'ariete, perché questo, offerto come vittima, può liberare l'omicida dall'imputazione di omicidio".

Nel caso in cui l'omicidio non fosse conseguenza della volontà dell'agente, alla vendetta realizzata sull'omicida si sarebbe sostituito il sacrificio di un ariete. Ed è interessante notare che dalle fonti si comprenda come l'ariete sostituisse il corpo stesso dell'omicida, la divinità si placasse accettando l'offerta dell'animale che 'faceva le veci' del corpo del reo, come dice esplicitamente Festo quando commenta (s.v. *Subigere arietem*): "*subigere* l'ariete [...] significava dare un ariete che ne fa le veci [scil.: dell'omicida] e viene sacrificato". È rilevante anche osservare come il sacrificio espiatorio non fosse considerato una punizione con un valore differente dalla vendetta, circostanza, anch'essa motivata dal fatto che l'ariete non rappresentava un'offerta votiva, ma un sostituto del reo. La ragione per la quale questa surrogazione era prevista è molto rilevante agli occhi del giurista moderno, perché rinvia ad una precoce riflessione sull'esistenza o meno di quello che noi oggi definiamo 'dolo'. Senza voler individuare automatiche o sicure ascendenze e mettendo, anzi, in guardia da qualsiasi facile equiparazione tra antico e moderno, possiamo però con certezza dire che precocemente, per la punizione del reo di omicidio, ha rilievo la presenza o meno della volontà nel compiere l'atto; e che, in ragione di questo, si consolida l'idea per la quale, se l'uccisione fosse stata risultato della volontà, allora il danneggiato non avrebbe potuto accettare una composizione alternativa alla morte dello stesso reo, se invece l'omicidio non fosse stato volontario, la comunità avrebbe dovuto porre un limite alla vendetta, sostituendo l'omicida con l'ariete.

Questa gradazione ha indotto agli studiosi a porre una questione molto rilevante: la presenza di una differente sanzione per l'omicidio volontario e non volontario comporta la necessità dell'accertamento della volontarietà o meno dell'atto. Non sappiamo quanto precocemente, se la scelta sia originaria o più tarda, ma risale sicuramente alla Roma monarchica la presenza dei *quaestores parricidii* ("inquisitori degli omicidi"), che abbiamo già citato tra gli ausiliari del *rex* e abbiamo visto richiamati da Festo. È proprio questo autore ad affermare esplicitamente che essi compivano indagini innanzitutto evidentemente per accertare il colpevole e la 'volontarietà'. Era probabile poi che sovrintendessero all'esercizio della vendetta da parte della famiglia dell'offeso nei confronti dell'omicida oppure presiedessero al sacrificio rituale dell'ariete.

Se ciò è vero, la vendetta e il sacrificio dovevano svolgersi *in contione*, cioè di fronte alla comunità riunita, ed è questo raggruppamento che si sarebbe trasformato con il tempo (è incerto se già in età monarchica) in una riunione in assemblea (i comizi delle *curiae*, *comitia curiata*) con funzione giudicante. Questa prassi può forse essere considerata la premessa della ordinaria procedura comiziale che si sarebbe sviluppata in epoca repubblicana (per la quale vedi *infra*, pp. 86 s.).

Nella prima comunità, d'altronde, anche la repressione di comportamenti che più avanti sarebbero stati sanzionati nell'ambito del diritto privato, come il furto e l'ingiuria, erano lasciati alla vendetta privata. In particolare, la forma di furto considerata più pericolosa per la comunità, e cioè il furto 'flagrante', la sottrazione di un bene, notturna o diurna, compiuta da un ladro colto nell'atto di commettere il fatto, era sanzionata con l'uccisione del ladro. Non abbiamo notizie sul furto non flagrante. Quanto all'ingiuria (*iniuria*) – da intendersi come offesa, lesione fisica dal momento che solo successivamente e in piena età repubblicana sarebbe nata l'idea di ingiuria come lezione morale –, anche in questo caso si doveva fare ricorso alla vendetta privata, ma non sappiamo entro quali limiti (vedremo che dei limiti saranno poi posti dalle XII Tavole – *infra*, p. 68).

1.6. *Reo, comunità, delitti sacrali*

A fianco della vendetta privata, e quando l'offesa arrecata si riteneva danneggiasse immediatamente l'intera comunità, provocando un'impurità che comprometteva il rapporto tra questa e i suoi dei, abbiamo i cosiddetti delitti sacrali. Si tratta di comportamenti che comportavano una punizione che coinvolgeva la sfera sacrale, sia reati che erano nati in questa sfera, sia reati che in un primo momento erano lasciati alla vendetta privata e poi erano transitati in questo differente modello repressivo come evoluzione rispetto all'uso della violenza.

Analizzandoli, seppur sinteticamente, vedremo come la loro ricostruzione sia non sempre lineare, ma consenta, tuttavia, di cogliere alcuni tratti salienti della vita associata in epoca monarchica.

Innanzitutto, una classificazione. I delitti sacrali si distinguono in due tipologie: quelli di minore gravità (*scelera expiabilia,* 'comportamenti illeciti espiabili'), per sanare i quali era sufficiente un semplice *piaculum*, cioè un sacrificio espiatorio, e quelli più gravi (*scelera inexpiabilia,* 'comportamenti illecitoi inespiabili'), che comportavano la sanzione della *sacertas* o del *deo necari.*

Iniziamo dai primi elencando le tre 'condotte', come diremmo oggi, di cui ci parlano le fonti e che comportavano un *piaculum.* Pare che fosse stato Numa a introdurre questa sanzione per la vedova che contraeva matrimonio prima dei 10 mesi del *tempus lugendi* (il periodo nel quale doveva, cioè, rimanere in lutto per la morte del marito, in modo da rendere possibile l'accertamento dello stato di gravidanza). Essa avrebbe dovuto placare gli dei sacrificando una vacca gravida, forse a Tellure, dea delle messi e della semina, quindi dell'abbondanza, paragonabile a Demetra o Cerere (Plut. *Numa* 12.3). Ancora Numa avrebbe previsto che la concubina che avesse violato il divieto di toccare l'altare di Giunone, avrebbe dovuto sacrificare a Giunone, con i capelli sciolti, un'agnella (Festo s.v. *Pelices*). Infine, addirittura Romolo avrebbe previso la confisca di metà del patrimonio, forse da destinare al culto, per il padre che avesse esposto il figlio senza aver fatto constatare la malformazione a 5 dei vicini più prossimi (Plut. *Numa* 12.3). Si tratta di comportamenti considerati di non particolare gravità, in relazione ai quali, per placare la divinità, era previsto o il sacrificio di un animale al dio o alla dea, o, in alternativa, la devoluzione di una porzione del patrimonio al culto della divinità stessa.

Bisogna notare che la sanzione del sacrificio rappresenta una vera offerta espiatoria, a differenza della consegna dell'ariete prevista per l'omicidio involontario, che – come ho detto – non aveva la funzione di espiare la colpa ma di sostituire il corpo del reo nel sacrificio.

Veniamo ai comportamenti, ritenuti più gravi, che inducevano una macchia talmente grave per la comunità da imporre un atto di purificazione ben più esemplare. Per placare la divinità il soggetto offeso doveva rispondere con il proprio corpo. Le sanzioni concretamente attuate erano l'abbandono del reo alla divinità (*sacertas* o *sacer esto*, più tardi denominata *consecratio*), sanzione che in alcuni casi era accompagnata anche dalla consacrazione del patrimonio (*consecratio capitis et bonorum*), e la messa a morte diretta del colpevole (*deo necari*).

Vediamo a quali condotte seguiva la prima. Si fa riferimento innanzitutto alla violazione della *fides* del patrono nei confronti del cliente e alla violazione della *fides* del cliente nei confronti del patrono. La regola sarebbe stata istituita da Romolo e prevedeva la *sacertas* a una divinità infernale, Vediove (Dio. 2.10.1-3). Una *consecratio* ai numi tutelari della casa sarebbe stata introdotta da Romolo o da Tito Tazio e ribadita da Servio Tullio per il figlio che avesse usato violenza verso il genitore o la nuora che lo avesse fatto verso il suocero (Fest. 260 L. s.v. *plorare*). Infine, per imposizione di Numa, sarebbe stato colpito da *consecratio* al dio Termine, assieme ai suoi buoi, colui il quale avesse rimosso, con l'aratro, le pietre di confine tra i fondi.

In tutti i casi, come si può facilmente notare, si trattava di comportamenti che mettevano in discussione delle consuetudini sociali, rilevanti anche a livello economico, capaci di incrinare l'equilibrio della comunità nel suo insieme e considerate lesive (anche) del rapporto con i *numina* e le divinità a cui i rapporti interni al gruppo e la distribuzione del territorio traevano legittimazione. Questi comportamenti mettevano in discussione, cioè, i fondamenti stessi della socialità romana, così come l'abbiamo vista strutturarsi nel gesto ancestrale della distribuzione delle terre e nella costituzione di regole di aggregazione collettiva.

In cosa consiste, però, il *sacer esto*? L'autore dell'atto illecito non veniva sacrificato, ucciso, bensì veniva allontanato dalla comunità e abbandonato. Non era dedicato alla divinità (*dedicatio dis*), perché se questo fosse avvenuto – come è stato notato da Roberto Fiori nel suo *Homo sacer* (p. 54) – sarebbe stato intoccabile perché *sanctus* (coinvolto in una sacralità positiva). Il colpevole subiva invece solo la *consecratio* (sacralità negativa) con l'indicazione della divinità al solo scopo di rendere chiara quale fosse la divinità da placare. Il colpevole era dunque abbandonato, privo di ogni protezione e della possibilità di godere della tutela da parte degli uomini e degli dei. Non era più riconosciuto come membro del gruppo (allusivo è il significato di *caput* nell'espressione *consecratio capitis*), chiunque poteva ucciderlo e se qualcuno lo avesse fatto, anche tra i membri della comunità, non sarebbe stato perseguito per *parricidium*. Lo esplicita Dionigi di Alicarnasso (storico di origini greche al lavoro sotto Augusto), parlando della *sacertas* conseguente alla rimozione delle pietre di confine: "e stabilì con legge che, se qualcuno asportava o spostava i confini, fosse considerato consacrato alla divinità dei confini in modo che per chi volesse ucciderlo come sacrilegio ci fosse l'impunità ed inoltre l'essere considerato puro ad onta di ogni delitto" (Dio. 2.74.3).

Può stupire che a comportamenti che la comunità ritiene carichi di un disvalore emblematico e di grande rilievo sia collegata una sanzione che a prima vista appare non altrettanto esemplare. Ma ancora una volta è necessario contestualizzare la regola giuridica come prodotto di uno specifico gruppo sociale: innanzitutto un soggetto abbandonato, privo di protezione nei confronti di eventuali lesioni, sarebbe andato comunque incontro a morte certa, sia per le insidie naturali che avrebbero potuto presentarsi sia per la sostanziale legittimazione nei confronti della scelta di chiunque di attentare alla sua vita. Inoltre, la sanzione aveva certamente un chiaro valore paradigmatico in un'epoca nella l'unica dimensione in cui un soggetto poteva immaginare di riconoscersi con la speranza di sopravvivere era quella della vita associata: l'idea stessa di 'individuo' come la conosciamo oggi, con il suo portato valoriale autonomo, è lontanissima da queste società e, dunque, l'abbandono costituiva, di per sé, una vergogna e un rischio altissimo. E la situazione risultava ulteriormente aggravata dal fatto che, come è stato ipotizzato, coerentemente con la prevalenza della logica gentilizia rispetto a quella dell'individuo (più avanti si parlerà del *civis*), per i comportamenti che portano alla *sacertas* come per altri considerati altrettanto gravi, nell'epoca più arcaica ad essere punito non fosse solo il reo ma anche i suoi discendenti.

Per comprendere il senso della *sacertas*, in effetti particolarmente esplicito Festo, il quale afferma:

> Fest. s.v. *sacer mons*. "È *homo sacer* (uomo consacrato), quello che il popolo ha giudicato tale in ragione di un maleficio; e non è opportuno (*fas*) immolarlo, ma chi lo uccide non incorre in parricidio".

Il grammatico espone il contenuto della sanzione e spiega anche come fosse inopportuno rispetto alle regole della comunità che il reo dotato di una *sacertas* negativa venisse toccato anche solo per essere giustiziato, fatto che suggeriva come funzionale la soluzione dell'abbandono.

Il disvalore del comportamento e la scelta della sanzione si colgono anche indagando il termine che designa il reo e, direttamente o tramite un composto, la sanzione: *sacer*, *sacer esto*, *consecratio*. Come osserva ancora Èmile Benveniste (p. 426) «Il lat. *sacer* ingloba la rappresentazione per noi più precisa e specifica del 'sacro'. È in latino che si manifesta meglio la divisione tra il sacro e il profano; è ancora in latino che si rivela il carattere ambiguo del 'sacro': consacrato agli dei e carico di una colpa incancellabile, augusto e maledetto, degno di venerazione e che suscita l'orrore». *Sacer* era dunque qualcosa di investito da una sacralità positiva, a cui si riconosceva una potenza, appunto, positiva, tale da imporre che la si venerasse e che fosse intoccabile – tra le cose sacre ricordiamo i templi, che una volta consacrati, non potevano essere violati. Ma *sacer* era anche ciò che risultava investito di una sacralità negativa, a cui si riconosceva, dunque, una potenza negativa, che doveva essere allontanato dalla comunità per fare in modo che questa venisse purificata (nello stesso ordine di idee, la *sacrosanctitas*, prerogativa del tribuno della plebe in epoca repubblicana, implica la sanzione della *sacertas* per chiunque la violi – se ne parlerà più avanti, *infra*, p. 63 –; e, per altro verso, si allude anche a una sacralità del diritto, molti secoli più tardi, quando i giuristi sono indicati da un giureconsulto, Ulpiano (D. 1.1.1.1), come *sacerdotes iuris* (sacerdoti del diritto), ma l'interpretazione è molto complessa.

L'ultima fonte tratta da Festo (e non è la sola) pone, infine, un problema, quando afferma che "il popolo ha giudicato" il reo come *sacer*, anche se altri autori non sono espliciti sul punto: la *consecratio* seguiva a un processo o era una sanzione automatica? La dottrina è divisa tra coloro i quali ritengono che la sacertà dovesse essere accertata in una sorta di processo (che gli autori vedono in modi parzialmente diversi) e coloro che propendono per il fatto che la commissione dell'illecito non richiedesse accertamento. La soluzione preferibile pare essere la prima, a cui sembra alludere, oltre a Festo, anche la sanzione per il figlio che fa violenza, per la quale si parla della necessità che il padre gridi, in modo da consentire ad alcuni testimoni di accorrere per poter poi dimostrare, in un processo, la commissione del fatto e far scattare la sanzione della *sacertas*: che il richiamo dei vicini avesse funzione di costituire una testimonianza, ritorna anche in altre situazioni, pur non connesse con la *sacertas*, come quando si ammetteva che il derubato uccidesse il ladro, ma solo dopo aver chiamato dei vicini a testimoniare del fatto.

Alcuni atti illeciti, infine, erano ritenuti offensivi per la divinità, ledevano la religione e la comunità. Provocavano uno squilibrio nel gruppo e un danno molto forte, non sussisteva il limite dell'inopportunità al punire direttamente il reo con la morte e dunque erano sanzionati con l'immediata messa a morte del re. Questa sanzione è descritta con l'espressione *deo necari*.

Quando si verificava? In caso di *perduellio*, ovvero quello che noi chiameremmo alto tradimento, la violazione del dovere che ogni membro di una comunità ha – e si riteneva ancor più in una comunità primitiva, altamente instabile, avesse – di mantenere la *fides*, la fedeltà, verso la collettività (la *fides*, come si intuisce, è uno dei valori più rilevanti per la conservazione della società arcaica). Il tradimento della *fides* del gruppo era una violazione nei confronti della divinità che lo proteggeva e nei confronti di tutti i consociati e quindi della comunità. Dunque, il re, in quando sommo garante della *pax deorum*, si incaricava, affiancato da ausiliari appositi (i *duumviri perduellions* di cui abbiamo già parlato), di eseguire direttamente la vendetta.

La sanzione è altrettanto simbolica e consisteva, a partire, pare, da Tullo Ostilio, nella *suspensio* (sospensione) del colpevole ad un albero sterile (*arbor infelix*), e nella sua fustigazione fino alla morte. *Suspendere*, come nota Eva Cantarella (*I supplizi capitali*, pp. 195 ss.), significa essere sopraelevato rispetto al suolo, ma non necessariamente essere assicurato ai suoi rami, e l'*arbor infelix* è una pianta incapace di dare frutti ma anche tra quelle considerate di cattivo augurio, sacre agli dei infernali o rese impure per circostanze esterne. Emblematico quanto controverso è l'episodio dell'Orazio superstite al confronto tra Orazi e Curiazi, che solo grazie all'intervento del popolo evita quella che Livio definisce *lex orrendi carminis* (vedi anche *infra*, p. 61).

Come si è detto la sanzione doveva essere comminata da un tribunale straordinario, i *duumviri perduellionis*, i quali presiedevano anche all'esecuzione della condanna all'impiccagione.

Altrettanto caratteristico del contesto arcaico era l'altro comportamento delittuoso sanzionato con il *deo necari*, segno dell'importanza per la comunità della conservazione dei suoi beni di sostentamento primario. Veniva punito con l'impiccagione e con il sacrificio alla dea Cerere il ladro notturno di messi, un ladro dunque particolarmente pericoloso perché violava la *fides* tra gli uomini, nel senso di affidamento dei consociati in un determinato comportamento idoneo a non arrecare un danno economico e perché violava la *fides* verso la comunità nel suo rapporto con i *numina* e gli dei, nel senso che prima di svolgere l'attività di raccolta sarebbe stato necessario eseguire offerte rituali alla divinità che, ovviamente, il furto impediva.

Un'ultima questione cui ho in precedenza già accennato in relazione alla violenza privata, infine, riguarda il ruolo del popolo di fronte alla repressione penale. Abbiamo visto come per l'accertamento di alcuni reati intervenissero figure di rappresentanti del re (*quaestores parricidii*, *duumviri perduellionis*), ma c'è traccia nella Roma monarchica del ruolo del popolo riunito che possa anticipare l'affermarsi in epoca repubblicana dell'assemblea popolare in funzione giudicante? A parte la testimonianza, probabilmente leggendaria dell'intervento nella vicenda di Orazio, testimonianze archeologiche confermano che, almeno dal VII secolo a.C., il re si presentava davanti al popolo dopo aver preso decisioni relative alla repressione di illeciti. Due indizi sembrano essere favorevoli a questa lettura: alla fine del VII secolo, ai piedi del Campidoglio, era presente uno spazio dedicato alle riunioni del popolo e, soprattutto, il più antico calendario romano riporta la sigla QRCF = *Q(uandoc) R(ex) C(omitiavit) F(as)*, con cui si fa riferimento ai giorni nei quali era lecito (ammesso) che il re 'comiziasse', laddove *comitiare* doveva significare tenere delle riunioni di popolo, riunito per attività 'giurisdizionali'. È probabile che, in un primo momento, in epoca monarchica, il popolo riunito nella formazione dei *comitia curiata* si dovesse limitare a prendere atto e testimoniare della decisione ad esempio relativa alla comminazione del *sacer esto* e del *deo necari* – come della messa in atto della violenza privata. È pensabile che solo più avanti, probabilmente già in epoca repubblicana, anche per i delitti più gravi, all'assemblea del popolo fosse assegnata una vera e propria funzione decisionale in ambito giurisdizionale.

2. *Dalla rifondazione etrusca alla fine della monarchia*

2.1. *Una comunità 'inclusiva' e in forte espansione. Tarquinio Prisco e l'affermazione di una monarchia 'irregolare'*

Attorno alla metà, più probabilmente gli anni 30 del VII secolo a.C. può convenzionalmente collocarsi l'inizio della seconda fase della monarchia romana, conosciuta come monarchia etrusca, poiché, come si vedrà tra breve, di origini etrusche furono i tre re che si susseguirono.

Già abbiamo notato quanto la comunità romana fosse inclusiva e come essa si arricchisse di sempre nuove figure di immigrati, attratti dalla sua vitalità innanzitutto economica. Come si è detto, l'insediamento lungo il Tevere aveva da sempre rappresentato un vantaggio significativo rispetto ad altre realtà e fin dai tempi più risalenti il commercio che univa l'Etruria alle regioni meridionali sfruttava proprio questo fiume, trovando nell'isola Tiberina un appoggio propizio per i commerci. I collegamenti di Roma con gli Etruschi, popolo stanziato prevalentemente nei territori più a nord, come con molte altre popolazioni limitrofe o più distanti non sono dunque una novità del periodo di cui ci stiamo occupando, ma in effetti tra VII e VI secolo a.C., si vanno intensificando i contatti tra le popolazioni a nord e a sud del Lazio, soprattutto nelle regioni costiere, aree che sono profondamente condizionate da un'influenza ellenica che deriva non solo dal meridione della penisola, dalle popolazione ausoniche e sabelliche, ma anche dalla parte centrale, e in particolare dall'Etruria.

Tutta la penisola, dunque, e non fece eccezione Roma, fu caratterizzata da una forte influenza greca, che in effetti si riscontra – come è stato notato – in tante riforme che intervengono nella comunità romana, a partire dal sistema di pesi e misure, per arrivare alla segnatura del bronzo e alla riorganizzazione dell'esercito collegato alla ripartizione timocratica dei membri dell'aggregato.

La proiezione verso l'esterno non era dovuta solo al commercio, ma anche alle mire espansionistiche che Roma aveva mostrato fin dal suo formarsi, come attestano i conflitti con le popolazioni vicine e gli accordi stabiliti con alcune di loro, a dimostrazione di una situazione di dominio che la comunità stava ormai acquisendo e via via consolidando, ma che presentava ancora ampi margini di definizione.

La Roma di Anco Marzio – l'ultimo re della monarchia sabino latina –, dunque, è una comunità in rapida espansione, estremamente attrattiva per chi avesse voglia di migliorare la propria posizione economica, potendo anche sperare di aspirare a scalare le gerarchie sociali in ragione di una discreta mobilità verticale.

Tutto questo fermento trovava effettivamente un ostacolo nell'organizzazione capillarmente gentilizia della comunità, della politica e dell'economia. Se fino a quel momento, come si è detto, l'inclusione nella comunità passava attraverso l'inserimento in una *gens*, l'immissione di una quantità sempre maggiore di individui non consentiva a questo schema di reggere e dunque iniziava a crescere d'importanza una non indifferente parte della comunità, che si riconosceva attorno a una tipologia di aggregazione non nuova, che iniziava a risultare particolarmente funzionale alla trasmissione delle conoscenze artigianali, oltre che alla distribuzione del lavoro nelle aziende agricole: la *familia proprio iure* e cioè la famiglia composta da tutti i soggetti che si riconoscevano dalla discendenza immediata da un *pater* comune – come ha notato Luigi Capogrossi Colognesi, nel suo *Storia di Roma tra diritto e potere* (p. 60) –, da cui deriva poi la famiglia allargata dei fratelli (*communi iure*) che poteva poi rappresentarne una continuazione diretta.

Estremamente semplificando, il sistema gentilizio entra in crisi per l'incapacità di rappresentare la trasformazione sociale ed economica della comunità, il che ha un riscontro a livello di equilibri di potere nella gestione della comunità. Gradualmente si struttura un nuovo modello organizzativo che prepara "l'avvento della concezione della *civitas* immettendo nel mondo romano l'idea di *polis*", per usare le parole di Pietro De Francisci, tratte ancora dal suo *Primordia civitatis* (p. 626). Questo modello organizzativo porta a uno spostamento dell'asse di governo dal binomio oligarchia e re da un lato, sacerdoti dall'altro, ad un nuovo asse di legittimazione che vede il re sostenuto (e legittimato) dall'esercito cittadino e poi da un popolo organizzato secondo le gerarchie dell'esercito stesso. Si fa strada un'organizzazione di tipo 'politico' della comunità, che possiamo iniziare a chiamare città. Questa trasformazione, è stato ampiamente notato, aveva fatto da un lato violenza alle istituzioni 'aristocratiche' della comunità, lentamente sovvertendo gli equilibri tradizionali, ma dall'altro non aveva comunque rappresentato una vera e propria rivoluzione, dal momento che nella comunità era già presente una solida base monarchica. Così i monarchi etruschi, pur giungendo al potere in modo irregolare rispetto al modello di legittimazione rappresentato dall'*interregnum* (lo vedremo subito), non operarono una 'conquista' ma una trasformazione dell'interno della società che è frutto della penetrazione da cui siamo partiti.

Come per tutti i passaggi storici che per comodità cataloghiamo, non dobbiamo enfatizzare la cesura tra i due momenti della monarchia, ma eventualmente evidenziarne le continuità e il fatto che le nuove personalità straniere entrano nella comunità come immigrati e vi si affermano.

Tarquinio Prisco, quello che sarebbe diventato il primo dei re etruschi era giunto a Roma con la moglie Tanaquil da Tarquinia, dove la famiglia aveva ricoperto un ruolo di prestigio e goduto di notevoli ricchezze. Le fonti parlano del fatto che nella città di origine, nella quale egli vantava il titolo di lucumone, contro di lui e la famiglia erano sorte delle ostilità che lo avevano indotto a rifugiarsi a Roma, dove il suo nome sarebbe stato romanizzato: secondo alcuni *Priscus*, che allude a *princeps*, avrebbe tradotto *lucumo*, secondo altri questo sarebbe stato sostituito da *Lucius*. Sarebbe entrato nelle grazie di Anco Marzio, il quale ne avrebbe consentito l'iscrizione in una delle tribù e in una delle *curiae* per elevarlo, poi, secondo una tradizione, al rango di suo *magister equitum* (o *magister populi*). La famiglia dei Tarquini costruisce velocemente una serie di legami nel territorio di influenza di Roma e questo fa sì che, al momento della morte del re (alcune fonti parlano addirittura della possibilità che questi lo avesse nominato tutore dei suoi figli impuberi), egli possa rendersi protagonista di una designazione irregolare dal punto di vista delle regole istituzionali ma fondata sul consolidamento della sua personale affermazione. Le fonti non sono univoche sul punto ed è necessario vagliarle, ma tutte concordano sul fatto che la procedura dell'*interregnum* fu completamente ignorata o non seguita in modo pedissequo: si parla di un'acclamazione diretta da parte del popolo, da Tarquinio stesso trascinato grazie a un abile discorso, o di una procedura alterata per la quale l'individuazione del nome del nuovo re emerge nell'assemblea del popolo riunito per volere dei *patres*, che avrebbero poi fatto confermare la designazione dagli auguri per regolarizzarla. Come si vede è il popolo (con un atto a cui viene attribuito talvolta inopportunamente il significato di una *lex curiata de imperio*) ad avere un ruolo centrale nella scelta e ad essere messo in ombra è quello dei *patres* delle *gentes*.

Giunto, dunque, al potere, il nuovo re è protagonista di alcune riforme dell'apparato istituzionale – non da tutti unanimemente attribuite al suo *regnum* – ma che merita ricordare per comprendere come alla riforma centuriata di Servio Tullio, di cui si parlerà tra poco, si giunse a valle di altri interventi già capaci di incidere nella struttura della comunità, e come l'esigenza di rivedere il modello attraverso il quale si esprimeva la volontà di membri della comunità venisse da lontano: in crisi, come sappiamo, erano, già a partire dalla fine della monarchia sabino-latina, gli equilibri sui quali si fondava la legittimazione della monarchia nel suo insieme.

Si può forse ascrivere a Tarquinio Prisco la distribuzione della popolazione in 30 *curiae* e il connesso aumento del numero di *patres* nel consesso, la costituzione di una fanteria stabile nell'esercito e la distribuzione del territorio in quattro *regiones*, una suddivisione che doveva aver richiesto l'intervento della sapienza augurale. Si parla anche del fatto che egli avesse tracciato un nuovo *pomerium* (il confine esterno della comunità), che aveva inglobato anche il *Capitolium*. Il nuovo re aveva poi promosso una serie di opere pubbliche, come la costruzione di templi – forse a lui è ascrivibile la platea sulla quale fu poi costituito il tempio votato alla nuova triade capitolina, Giove, Giunone, Minerva –, canali di scarico e cloache e secondo alcuni anche l'inizio della costruzione di una cinta muraria di difesa. Tarquinio Prisco aveva iniziato a dare forma, dunque, a quella che viene definita la 'grande Roma dei Tarquini'.

Tutti questi interventi, sottolineano gli studiosi, sono il segno di una profonda trasformazione in atto della nuova comunità che, da agglomerato di *pagi* dotati di una identità unitaria e retti da un modello organizzativo solo corretto rispetto all'ancestrale struttura gentilizia dei *pagi* stessi, va trasformandosi più propriamente in una città, governata da un monarca rappresentativo non del potere delle *gentes* ma del suo personale, un potere di tipo appunto politico, che gli deriva da una legittimazione 'dal basso'.

2.2. *Servio Tullio e la riforma centuriata*

La trasformazione a cui ho appena accennato viene certamente portata a termine da Servio Tullio. Sull'identità di questo secondo *rex* molti sono i dubbi. Accanto alle diverse tradizioni della sua nascita, in molte delle quali egli risulta figlio spurio di una schiava (in una versione appartenente alla moglie di Tarquinio Prisco) e di personalità vicine al precedente re, su Servio Tullio era diffusa anche la versione di un'origine mitica comune a quelle di altri 'fondatori' di città – Ocrisia, schiava di Tanaquil si sarebbe unita a un fallo misteriosamente emerso da un focolare mentre era intenta al lavoro.

Il susseguirsi di diverse varianti e soprattutto la presenza dell'ultima citata, è sintomatico del ruolo simbolico che già la tradizione della storiografia antica attribuiva a Servio Tullio, in ragione dell'attività di riforma che vedremo immediatamente. A questo re viene riconosciuto quasi il posto, nella prospettiva di sviluppo della *civitas*, di una nuova fondazione, quella a cui sono legati i tratti strutturali, non dal punto di vista ancestrale e valoriale – ruolo che spetta a Romolo, Numa Pompilio e alla monarchia sabino-latina – ma più propriamente istituzionale. È in effetti indubbio che dagli effetti della riforma centuriata prima e dall'equilibrio sorto dopo la lotta patrizio-plebea poi, in epoca repubblicana (sul punto, vedi *infra*, pp. 62 ss.), derivi la strutturazione della compagine di governo che avrebbe dominato Roma fino al I secolo a.C.

Quanto alle vicende che lo avrebbero condotto al potere, sappiamo dall'imperatore Claudio della possibilità di identificare Servio Tullio con un condottiero etrusco, Mastarna, che aveva avuto fortuna in una serie di scorribande in Etruria e che era poi venuto (o tornato) a Roma, dove era entrato nelle grazie del re Tarquinio. Questi, secondo alcuni, gli aveva riconosciuto il ruolo di *magister populi* o *magister equitum* (viceversa, secondo altri, *magister* sarebbe stata la latinizzazione di Mastarna) ed egli si sarebbe dunque trovato in una posizione, comunque, di preminenza nella comunità, vantando anche un diffuso consenso presso i *patres* e il popolo. Questo gli avrebbe reso possibile approfittare delle vicende legate alla morte del re per prendere il potere, sostenuto forse della moglie dello stesso Tarquinio, ma sicuramente senza passare attraverso la procedura dell'*interregnum*, e ottenendo solo a posteriori una sorta di sanatoria, con una acclamazione popolare (ancora una sorta di *lex curiata de imperio*). Si ripete, dunque, la situazione per la quale il potere del nuovo *rex* si fonda su una presa di potere irregolare, in cui sono messi da parte i *patres* e risulta enfatizzato il ruolo del popolo trascinato da una personalità che aveva costruito la sua legittimazione al di fuori delle logiche gentilizie – le fonti ne fanno, ma evidentemente questa è una forzatura se espressa in termini assoluti, un difensore dei ceti più deboli. Il ripetersi della storia, però, dimostra il consolidarsi di una prassi eccentrica piuttosto che la chiusura di una parentesi illegittima e quindi il radicarsi del cambiamento.

Cambiamento che, appunto, viene istituzionalizzato dalle riforme di Servio Tullio. Il re appare continuatore dell'opera di Tarquinio Prisco, innanzitutto nelle opere pubbliche e architettoniche, nell'ambito delle quali porta a termine la cinta muraria (per la quale ci sono dubbi sul fatto che coincidesse con il perimetro del pomerio o meno, e quale fosse la sua reale dimensione). Pare siano compatibili con la datazione del suo *regnum* alcune cisterne sul Palatino e la *cloaca maxima*, un tempio a Giove Capitolino e di Diana sull'Aventino (colle verso il quale si sarebbero indirizzati gli interventi di Servio).

Ma la riforma per la quale il *rex* è ricordato e che segna uno spartiacque nella storia delle istituzioni pubbliche romane è quella dell'ordinamento centuriato, collegata a quella della creazione di distretti territoriali. Si tratta di un intervento, collocato dagli storici nel VI secolo a.C., che lascia un segno profondo nell'organizzazione della comunità, se non sovvertendo sicuramente incidendo in modo decisivo negli equilibri di potere interni e gettando le basi per l'organizzazione repubblicana.

Si tratta di una riforma che coinvolge la rappresentanza della popolazione dell'assemblea del popolo da un lato e la strutturazione dell'esercito dall'altro. Sia le modalità di inquadramento nelle riunioni del popolo, sia il vecchio 'esercito di bande' non dovevano in effetti apparire più funzionali all'evoluzione della comunità e alle sue continue aspirazioni espansionistiche.

Come si è già detto, la popolazione di Roma risultava costantemente in crescita, ingrossata da nuovi afflussi di immigrati a maggior ragione attirati dalla sua espansione territoriale e dalla vitalità economica e urbanistica. C'era bisogno, dunque, di stabilizzare le forme in cui questi nuovi innesti potevano essere introdotti nella compagine sociale, e per farlo era necessario intervenire sull'antico modello di organizzazione. In sostanza, ridimensionare il ruolo delle antiche *gentes*.

Si procede, dunque, a una nuova rilevazione della popolazione, sulla base della residenza nei vari distretti territoriali (suddivisioni di quello che era ormai l'unico *ager publicus* romano). *Regiones* e *pagi* furono sostituiti dalla divisione in tribù territoriali – sul cui numero c'è molta incertezza, forse 4 urbane e 30 rustiche – e ogni *pater*, con la propria discendenza, veniva registrato nel luogo in cui si concentrava il suo patrimonio e inserendolo, in ragione dei propri averi, in una determinata classe di censo. La ricchezza che rappresentava il parametro di attribuzione alla classe fu dapprima il patrimonio (*familia pecuniaque*, con espressione latina in cui *familia*, come detto, allude al complesso di beni e persone su cui ricade il controllo potestativo esclusivo del *pater*) e solo dopo l'asse, dunque la moneta segnata. Perciò non possiamo pensare che risalisse al momento originario della riforma serviana la ripartizione nelle 5 classi di cui abbiamo notizia per l'epoca repubblicana – e per cui vedi *infra*, p. 85. I membri di ciascuna classe contribuivano a fornire all'esercito un certo numero di armati che andavano a comporre le centurie dell'esercito (193 sono quelle di epoca repubblicana), distinte per ruoli e per armature. I membri delle classi più abbienti concorrevano alla formazione delle centurie di soldati con armatura più pesante e costosa, e via via che si scendeva di censo l'apporto riguardava centurie di soldati armati in modo più leggero (e meno costoso), fino ad arrivare a membri della comunità nullatenenti che partecipavano senza avere una vera e propria assegnazione, ma adattandosi alle esigenze individuate dal comandante militare.

Siamo con tutta evidenza di fronte a una organizzazione timocratica della comunità, il cui principio informatore risiede nel fatto che chi ha possibilità patrimoniali maggiori contribuisce in modo coerente all'esercito della comunità, essendo altrettanto rappresentato nell'assemblea popolare, che si riuniva sempre nella formazione delle centurie, e lo faceva infatti, sicuramente in epoca repubblicana ma forse anche prima, nel Campo Marzio, il luogo delle adunate militari che si trovava al di fuori delle mura di Roma, dato che un raggruppamento di uomini in formazione militare non avrebbe potuto superarlo.

Come già anticipavo, la nuova distribuzione in centurie non alterava completamente gli equilibri di potere consolidati nel sistema gentilizio, in caso li inglobava in una logica diversa, in cui anche il ruolo di personalità che per ricchezza eguagliavano i membri delle più antiche e opulente tra le *gentes*, era legittimato nelle adunanze di popolo – il comizio che da questo momento di riunisce secondo la logica delle centurie, antesignano del comizio centuriato – e nella partecipazione all'esercito.

Quest'ultimo si trasforma in una struttura organizzata, sul modello oplitico, in cui i vari soldati, al servizio del comandante supremo, ricoprivano un ruolo specifico, consentendo l'elaborazione di tattiche militari adatte alle diverse situazioni.

Di fatto tutto questo comportava l'affermarsi e il cristallizzarsi a livello delle istituzioni pubbliche, di un nuovo modello di partecipazione alla comunità, in cui non era più l'appartenenza a una famiglia, a una oligarchia legittimata dall'ascendenza, ma la capacità di contribuire all'esercito, e quindi alla stabilità della comunità, nonché di esprimere una ricchezza altrettanto rilevante per il prestigio del gruppo, a rappresentare il parametro della partecipazione.

La nuova regalità, di fatto, forniva così una base istituzionale alla propria stessa base di legittimazione.

2.3. *Tarquinio il Superbo e la caduta della monarchia: eliminazione del* tyrannos *o 'colpo di stato' oligarchico*

Sull'avvento al potere dell'ultimo dei re etruschi, Lucio Tarquinio, a cui una tradizione storiografica unanimemente avversa, filorepubblicana e filosenatoria, ha attribuito l'appellativo di Superbo, le fonti ricordano un episodio di usurpazione del potere, in linea con il complessivo giudizio sul suo regno. Ma un dato è, ancora una volta, interessante: la comparsa di una pretesa dinastica, che i romani sostanzialmente rigettarono probabilmente come primo indice della cosiddetta *adfectatio regni* (tecnicamente 'aspirazione alla tirannide') e che invece è perfettamente coerente con una figura che è stata dipinta come protagonista di una gestione tirannica del potere.

Tarquinio sarebbe stato un discendente di Tarquinio Prisco, ma imparentato anche con Servio Tullio di cui avrebbe sposato prima una figlia, Tullia Maggiore, e poi l'altra, Tullia Minore. Le fonti riportano che Tarquinio, supportato proprio da quest'ultima, si sarebbe presentato di fronte al consesso dei *patres* (senato) e avrebbe contestato la legittimazione del regno di Servio e sostenuto la propria. Di fronte all'opposizione del re in carica, egli lo avrebbe spinto dalle scale, causandogli molte ferite mentre la morte, in un passaggio evidentemente carico di simbolismi, sarebbe stata indotta dalla moglie di Tarquinio e figlia di Servio stesso, Tullia Minore.

L'ultimo re, dunque, sale al trono, non solo con un atto di usurpazione che si pone completamente al di fuori delle regole dell'*interregnum*, ma anche con la violenza inferta al re in carica. Egli inoltre vanta il proprio diritto sulla base di un principio dinastico: una situazione completamente nuova.

Nei fatti, Tarquinio il Superbo fu un continuatore della politica dei predecessori, che probabilmente solo accentuò nei suoi tratti di accentramento del potere, supportato dalle regole di governo e dalle riforme che lo avevano preceduto. Dal punto di vista urbanistico, pare che egli abbia portato a termine il circo e la *cloaca maxima*, completando la sistemazione del *Capitolium*, mentre dal punto di vista politico avrebbe in particolare proceduto a un rafforzamento dell'egemonia di Roma nel Lazio attraverso la conduzione di guerre, ma anche la stesura di accordi e favorendo la costituzione di una rete di rapporti familiari.

Tarquinio lascia una città che aveva raggiunto dimensioni ragguardevoli: Dionigi di Alicarnasso dice che doveva avere superato la grandezza di Atene e, secondo alcune stime moderne, doveva aver toccato una estensione di 800 kq e una consistenza di 40.000 abitanti, comprese le campagne, 30.000 considerando la sola città. Ma le informazioni che riguardano questo ultimo re comprendono quasi integralmente episodi che ne stigmatizzano la gestione tirannica del potere, indice di un contegno che i romani condannarono durante il corso di tutta la loro lunga storia di governo: appunto la cosiddetta *adfectatio regni*, la 'aspirazione alla tirannide' che le XII Tavole, un testo legislativo non a caso dall'impronta marcatamente identitaria rispetto alla nuova struttura repubblicana e costitutivo di un nuovo equilibrio di potere, di cui si parlerà più avanti (*infra*, pp. 66 s.), puniranno come la *perduellio*. Non a caso, ancora, a Tarquinio il Superbo è attribuito un uso accentuato dei segni esteriori del potere personale: la corona d'oro e il trono d'avorio e l'abitudine di farsi precedere da una sorta di guardia del corpo, che saranno ripresi nelle insegne del potere del massimo magistrato repubblicano. Opportunamente, però, a mio avviso, è stato sottolineato, in particolare da Pietro De Francisci, che il governo di Tarquinio il Superbo è stato condizionato proprio dalle caratteristiche che gli derivavano dall'incrocio di due influenze: il forte influsso greco-ellenico che, alla fine del VI secolo a.C., aveva interessato la penisola italica e la regressione dell'influenza etrusca che tentava una resistenza.

Ma nel giudizio che lo ha riguardato è impossibile non rivedere l'eco non solo della critica filosenatoria che si sarebbe identificata nella congiura che avrebbe poi posto fine al *regnum* ma anche una serie di altri giudizi su tante personalità d'epoca repubblicana e sui prìncipi, quando costoro si macchiavano della 'colpa' di volersi distaccare con eccessiva disinvoltura dalle regole della tradizione istituzionale romana, non tenendo debitamente conto della sua struttura intimamente oligarchica.

Veniamo dunque alle modalità con le quali si concluse il governo di Tarquinio il Superbo, che hanno posto un interrogativo storiografico, già esplicitato nel titolo di questo paragrafo e sotteso alle considerazioni finora svolte. Il *rex* fu deposto in seguito a una congiura ordita dai *patres*, e guidata in particolare da Lucio Tarquinio Collatino e Lucio Giunio Bruto, nella tradizione seguita alla violenza arrecata dal figlio di Tarquinio, Sesto, a Lucrezia, moglie dello stesso Collatino. L'episodio si sarebbe verificato mentre il re conduceva un assedio alla città di Ardea e Lucrezia si sarebbe uccisa per la vergogna. La circostanza avrebbe condotto a una sollevazione che avrebbe impedito al re di tornare in Roma. Ciò avrebbe aperto la strada al suo esilio e avrebbe dato avvio alla riorganizzazione del potere, in senso non monarchico ma più accentuatamente oligarchico. Va notato che la congiura ebbe una sorta di doppia legittimazione: innanzitutto fu guidata da due membri dell'aristocrazia romana, motivata da una violenza perseguita dalla comunità con regole precise – l'adulterio in questo caso indotto con violenza –, e condotta da personalità legate alla stessa famiglia di Tarquinio, come erano i due promotori.

Ci si è, dunque, interrogati su come sia opportuno interpretare questa svolta: come la legittima deposizione di un *tyrannos* o come la incarnazione della volontà dell'oligarchia, delle *gentes*, di riprendere il controllo del potere su Roma? Che la storiografia successiva, come si è detto apertamente filorepubblicana abbia spinto sulla prima motivazione legittimando idealmente lo sforzo della struttura gentilizia di recuperare le prerogative del potere che erano andate lentamente perdute durante il regno dei tre monarchi etruschi, è certo. Ma probabilmente la seconda motivazione è particolarmente forte.

Alcuni degli elementi essenziali dell'organizzazione del potere nella monarchia sabino-latina erano sopravvissuti durante il nuovo corso, come il sistema sacerdotale, il sistema delle tribù e delle curie, non obliterato ma inglobato nel nuovo e anche la figura del re, nelle sue prerogative di garante della *pax deorum* e dunque di sommo sacerdote secondo alcuni sopravvisse con la creazione del *rex sacrorum*, una figura che doveva sovrintendere solo ai rituali religiosi precedentemente rientranti nell'esclusiva competenza al re. Ma certamente lo spostamento dell'asse del potere, delle decisioni, dal consesso dei *patres* (senato) al *rex*, unico e vitalizio, fu un processo evidente che non poté non provocare il malcontento nelle famiglie più in vista della comunità. Non a caso, la prima strutturazione della nuova forma di governo, la repubblica, come si vedrà, fu fondata proprio enfatizzando gli elementi della gestione del potere che erano apparsi più odiosi all'oligarchia: il potere concentrato nelle mani di un uomo solo, privo del controllo dei *patres*, capace di detenere il governo della città e mantenerlo per la sua intera vita. A tutto questo si oppose immediatamente la creazione di una magistratura duplice, scelta dai *patres*, che prendeva decisioni sentito il loro parere, e durava in carica un solo anno – ma di questo si parlerà ampiamente più avanti nella sezione dedicata all'ordinamento repubblicano, *infra*, pp. 71 s.

2.4. *Il* ius *sotto i re etruschi. L'enigma delle leggi regie*

Uno degli elementi di continuità tra la monarchia sabino-latina e la monarchia etrusca deve essere certamente individuato nella produzione delle regole giuridiche, in particolare quelle riguardanti i rapporti tra i membri della comunità, che continua ad essere appannaggio dei pontefici, e lo sarà ancora nell'epoca repubblicana, in uno dei caratteri che appare elemento fondante della romanità. L'attività dei primi esperti e conoscitori del *ius* non fu limitato a quel primo periodo della storia di Roma, viceversa, le loro tecniche di interpretazione, anche creativa, del diritto furono solo il punto di partenza dell'evoluzione giuridica di un ordinamento che avrebbe condotto all'elaborazione di categorie giuridiche capaci di resistere alla fine della storia di Roma antica e nel quale sarebbe nata la figura professionale dell'esperto di diritto, del giureconsulto – vi si accennerà più avanti in questo libro, pp. 101 ss.

Non siamo in grado di dire se e quanto i *responsa* pontificali, che rimangono frutto di un sapere separato dai centri del potere decisionale, si fossero trasformati nei primi due secoli della storia di Roma; certamente l'avvento del nuovo modello monarchico ci induce a pensare che alcune elaborazioni pontificali furono condizionate dalla nuova concezione del potere. Un esempio per tutti è la nascita del processo. Se le controversie fra cittadini erano state prima risolte con il ricorso alla violenza privata, tipica della repressione penale ma anche dei conflitti in ambito civile e espressione emblematica della logica gentilizia, i rituali processuali elaborati dai pontefici in ambito 'civilistico', con le loro peculiari formalità verbali e gestuali, descrivono il passaggio ad una concezione per la quale è un organo pubblico ad arrogarsi il diritto di decidere le controversie (non posso qui soffermarmi oltre, ma il riferimento è alla struttura della *legis actio sacramento in rem*, alla quale, in un primo momento presiedeva lo stesso *rex*). E questo passaggio è molto plausibile sia avvenuto con la trasformazione intercorsa tra la prima e la seconda monarchia, caratterizzato da un potere più forte del *rex*, di tipo anche politico.

Ma c'è un'altra fonte, molto controversa, di cui dobbiamo parlare, a cui ho in modo forse provocatorio – sicuramente una scelta di campo – scelto di accennare in corrispondenza della monarchia etrusca di Roma. Si tratta delle cosiddette *leges regiae* ('leggi regie'), un fatto normativo espressione del volere del re.

Partiamo innanzitutto dalla parola *lex*. Finora l'abbiamo incontrata soltanto in relazione alla *lex curiata de imperio*, locuzione probabilmente non originaria, ma risalente, che indica l'espressione popolare di assenso alla designazione del *rex* nella monarchia sabino-latina e risente dell'accezione repubblicana di *lex*, come fonte normativa espressione dei comizi, coerente con la nostra moderna.

Ritroveremo il termine impiegato per la legge delle XII Tavole e per le leggi dei comizi nella repubblica, laddove esso ha effettivamente il senso di prodotto della volontà normativa di un organo politico che ha la responsabilità eccezionale o ordinaria del potere. Ma questo non doveva essere il significato del termine in epoca monarchica quando anche altrove, ad esempio nelle *legis actiones*, la prima forma di processo di cui fa parte la *legis actio sacramento in rem* a cui ho poco sopra fatto cenno, allude al comando imperativo proveniente da un soggetto legittimato ad esprimerlo.

Il termine *lex* in *leges regiae*, dunque, si colloca tra questi due significati e ne va compreso il senso, tenuto conto dell'originaria accezione di volontà autoritativa, completamente avulsa da quella che sarà la procedura di emanazione di un atto normativo, ma anche del fatto che, in ragione dell'aggettivo *regiae*, l'atto deve essere messo in relazione con la volontà del re, e quindi deve descrivere una prerogativa della regalità, quella di esprimere una volontà autonomamente capace di incidere nella vita della comunità, raggiunta dalla figura del *rex* sotto i re etruschi. Ecco la ragione per la quale, con una qualche forzatura – o con una presa di posizione netta –, ho deciso di inserire la trattazione delle *leges regiae* in questa sezione.

Vediamo più da vicino di cosa si tratta. Nella tarda repubblica romana si diffonde la tradizione secondo la quale, in epoca monarchica, accanto ai *mores* (gli antichi usi) e ai responsi dei pontefici, ci fosse un'altra fonte di produzione del diritto, promanante dal re e quindi apparentemente non direttamente connessa alla *religio* se non a quella incarnata dal *rex* stesso. Queste 'leggi' sono ricordate da alcuni autori (non sempre giuristi) e sono attribuite a tutti i re, quindi a partire da Romolo, fino a Tarquinio il Superbo. E regolamentano, nel loro complesso, tutti gli ambiti del diritto che, usando espressioni in parte inesatte per l'epoca, possiamo riassumere come diritto pubblico, diritto sacro, diritto criminale (questi ultimi due spesso commisti), processo privato, diritto di famiglia e delle persone, successioni, regime della terra.

Per lungo tempo è stata messa in dubbio la loro stessa esistenza storica, ritenendo che, con l'intenzione di retrodatare all'età monarchica la fonte del diritto che in epoca repubblicana esprimeva la volontà del popolo riunito in assemblea, le fonti che ne parlavano avessero falsificato il dato storico. Ma un ritrovamento archeologico, tra gli altri, ha dato sostegno all'ipotesi dell'attendibilità: si tratta di un cippo rinvenuto sotto il *lapis niger*, in una zona antichissima di Roma, che la moderna archeologia ha datato come risalente al VI secolo a.C. e nel quale è leggibile una *lex regia.*

Ciò che appare davvero non attendibile sono alcune notizie per le quali si tratterebbe di atti espressi dal re e approvati dalle *curiae*, secondo un modello analogo a quello che varrà per l'epoca repubblicana (si vedrà più avanti, pp. 87 s.). Come è stato ampiamente sostenuto, è eventualmente più attendibile si trattasse di comandi del re letti di fronte alle *curiae*, in modo che potessero essere conosciuti da tutti.

Non è improbabile anche che siano state precocemente scritte, ma non è plausibile che fossero scritte nella stessa lingua nella quale le conosciamo oggi (attraverso citazione di autori successivi).

Le fonti vorrebbero che, già in età monarchica, circolassero due raccolte di queste *leges regiae*: una operata da Servio Tullio, nella quale erano contenute *leges* emanate a partire da Romolo e Numa, fino al suo regno, e una dell'epoca di Tarquinio il Superbo, composta da un Sesto Papirio, forse pontefice massimo, contenente tutte le *leges* di età regia. In linea con quanto accennavo in precedenza, la silloge di Servio Tullio non pare attendibile, non è plausibile pensare a una raccolta di leggi risalente al VII-VI secolo a.C., ma evidentemente l'attribuzione al re-'riformatore' è una scelta di grande efficacia e dotata di una forte capacità allusiva. Maggiore, invece, è la possibilità di ritenere attendibile una raccolta attribuita a Sesto Papirio e conosciuta come *ius Papirianum.* A parlarne sono Sesto Pomponio (giurista attivo nel II sec. d.C.) e Dionigi di Alicarnasso. I due autori, però, danno notizie diverse. Dionigi identifica il *ius Papirianum* con una raccolta di solo diritto sacro. Diversamente Pomponio, nel suo *liber singularis enchiridii* (D. 1.2.2.2), afferma:

> "Così egli stesso [Romolo] propose al popolo alcune leggi curiate; ne proposero anche i re che seguirono. Tali leggi restano conservate, tutte scritte insieme nel libro di Sesto Papirio, il quale fu uno degli uomini preminenti ai tempi in cui visse Tarquinio il Superbo, figlio di Demanato di Corinto. Tale libro, come abbiamo detto, è chiamato diritto civile papiriano (*ius civile Papirianum*), non perché Papirio vi aggiunse qualcosa di suo, ma perché mise insieme, in unità, le leggi approvate senza ordine".

Gli studiosi contemporanei sono ormai certi dell'esistenza di questo *ius Papirianum*, ma tuttora dubbio è che si trattasse effettivamente di una raccolta delle leggi regie, fatta proprio del Sesto Papirio pontefice massimo all'epoca di Tarquinio il Superbo e magari conservata, anche dopo la caduta della monarchia, negli archivi dei pontefici, insieme a *responsa*, riti, calendario, annali. Secondo alcuni dietro a questo nome si nasconderebbe una raccolta di leggi risalente al III-II secolo a.C.

Forse anche per la sua forza evocativa, questo testo, da sempre oggetto di interesse per gli studiosi, fu oggetto anche di molti commenti nell'antichità. Tra tutti ricordiamo quelli dell'erudito augusteo, Granio Flacco, ma la conoscevano i giuristi Masurio Sabino, sotto Tiberio, Pomponio e Giulio Paolo, al lavoro rispettivamente nel II e nel III secolo d.C.

2.5. Rex, *esercito, reati militari*

Ultimo tema a cui dobbiamo accennare riguarda ancora la repressione criminale. Anche in questo caso ho deciso di collegare decisamente alla monarchia etrusca l'ultimo dei modelli repressivi di cui abbiamo notizia in epoca monarchica. La scelta è dovuta anche in questo caso al fatto che esso si accorda, come per le *leges regiae* rispetto alle fonti del diritto, al modello di organizzazione del potere dei monarchi etruschi, sebbene la diffusione anche durante la monarchia sabino-latina non sia da escludere.

Si tratta del cosiddetto *ius coercitionis* ('diritto all'uso della forza') che si verificava nei casi in cui il re dava corso alla punizione, alla pena, non in quanto garante della comunità nel suo rapporto con la divinità (*pax deorum*), ma in quanto comandante dell'esercito, competenza probabilmente tanto più accentuata a partire dalla monarchia etrusca.

Questo accadeva quando fosse necessario reprimere comportamenti che, di per sé, non offendevano la divinità, ma la sola collettività, e l'offesa era talmente grave da rischiare di mettere a repentaglio la compagine sociale. Il re decideva di rispondere all'offesa con un'offesa. Si trattava di reati che mettevano a rischio la sicurezza della società e il popolo in quanto esercito. E in effetti si tratta di reati che si proiettano sullo sfondo della vita militare: la *proditio*, il tradimento (diverso dalla *perduellio*) che un membro della comunità poteva perpetrare accordandosi con il nemico, la *defectio*, la defezione di un alleato di Roma e infine la diserzione e la codardia di un soldato.

Quale punizione si applicava in questi casi? Il re puniva in quanto capo militare, dotato di un potere assoluto di comando (quello che poi si sarebbe chiamato, in epoca repubblicana, *imperium*). E in quanto capo assoluto, non era vincolato nelle modalità con cui eseguire la punizione, era libero sia nei confronti dei cittadini che di chiunque altro (non limitato neppure da una garanzia di cui si parlerà più avanti, tipica dell'epoca repubblicana, che va sotto il nome di *provocatio ad populum* – vedi *infra*, pp. 59 ss.). Le sanzioni dovevano consistere generalmente nella fustigazione e nella decapitazione con la scure ma la tradizione annalistica (non sappiamo in che misura attendibile) ci tramanda episodi di applicazione di questo modello repressivo che ne fanno emergere la sua paradigmaticità ed efferatezza. Tra tutti, ricordiamo quello che riguarda Mezio Fufezio, dittatore di Alba Longa, il quale, in conseguenza del tradimento di Roma con la quale era alleato, subì – stando a Livio (1.28.9-10) e Dionigi di Alicarnasso (3.30.5-6) – un supplizio che doveva mostrare la sua doppiezza: fu legato mani e piedi a due quadrighe che si mossero in direzioni opposte dilaniandone il corpo.

Ci si è anche interrogati se il re intervenisse in questi casi attuando una giurisdizione o una semplice facoltà repressiva, e la circostanza che questi agisse in quanto capo militare e senza seguire nessuna particolare procedura fa propendere per l'eventualità che egli esercitasse, in questo caso, un potere repressivo (privo di limiti) che gli derivava dalla sua suprema carica. Anche questa è una motivazione che spinge a ritenere questo modello repressivo come l'ultimo a svilupparsi, nell'epoca della monarchia etrusca.

La repressione criminale in età monarchica

MODELLO REPRESSIVO	DELITTO	SANZIONE
VENDETTA PRIVATA	*Parricidium* (omicidio volontario)	Libera uccisione del reo da parte di un membro della famiglia
	Omicidio involontario	Sacrificio dell'ariete (come sostituto del corpo del reo)
	[Furto flagrante (notturno e diurno)]	Uccisione del ladro
	[Ingiuria (come offesa solo fisica)]	Vendetta

MODELLO REPRESSIVO (2)	TIPO DI SANZIONE		DELITTO	SANZIONE
DELITTI SACRALI	1) **meno gravi** (*scelus expiabile*)	*Piaculum*	Vedova che contrae matrimonio prima dei 10 mesi	Sacrificio di una vacca gravida a Tellure
			Concubina che tocca l'altare di Giunone	Sacrificio di un'agnella a Giunone
			Padre che espone il figlio senza farne constatare la malformazione	Destinazione al culto di una parte del patrimonio
	2) **più gravi** (*scelus inexpiabile*)	2a) *Sacer esto, sacertas* (*consecratio*)	Violazione della *fides* tra patrono e cliente	*Consecratio* a una divinità infernale (Vediove)
			Violenza del figlio verso il genitore (o della nuora verso il suocero)	*Consecratio* a una divinità della casa
			Rimozione con l'aratro delle pietre di confine	*Consecratio* del reo e dei buoi al dio Termine
		2b) *Deo necari*	*Perduellio* (alto tradimento della comunità, della *fides*)	Impiccagione all''albero infelice' e fustigazione fino alla morte
			Furto notturno di messi	Impiccagione e sacrificio alla dea Cerere

Modello repressivo (3)	**Delitto**	**Sanzione**
Ius coercitionis ('diritto all'uso della forza')	*Proditio* (tradimento con il nemico)	Libera discrezione del re. Generalmente: fustigazione e decapitazione
	Defectio (defezione di un alleato di Roma)	
	Diserzione, codardia …	

Parte II

L'epoca repubblicana

di Mariangela Ravizza

1. *I primordi della repubblica*

Il lungo arco di tempo che va dalla caduta della monarchia (509 a.C.) all'instaurazione del principato di Augusto (27 a.C.) è noto come periodo repubblicano o repubblica. Sebbene con il termine *res publica* si usi indicare la forma di governo basata su principi democratici e contrapposta al regime monarchico, occorre precisare che i Romani non hanno mai usato questo termine per designare propriamente una forma di governo, ma gli interessi dello stato nel loro complesso. L'opinione degli studiosi sulle origini del nuovo assetto costituzionale rivela notevole disparità di vedute. Talvolta si è infatti attribuito a un fatto traumatico e rivoluzionario, talaltra a un'evoluzione lenta e graduale, il passaggio dal *regnum* alla *res publica*, incertezza emblematica dell'oscurità in cui sono avvolti almeno i primi cinquant'anni di questo lungo periodo storico. La versione maggiormente fedele alla tradizione riconduce la nascita del nuovo ordinamento alla cacciata di Tarquinio il Superbo, ordita da una congiura di palazzo per vendicare il disonore subito da Lucrezia, moglie di Collatino, da parte di Sesto Tarquinio, figlio del re (vedi *supra*, p. 48). Al vertice della nuova forma costituzionale, secondo la testimonianza dei fasti *consulares*, sarebbero stati posti due magistrati, eletti annualmente, detti *praetores* o *consules* (d'ora innanzi useremo solo il termine '*consules*'). La versione che opta invece per un cammino meno traumatico verso la repubblica si basa innanzitutto sulla contestazione di quest'ultimo punto ritenendo che non fossero stati i consoli a sostituirsi immediatamente al re, ma che a quest'ultimo fosse succeduto il *magister populi* (trasformato in seguito nel *dictator*) con accanto, in posizione subordinata, il *magister equitum*. Il primo sarebbe stato poi sostituito, nel corso della lotta patrizio-plebea, dai *tribuni militum consulari potestate*, un collegio di alti ufficiali, dapprima tre, poi quattro e infine sei, posti al comando di unità di 1000 uomini; solo dopo il 367 a.C., anno in cui furono emanate le *leges Liciniae Sextiae*, il regime del consolato come magistratura collegiale suprema avrebbe trovato definitiva stabilizzazione.

Sebbene non si disponga di elementi inconfutabili tali da indurci ad aderire all'una o all'altra versione, non abbiamo validi motivi per contraddire le testimonianze della tradizione e dei fasti consolari i quali registrano, fin dalle origini, una coppia di consoli. La fine della monarchia non può non trovare un importante collegamento, come è stato evidenziato in precedenza (vedi *supra*, p. 47 ss.), con la generale decadenza della potenza etrusca a seguito di importanti sconfitte inferte dai Greci e della rivolta dei Latini contro i dominatori etruschi. Inoltre, considerando la sicura presenza di Tarquinio il Superbo alla fine del VI secolo e ormai l'inesistenza del re nella prima metà del V, è difficilmente immaginabile che in un arco di tempo piuttosto breve possa esserci stata un'evoluzione così densa di avvenimenti.

La nuova ideologia, caratterizzata da una ferma opposizione al re tiranno – irresponsabile e dal potere vitalizio – e dall'introduzione di magistrati temporanei tenuti a rispondere di loro eventuali illeciti al termine del mandato, era dunque ispirata dal desiderio di *libertas* ed era alla sua conquista che doveva tendere l'*imperium*. Agli inizi della repubblica il centro di gravità del potere politico si spostò sulla terna rappresentata dalla magistratura, dal senato e dall'assemblea popolare e i principi basilari vennero fissati in una costituzione vincolante, ma non scritta. L'equilibrio tra i poteri, principio cardine della costituzione, diventava un'esigenza fondamentale per evitare che si sfociasse in un loro abuso con il rischio di un ritorno alla monarchia. La fine di quest'ultima non comportò tuttavia, come vedremo, una democratizzazione, ma l'affermarsi di un nuovo ceto dominante che assunse la guida politica del nuovo governo. La *libertas*, tanto desiderata, fu di fatto una libertà aristocratica e il potere di *imperium auspiciumque* proprio di quasi tutte le magistrature maggiori si rivelò funzionale alle esigenze dei *patres* che riuscirono ad esercitare un forte controllo sull'operato magistratuale e sulle decisioni del popolo riunito in assemblea le quali, per essere valide, necessitavano dell'approvazione senatoria (*auctoritas patrum*).

1.1. Provocatio ad populum e *sua disciplina*

Le funzioni politico-militari e religiose che in periodo monarchico erano racchiuse nella figura del re, col passaggio al periodo repubblicano si separarono nettamente e le prime passarono ai consoli in quanto supremi magistrati, mentre le seconde dapprima al *rex sacrorum* e in seguito al pontefice massimo, guida del collegio pontificale. Nei confronti di tutti i membri dell'ordine sacerdotale quest'ultimo poteva esercitare il suo potere di *coërcitio*, infliggendo soprattutto multe nel caso in cui trasgredissero ai suoi ordini. In un secondo momento, i suoi poteri incontrarono, al pari del console, il limite della *provocatio ad populum* su cui a breve torneremo. La separazione dei poteri non escludeva tuttavia che ci potessero essere interferenze tra gli organi come si desume dalla facoltà riconosciuta ai magistrati di prendere gli *auspicia* (cioè il diritto di interrogare preventivamente gli dei sull'opportunità di compiere una certa azione) e dalla possibilità per i sacerdoti di influenzare, attraverso l'*interpretatio* dei segni divini, la vita politica della città.

Nell'ambito di questa separazione di funzioni, il problema che si pose sin dagli inizi della repubblica, in cui era ancora tristemente vivo il ricordo dei soprusi dei re etruschi, fu soprattutto quello di evitare che l'*imperium* dei consoli, in virtù del quale potevano punire, senza controlli, il cittadino disubbidiente con multe o pene corporali, potesse spingersi fino al punto da infliggere a quest'ultimo anche la pena di morte senza che fosse stato processato. Tale rimedio fu voluto dallo stesso patriziato per tutelarsi da eventuali abusi dei suoi magistrati. Fu introdotto a tale scopo l'istituto della *provocatio ad populum* che da quel momento rappresentò la più forte garanzia per il cittadino il quale avrebbe potuto sottrarsi all'esecuzione e alla fustigazione che di solito la precedeva, chiedendo di essere processato davanti al comizio centuriato. Secondo la tradizione, la prima legge Valeria in tema di *provocatio* risale al 509 a.C., anno in cui fu instaurata la repubblica, emanata su proposta del primo console Publio Valerio, soprannominato "Publicola" in quanto "amico del popolo". Cicerone (*de rep.* 2.53) ci riferisce che tale legge vietava a ogni magistrato di far fustigare e mettere a morte un cittadino romano che avesse provocato al popolo.

Le successive due leggi in tema di *provocatio,* furono votate rispettivamente nel 449, anno della violenta deposizione dei decemviri a causa della violazione delle libertà costituzionali, e nel 300 a.C. La *lex Valeria Horatia*, proposta dai consoli L. Valerio Potito e M. Orazio Barbato, vietava per il futuro la creazione di magistrature esenti da provocazione. Infine, l'ultima legge, *lex Valeria,* proposta dal console M. Valerio Corvo, aveva contenuto analogo a quella del 509, ma era fornita di una sanzione maggiormente efficace. Dichiarava, infatti, *improbe factum* l'atto del magistrato che avesse fatto fustigare e mettere a morte un cittadino romano senza rispettare la *provocatio ad populum*. Gli studiosi moderni ritengono storica solo l'ultima delle *leges Valeriae* non solo perché avrebbe previsto una più efficace sanzione rispetto alla più antica disposizione normativa, ma anche perché è apparso strano che potessero essere autentiche più leggi sullo stesso argomento proposte da membri della medesima *gens*. Ciò, come è stato osservato da meritevole dottrina, può essere però smentito non solo dall'esistenza di due leggi precedenti, la *lex Aternia Tarpeia* e la l*ex Menenia Sestia*, rispettivamente del 454 e 452 a.C. (vedi *infra*, p. 64 s.), che prevedevano la possibilità di ricorrere alla *provocatio* anche in caso di multe eccedenti 3020 assi (limite massimo consentito) e che quindi presupponevano l'esistenza di una legge istitutiva di tale garanzia, ma anche perché non deve apparire affatto strano che esponenti della stessa *gens* volessero ribadire una disposizione che con molta probabilità non sempre era stata rispettata.

Non pochi studiosi hanno ritenuto la *provocatio* un vero e proprio appello e il giudizio del popolo un giudizio di secondo grado; l'attendibilità di tale opinione è stata però giustamente smentita da chi ha osservato che il magistrato repubblicano non aveva il potere di emanare sentenze, ma solo di procedere, in forza del suo potere di *coërcitio*, contro coloro che non rispettassero i suoi ordini o impedissero l'esercizio delle sue funzioni. Trattandosi dunque di un atto di amministrazione e non di giurisdizione, sarebbe mancato il giudizio di primo grado, presupposto indispensabile affinché potesse essere fatto appello. Da ciò si deduce che la *provocatio* dovesse intendersi come un atto di opposizione alla *coërcitio* magistratuale cui doveva seguire un regolare processo.

Tale istituto incontrava tuttavia dei limiti sia di carattere personale, sia territoriale. Non tutti, infatti, potevano avvalersi di siffatta garanzia: ne erano privi gli stranieri, gli schiavi, inizialmente anche le donne. Inoltre, essa poteva essere esperita solo *domi*, cioè entro i confini di Roma ed entro mille passi dalla città. Oltre questo limite, e cioè nel campo dell'*imperium militiae*, il potere coercitivo del console poteva esplicarsi infatti liberamente. La *provocatio*, inoltre, non poteva essere esperita contro le sentenze del dittatore, dei decemviri legislativi, e, almeno in un primo tempo, contro i provvedimenti assunti dal pontefice massimo nei confronti dei sacerdoti a lui subordinati e che rientravano nel campo della religione piuttosto che in quello del diritto.

È interessante chiedersi se sia stato possibile esercitare questo diritto, da parte del cittadino minacciato di pena capitale, sin dall'età monarchica. La risposta sembrerebbe potersi desumere dal famoso processo per perduellione contro l'Orazio, unico superstite nello scontro con i Curiazi (vedi *supra*, p. 37 ss.), che aveva ucciso la sorella perché colta a piangere la morte del suo amato, nemico di suo fratello. Stando alla prassi, in caso di *perduellio* fragrante non si avviava un regolare processo contro il reo, ma si procedeva direttamente alla sua esecuzione, per mano dei *duoviri perduellionis*, davanti al comizio curiato. Livio (1.26.8) ci narra che l'Orazio riuscì ad evitare la morte ricorrendo alla *provocatio ad populum*, ma in realtà è molto probabile che il racconto originario relativo a tale episodio non contemplasse la *provocatio* e che l'intervento del popolo fosse voluto dal re per salvarlo.

L'introduzione dell'istituto non comportava, tuttavia, che il cittadino plebeo riuscisse sempre ad ottenere giustizia. Si poteva verificare innanzitutto che il console decidesse arbitrariamente, senza tener conto della *provocatio*, ma era anche possibile che, pur rispettando quest'ultima, il ceto patrizio, all'interno del comizio curiato, sapesse di poter contare, relativamente ai *suffragia*, sull'appoggio della sua clientela.

Questo stato di cose non poteva durare a lungo. Era fondamentale, per un cambiamento radicale della situazione, che la plebe avanzasse delle richieste e in modo risoluto. Il primo obiettivo che si prefisse fu dunque quello di sottrarre alla competenza dei comizi curiati i processi capitali per trasferirli ai comizi centuriati. A questa richiesta, dagli effetti certamente dirompenti per gli equilibri di governo, ne seguirono delle altre. Merita quindi porre brevemente l'attenzione sulle ulteriori cause che acuirono la frattura tra i due ordini per poter ripercorrere le tappe del lungo cammino che portò alle prime, fondamentali, conquiste plebee.

1.2. *La lotta patrizio-plebea e le secessioni*

Durante l'età monarchica la plebe aveva goduto di un certo sostegno da parte dei re etruschi, disposti a offrire terre a titolo gratuito pur di arginare la potenza dei gruppi gentilizi e fu proprio sotto questa protezione che quella massa di immigrati venne ad aggregarsi sempre di più. Un'aggregazione a cui contribuì anche la pratica di culti e di feste comuni, del tutto estranea a quella dei patrizi e dei loro sacerdoti. Ma con la caduta della monarchia la frattura tra i due ordini sociali diventò inevitabile e la plebe rimase priva di qualunque tutela. Soprattutto agli inizi della repubblica le guerre si fecero molto frequenti e i plebei, soggetti al servizio militare, erano costretti a parteciparvi abbandonando il lavoro dei campi; questi, peraltro, erano spesso soggetti alle incursioni dei popoli vicini che seminavano paura e distruzione. La condizione di miseria nella quale versavano i plebei diventava sempre più preoccupante soprattutto per i debiti contratti a seguito dei prestiti che erano costretti a chiedere e degli interessi che ne scaturivano i quali, se non pagati, li esponevano a pesanti conseguenze anche personali. I patrizi, lungi dal proteggerli, si rivelarono implacabili nemici: rivendicarono il monopolio delle magistrature, l'accesso al senato, la conoscenza del *ius* nonché lo sfruttamento dell'*ager publicus*, rappresentato dalle terre sottratte ai popoli sconfitti o dalle antiche terre gentilizie, occupate e sfruttate solo dal ceto aristocratico. Inoltre, di fronte a quello strato plebeo economicamente più forte che manifestava interesse a unirsi in matrimonio con i patrizi, questi ultimi si opposero fermamente adducendo come motivazione la disapprovazione degli dei per la conseguente contaminazione della stirpe. Anche le nozze eventualmente celebrate all'interno dell'ordine plebeo non erano considerate *iustae nuptiae* e pertanto i figli erano illegittimi. In quanto persone sgradite alle divinità, ai plebei veniva interdetta la possibilità di interpretare i segni celesti e di partecipare ai sacerdozi. Eppure, essendo inclusi nel comizio centuriato, facevano parte dell'esercito ed erano quindi una risorsa fondamentale per la difesa della *res publica*, pagavano i tributi e rappresentavano la classe produttiva essendo in gran parte contadini, artigiani, commercianti. Ma erano completamente esclusi dalla direzione dello stato. Poiché non veniva offerta loro alcuna via legale per rivendicare i propri diritti, l'unico modo per far valere le loro pretese era quello di ricorrere a mezzi rivoluzionari. Fu così che questa massa eterogenea si arroccò sul Monte Sacro, utilizzò il potente strumento politico dell'astensione dal servizio militare e rifiutò di rientrare in città qualora non avesse avuto adeguate garanzie circa le sue richieste politiche ed economiche. Le prime riguardavano il riconoscimento di una propria organizzazione e di propri capi che la proteggesse nei confronti dei magistrati patrizi; le seconde concernevano la riduzione dei debiti. Con la prima secessione, avvenuta nel 494 a.C., i plebei si diedero propri rappresentanti, i *tribuni plebis*, coadiuvati da una coppia di edili, custodi dei templi e degli archivi della plebe e si organizzarono con proprie assemblee (*concilia plebis*), all'interno delle quali si sarebbero prese decisioni (*plebiscita*) giuridicamente vincolanti solo per il loro ordine. Fu attraverso un *foedus*, significativo del fatto che si trattava di un accordo tra due comunità distinte, che l'organizzazione plebea venne formalmente riconosciuta, mantenendo però i suoi organi al di fuori di quella della *civitas*. L'inviolabilità dei tribuni (*sacrosanctitas*) venne sancita da una *lex sacrata* che traeva la sua forza dal giuramento con il quale gli stessi plebei si impegnavano ad osservare tale *lex*. Chiunque avesse recato offesa al tribuno sarebbe stato dichiarato *sacer* e, in quanto tale, privato di qualunque protezione: se il reo fosse stato ucciso, l'autore dell'omicidio non sarebbe incorso in alcuna responsabilità e i suoi beni sarebbero stati devoluti alle divinità plebee Cerere, Libero e Libera. Non occorreva, dunque, alcun processo: la sacertà per il reo scaturiva direttamente dal suo comportamento. Il fondamento del potere coercitivo dei tribuni derivava quindi unicamente dall'impegno della massa plebea di rispettare all'interno e di far rispettare all'esterno la volontà dei suoi capi. Era una *coërcitio* extralegale che metteva in evidenza il carattere rivoluzionario dell'ordinamento plebeo; a conferma di ciò, la negazione, da parte dei patrizi, della legittimità del potere del tribuno al di fuori degli atti riguardanti la stessa plebe. Inizialmente i tribuni, il cui numero iniziale appare controverso nelle fonti ma che in seguito si stabilizzò in dieci uomini, avevano la funzione di difendere i plebei dai soprusi del magistrato patrizio, interponendo la loro persona inviolabile tra il littore, che ne eseguiva l'ordine, e il plebeo minacciato. Era questo il c.d. *ius auxilii* da cui si sviluppò il potere di *intercessio* con cui i rappresentati plebei potevano bloccare non solo le decisioni dei magistrati patrizi (tranne quelle del dittatore), ma anche quelle dei senatori che apparissero lesive degli interessi della plebe. Infine, si avvalsero del loro potere di *coërcitio* (*coërcendi potestas*) per infliggere sanzioni pecuniarie e corporali, fino alla pena di morte, nei confronti di coloro che avessero tenuto comportamenti discriminatori verso i plebei.

Nel 492 a.C. una seconda *lex sacrata* stabilì che nessuno avrebbe potuto interrompere o disturbare il tribuno che parlava in assemblea; in caso contrario, avrebbe dovuto impegnarsi, tramite garanti, a pagare la multa che gli veniva inflitta dai tribuni. In caso di rifiuto, sarebbe incorso nella pena di morte, il suo patrimonio sarebbe stato devoluto alle divinità plebee e il relativo processo avrebbe avuto luogo davanti al *concilium plebis*.

La forza della plebe era diventata tale da costituire un forte pericolo per l'unità della *civitas* qualora le sue richieste non fossero state soddisfatte. Ciò portò la classe dominante, anche a seguito della minaccia di assediare Roma da parte dei nemici, a dover fare concessioni sempre più consistenti.

Nel 454 e nel 452 a.C. furono emanate due leggi, rispettivamente Aternia Tarpeia e Menenia Sestia, che limitarono la potestà coercitiva dei magistrati relativamente alle multe, stabilendo il limite massimo (30 buoi e 2 pecore equivalenti a 3020 assi) entro cui potevano procedere autonomamente; se avessero inflitto una pena pecuniaria di entità maggiore, sarebbe stato possibile esperire la *provocatio ad populum*. La più grande vittoria si ebbe tuttavia nel 450 a.C. quando le XII Tavole affermarono solennemente che l'unica sede competente a condannare alla pena di morte sarebbe stata l'assemblea centuriata. I patrizi, dal canto loro, ottennero che nella stessa legge fosse inserito il divieto di mettere a morte un cittadino che non fosse stato regolarmente processato ponendo fine, con tale disposizione, alla possibilità di processi capitali rivoluzionari condotti dai tribuni davanti ai *concilia plebis*. Anche la sacertà sarebbe potuta essere irrogata solo dal comizio centuriato dopo un regolare processo.

1.3. *Da Spurio Cassio al decemvirato legislativo*

Il tribunato della plebe, sorto come abbiamo detto per tutelare gli interessi della plebe in ragione delle condizioni economiche disagiate di quest'ultima, aveva avanzato agli inizi della repubblica la richiesta ai patrizi di una più equa distribuzione dell'*ager publicus*. Di fronte ad una forte resistenza sia dei magistrati sia del senato, nel 486 a.C. il console Spurio Cassio aveva proposto la prima legge agraria con cui chiedeva la divisione del territorio sottratto agli Ernici tra gli alleati latini e i plebei. La sua richiesta non venne accolta; fu accusato di *adfectatio regni*, condannato a morte e ucciso. Nel 462 a.C., il tribuno Terentilio Arsa aveva avanzato una nuova proposta chiedendo che venisse creata una magistratura di cinque membri (*quinqueviri*) con lo scopo di redigere un codice di leggi per fissare i limiti dei poteri magistratuali nei confronti dei plebei. Ma anche questa volta la proposta fu respinta. Fu solo più tardi, nel 454 a.C. che i patrizi accettarono la richiesta di istituire una magistratura di dieci membri (*decemviri legibus scribundis*) col compito di redigere per iscritto un corpo di leggi che venisse rispettato in ugual modo dagli appartenenti ai due ordini. Caduta la monarchia e con essa l'applicazione delle leggi regie, le uniche norme ad essere osservate erano quelle consuetudinarie che non offrivano alcuna garanzia contro l'arbitrio dei magistrati. Si poneva pertanto il problema della certezza del diritto e, di conseguenza, dell'uguaglianza dei cittadini di fronte alle leggi: l'individuazione dei loro diritti e dei loro doveri era stata affidata, fino a quel momento, alla competenza dei pontefici che custodivano gelosamente i *mores* e fornivano privatamente pareri ai singoli cittadini. Ma la casta cui appartenevano rendeva inverosimile un trattamento paritario nei confronti di tutti i cittadini e quindi era indispensabile, agli occhi dei plebei, una compilazione di norme che mettesse per iscritto, se non tutti i *mores*, almeno quelli più importanti o controversi, sottraendoli all'*interpretatio* dei pontefici.

Ogni membro di questa magistratura straordinaria, la cui introduzione comportò la sospensione di quelle ordinarie, ebbe quindi il compito di compilare una tavola di leggi e si mostrò molto disponibile a soddisfare le esigenze della plebe. Alla fine del mandato le dieci tavole non apparvero però sufficienti e si richiese un ulteriore anno per redigerne altre due. La seconda magistratura, presieduta come la prima da Appio Claudio e composta questa volta anche da plebei, manifestò atteggiamenti dispotici, rifiutando di lasciare il potere alla scadenza del mandato. Il tentativo di oltraggio di Appio

Claudio nei confronti di Virginia, una fanciulla plebea, istigò il popolo contro i decemviri che furono puniti e spodestati con il conseguente ripristino delle magistrature ordinarie. Le leggi da loro compilate furono portate davanti ai comizi centuriati e approvate dal popolo, nonostante non tutte fossero favorevoli alla plebe come quella che manteneva il divieto di *conubium* tra patrizi e plebei. Le XII Tavole furono pubblicate dai consoli L. Valerio Potito e M. Orazio Barbato i quali sottoposero all'approvazione del popolo anche la legge Valeria del 449 a.C., ribadendo l'inviolabilità tribunizia già sancita dalle *leges sacratae* del 494 e 492 a.C. ed estendendola anche agli edili.

Le leggi decemvirali furono incise su tavole di legno ed esposte nel foro. Non ne abbiamo il testo originario perché questo andò perduto nel famoso incendio di Roma del 390 a.C. ad opera dei Galli, ma ci sono pervenute ampie notizie grazie a letterati, antiquarii, oratori e giuristi. Certamente il testo delle XII Tavole non rispecchia la lingua del V secolo a.C., però dalle informazioni che abbiamo ricevuto siamo in grado di poter ritenere il nucleo fondamentale come piuttosto fedele all'opera del decemvirato legislativo.

1.4. *Le XII Tavole e la legislazione criminale*

Dopo la fondazione della repubblica il popolo romano si reggeva su consuetudini e *responsa*. L'incertezza che inevitabilmente derivava da questo stato di cose fu colmata in gran parte, come abbiamo visto, dall'emanazione delle leggi decemvirali che, stando all'affermazione di Livio (3.34.6), apparvero come *fons omnis publici privatique iuris* (fonte di tutto il diritto, pubblico e privato). Emanate nel contesto delle lotte patrizio-plebee, ebbero lo scopo di impedire interpretazioni arbitrarie del diritto da parte dei magistrati patrizi, titolari della giurisdizione, e dei sacerdoti, unici conoscitori del diritto, anch'essi appartenenti alla medesima casta. Introdurre il diritto scritto significava, inoltre, renderlo, da un lato, certo e accessibile a tutti ponendo fine alla segretezza e al monopolio del collegio dei pontefici, dall'altro, vincolante per chiunque, garantendo, di conseguenza, l'eguaglianza dei cittadini di fronte al diritto. Particolarmente significative a tal proposito due disposizioni contenute al loro interno e cioè la norma che vietava di approvare leggi dirette a favorire o a danneggiare persone determinate e quella che sanciva che ciò che il popolo aveva da ultimo ordinato doveva avere valore di *ius*. Una raccolta normativa che segnò indubbiamente un passaggio decisivo nell'evoluzione del diritto a Roma.

Al di là dell'affermazione di Livio, le XII Tavole non possono considerarsi una raccolta esaustiva del *ius*. Certamente rappresentano un valido tentativo da parte dei romani, nonché unico, almeno fino all'epoca tarda, di raccogliere, e mettere per iscritto, una serie di importanti norme derivanti da vari ambiti giuridici. Viene dato ampio spazio al diritto privato, al diritto pubblico e al diritto penale, ma non, ad esempio, alle obbligazioni da contratto. Ciò è del tutto comprensibile se si guardi al tipo di società di Roma in quel periodo, una società rurale, basata sull'agricoltura e sulla pastorizia. Il commercio non era ancora sviluppato e questo spiega la scarsa attenzione riservata ai contratti e ai negozi giuridici. Si prediligeva, invece, la trattazione relativa ai negozi formali come la *mancipatio*, l'*in iure cessio*, il *nexum*, la *sponsio* o quella relativa alle obbligazioni da delitto. Si dava, infatti, ampio spazio alla repressione criminale e si tendeva da un lato a far rientrare nell'ambito dei *crimina* alcune fattispecie non meritevoli fino ad allora di alcuna sanzione, dall'altro a far intervenire lo stato in quelle fattispecie che prima venivano lasciate alla vendetta privata (alla fine di questa sezione sarà possibile consultare una tabella riassuntiva dei modelli repressivi delle XII Tavole). Accanto a disposizioni nuove ve ne erano altre che venivano semplicemente confermate come ad esempio quelle in tema di omicidio. Per l'omicidio involontario si ribadiva che il reato poteva trovare espiazione attraverso il semplice *piaculum*, ossia l'offerta di un animale ai parenti della vittima. Conseguenze ben diverse si avevano nel caso di omicidio volontario in quanto la gravità del reato non consentiva la possibilità di un'offerta espiatoria. Si procedeva, quindi, alla *consecratio* del reo e dei suoi beni ad una divinità infernale. Per quanto riguarda i delitti militari, la *proditio* comportava la pena di morte sia nel caso in cui si incitassero i nemici contro la patria, sia nel caso, altrettanto grave, in cui si consegnasse un cittadino al nemico.

All'interno delle XII Tavole trovavano regolamentazione anche alcuni reati che venivano ad ostacolare il corretto funzionamento della giustizia come la collusione del giudice o dell'arbitro con una delle parti: in entrambi i casi, era prevista la pena capitale. Venivano contemplate come fattispecie criminose anche la falsa testimonianza e il rifiuto di testimoniare, punite rispettivamente con la precipitazione dalla rupe Tarpea e con la perdita per il futuro della capacità di testimoniare o di chiamare altri a testimoniare in proprio favore.

Vista l'importanza dell'agricoltura in una società rurale come quella di Roma, erano considerati reati e puniti gravemente tutti quei comportamenti che miravano a ostacolarla o a danneggiarla come incendiare i covoni di grano o rubare le messi da un fondo altrui. Nel primo caso il responsabile veniva bruciato sul rogo, nel secondo, se pubere, sacrificato a Cerere, altrimenti veniva fustigato e condannato al doppio del danno arrecato. In una società ancora fortemente superstiziosa come quella di Roma non poteva essere prevista una pena diversa dalla condanna a morte per la maledizione dei raccolti o per gli incantesimi capaci di attrarre sul proprio fondo le messi del vicino. Per lo stesso motivo anche i sortilegi e le pratiche di malaugurio venivano repressi severamente.

Oltre a questi reati lesivi degli interessi dell'intera comunità, le XII Tavole disciplinavano anche quei comportamenti che ledevano gli interessi del singolo. La legislazione decemvirale riconosceva ancora la vendetta, ma anche il passaggio alla composizione volontaria in quanto molto spesso le parti si accordavano per rinunciare al taglione e sostituire questa pena con il pagamento di una somma di denaro. Le XII Tavole fotografano poi un ulteriore momento di transazione e cioè il passaggio dalla composizione volontaria a quella legale. Nel caso dell'*iniuria*, infatti, accanto all'ipotesi del *membrum ruptum*, punito con la pena del taglione o, in caso di accordo tra le parti, con una pena pecuniaria, era prevista anche l'ipotesi dell'*os fractum* in cui era lo stato a stabilire la sanzione di 300 o 150 assi a seconda che la persona offesa fosse un uomo libero o uno schiavo. Infine era prevista la pena di 25 assi nel caso di violenza fisica più lieve. Considerazioni analoghe possono essere fatte per il caso di furto. In particolare, il *furtum manifestum* veniva disciplinato diversamente a seconda che ad essere colto in flagranza di reato fosse uno schiavo o un uomo libero. Nel primo caso seguiva la fustigazione e la deiezione dalla rupe Tarpea, ma era possibile, se le parti si accordassero, una composizione volontaria; nel secondo caso, il reo veniva consegnato al derubato in condizione servile. Una composizione legale era invece prevista nel caso di *furtum nec manifestum*, ed ammontava al doppio del valore della cosa rubata. Ipotesi molto gravi erano quelle del ladro notturno e del ladro che si difendeva con le armi: questi soggetti potevano essere uccisi immediatamente dall'offeso purché questo chiamasse i vicini come testimoni della legittimità del suo gesto.

2. *Il maturo assetto repubblicano*

2.1. *Le magistrature*

L'assetto costituzionale repubblicano risultò essere il coordinamento di funzioni politiche che erano espressione del potere monarchico, aristocratico, democratico. Funzioni che, nella costituzione romana, non si escludevano a vicenda, ma coesistevano perché era proprio attraverso la loro interdipendenza che sarebbe stato possibile limitare la sete di potere degli uomini politici. Il potere di comando proprio del *magistratus* fornito di *imperium* coesisteva quindi col potere di consigliare, elargire pareri, controllare proprio del *senatus* e col potere di deliberare proprio del popolo organizzato politicamente nell'assemblea comiziale.

Esaminiamo i vari organi partendo dalla magistratura al cui interno, nel sistema repubblicano, vi era una gerarchia con competenze diverse. Prima di procedere all'analisi delle singole figure magistratuali, è opportuno dare qualche nozione di carattere generale.

Tutte le magistrature erano fornite di *potestas*, alcune anche di *imperium*.

L'*imperium* era un potere assoluto di governo, riconosciuto in età repubblicana, in campo sia militare che civile, ad alcuni magistrati e ancor prima ai re etruschi. Era contrassegnato anche da segni esteriori come i littori con i fasci di verghe con le scuri – emblematico di un potere di comando che poteva spingersi fino al *ius vitae ac necis* – la *sella curulis*, la *toga praetexta* (vedi *supra*, p. 17 s.). L'*imperium* era un potere originario, sovrano, unitario: non derivava da altri poteri, ma era incluso nella carica, non riconosceva un potere superiore e non era diviso tra i due consoli, ma spettava ad ognuno per intero. Nel suo significato precipuo di 'comando' indicava il potere militare da cui derivava la *coërcitio*, ossia il potere disciplinare di polizia, ma l'*imperium* comprendeva anche la *iurisdictio* civile, la giurisdizione criminale, il *ius agendi cum populo* [il diritto di convocare i comizi), il *ius agendi cum patribus* (il diritto di convocare il senato), il potere di imporre tributi, di prendere gli *auspicia*, il *ius edicendi* (emettere ordinanze con valore normativo) e alcuni compiti religiosi come le *dedicationes*, i sacrifici, ecc. Era un potere che spettava ai consoli, al pretore, al dittatore, al *magister equitum*, ai *tribuni militum consulari potestate* e naturalmente anche ai *decemviri legibus scribundis*; la *coërcitio* trovava il suo più forte limite nella *provocatio ad populum*, che ne comprimeva l'esplicazione qualora l'*imperium* si esercitasse *domi*, cioè nei limiti del *pomerium*. L'*imperium militiae* si esercitava, invece, al di fuori dei mille passi da Roma e poteva esplicarsi liberamente con il solo limite temporale della scadenza della carica.

La *potestas* era invece il potere generico del magistrato di rappresentare il popolo romano dando ordini in suo nome. In realtà era un termine ambiguo perché a volte assumeva il significato generico di 'potere' indicando anche l'*imperium*, ma, quando riguardava i magistrati *sine imperio*, attribuiva solo un potere di coercizione limitato alla multa, al carcere e al pignoramento. Da qui la distinzione tra magistrature *cum imperio*, dotate di comando militare e pieno diritto di *coërcitio*, nonché del diritto di convocare e presiedere il comizio del popolo e di convocare il senato (consoli, dittatori, *magister equitum*, pretori, magistrature straordinarie *cum imperio*), e magistrature *cum potestate*, cioè prive di comando militare e con limitato potere di *coërcitio* (censori, edili, questori).

Le magistrature si distinguevano in:

1. maggiori e minori sulla base dell'*imperium auspiciumque*. I magistrati sforniti di *imperium* erano *cum potestate*. Un'eccezione era rappresentata dai censori, magistrati maggiori, ma privi di *imperium* e non sottoposti al veto dei consoli o dei pretori;
2. ordinarie (che venivano rinnovate alla scadenza) e straordinarie (utilizzate solo in casi particolari come il dittatore, il *magister equitum*, decemviri e *tribuni militum consulari potestate*);
3. permanenti (in carica da un'elezione all'altra) e non permanenti (tipico esempio il censore che, sebbene venisse eletto ogni cinque anni, restava in carica solo diciotto mesi);
4. curuli (quelle con più prestigio come i consoli, il pretore, il dittatore, i censori. Disponevano della sella curule e della sella pretesta) e non curuli;
5. plebee (magistrati plebei come i tribuni e gli edili plebei) e non plebee.

Inoltre, la temporaneità, la pluralità dei titolari e la responsabilità alla fine del mandato distinguevano la magistratura regia da quella repubblicana. Infatti:

il re era vitalizio. I magistrati repubblicani avevano durata temporanea. Di solito restavano in carica un anno, mentre il dittatore e i censori rispettivamente sei e diciotto mesi. Alterazioni nella durata si ebbero solo durante la crisi della repubblica;

il re era unico. Alcune magistrature repubblicane, come il consolato e la censura, erano collegiali. La collegialità era legata alla *par potestas* per cui ognuno poteva esplicare in modo pieno le sue funzioni di governo fino a quando non incontrasse il veto del collega che bloccava la sua attività;

il re era irresponsabile. I consoli erano inviolabili durante la carica, ma alla fine del mandato tornavano ad essere privati cittadini e rispondevano degli illeciti commessi durante la loro carica, sia che fossero lesivi di atti di privati, sia dello stato.

Tra le caratteristiche delle magistrature repubblicane va ricordata la gratuità. I magistrati non ricevevano, infatti, alcuna retribuzione: ricoprire una carica pubblica era infatti un onore. Solo ad alcuni magistrati che si recavano nelle province spettavano delle indennità speciali (spese di trasporto, spese di rappresentanza, ecc.).

Consolato

Secondo la tradizione, con l'avvento della repubblica al *rex* subentrarono due magistrati annui, collegiali e responsabili. Con riferimento alla loro funzione militare, essi erano detti all'inizio *praetores* (da *pre-ire* = essere posti a capo dell'esercito) ed erano investiti di uguale *potestas* ed *imperium;* con riferimento alla giurisdizione, almeno secondo parte della dottrina, erano invece detti *iudices*. Presto prevalse, però, il termine *consules* col quale si vennero ad indicare i supremi magistrati di Roma. La collegialità che li contraddistingueva dev'essere intesa come l'attribuzione a ciascun console dell'intero potere e, di conseguenza, ognuno poteva esercitarlo in modo indipendente dall'altro. Esso, però, poteva essere neutralizzato dall'*intercessio* del collega, istituto caratteristico della costituzione repubblicana e già incontrato a proposito dei tribuni della plebe. Nel caso di opposizione di un console all'iniziativa dell'altro non c'erano rimedi per indurre il magistrato dissenziente a cambiare opinione. Essendo la collegialità un meccanismo piuttosto delicato che poteva portare alla paralisi nel governo della *res publica*, si cercava di eliminarne gli inconvenienti ricorrendo, ad esempio, all'accordo fra colleghi, con cui i consoli, in caso di guerra su più fronti, si distribuivano i campi d'azione; oppure si poteva far ricorso al turno, alternandosi nella gestione della carica, o ancora al sorteggio nel caso in cui i magistrati dovessero comandare più eserciti.

Per quanto riguarda la nomina dei consoli – i quali fino al 367 a.C. potevano essere solo patrizi – essa spettava al comizio centuriato, sotto la presidenza di un magistrato con potere uguale o maggiore e quindi di un console o di un dittatore.

In virtù dell'*imperium* la sfera di governo dei consoli era illimitata, ma sarebbe errato, tuttavia, condividere l'opinione di una parte della dottrina che vede tale potere uguale a quello regio, pur con le differenze della temporaneità e della collegialità. In realtà, sebbene non si possa negare che l'*imperium* derivasse dal re etrusco, è altrettanto certo che si trattava di un potere diverso non solo perché i suoi confini erano limitati dalle competenze specifiche delle altre magistrature, ma soprattutto perché, per quanto riguardava l'*imperium domi*, il potere del console incontrava i forti limiti della *provocatio ad populum* e dell'*intercessio* dei tribuni. Solo l'*imperium militiae*, ovvero il supremo comando militare che i consoli esercitavano nella cerchia extracittadina e che comportava la conduzione di una guerra, la formazione dell'esercito, la *coërcitio* e la *iudicatio* contro i militari e i popoli nemici, l'imposizione dei tributi per necessità belliche, non incontrava alcun limite e poteva esplicarsi liberamente.

I consoli avevano il compito di mantenere la sicurezza dell'ordine pubblico e intervenivano soprattutto in caso di incendi e di tumulti. Inoltre, pur nel rispetto del limite della *provocatio*, avevano una certa libertà d'azione nel campo della *coërcitio* criminale. Intervenivano in caso di violazioni del diritto internazionale, di delitti contro la religione o di quelli commessi da donne, stranieri e schiavi per i quali non era possibile ricorrere alla *provocatio*. Ovviamente potevano esercitare la *coërcitio* anche per comminare sanzioni minori, sia di carattere personale che patrimoniale.

Infine, avevano funzioni amministrative che riguardavano l'erario, il fisco, la polizia cittadina.

Tribuni militum consulari potestate

Il tribunato militare *consulari potestate* era una magistratura straordinaria che si sostituì al consolato tra il 444 e il 368 a.C. Prima della stabilizzazione della suprema carica avvenuta nel 367 a.C., furono affidati poteri consolari ai *tribuni militum*, ufficiali subordinati.

L'ostacolo dell'accesso dei plebei al consolato veniva motivato formalmente per l'assenza del *ius conubii* che comportava automaticamente l'impossibilità di prendere gli auspici e quindi di ricoprire la suprema magistratura. Decisiva fu la *rogatio* Canuleia del 445 a.C., un plebiscito al quale, a seguito di scontri politici, il senato prestò verosimilmente la sua *auctoritas*. A quel punto i patrizi, non volendo ancora riconoscere ai plebei la possibilità di accedere al consolato, concessero ai tribuni la potestà consolare. Si trattò molto probabilmente di un compromesso che, da un lato, consentiva l'accesso dei plebei a tale magistratura, dall'altro permetteva al patriziato di temporeggiare sulla loro inclusione al consolato. Fu certamente un'iniziativa utile allo stato anche per affrontare meglio le numerose guerre che richiedevano un numero di magistrati maggiore dei due *praetores*. All'inizio furono introdotti tre tribuni, poi il loro numero crebbe fino a otto o nove. Avevano l'*imperium*, ma *auspicia* diversi da quelli dei consoli non potendo procedere né alla *creatio* di un collega quando questi fosse venuto a mancare né alla nomina del dittatore.

Ben presto ripresero i contrasti tra i due ordini e una proposta di legge dei tribuni Licinio Stolone e L. Sestio Laterano del 377 a.C., diretta a far conseguire alla plebe una certa autonomia politica, incontrò l'opposizione del senato che si avvalse anche dell'*intercessio* di altri tribuni. La reazione di Lucio Stolone e Sestio Laterano fu molto violenta e, avvalendosi del diritto di veto, riuscirono a paralizzare ogni attività istituzionale tra cui la nomina dei magistrati per cinque anni. Dieci anni dopo, nel 367 a.C., rieletti, riuscirono con le leggi *Liciniae Sextiae* non solo a raggiungere il loro obiettivo relativo al consolato, ma anche a far approvare altre due importanti proposte riguardanti gli interessi economici della plebe. La prima legge, *de aere alieno*, stabilì che le somme erogate fino ad allora dai debitori a titolo di interesse dovessero essere sottratte dal capitale mentre il residuo sarebbe dovuto essere frazionato in tre rate annuali; la seconda, *de modo agrorum*, introduceva il divieto di possedere più di 500 iugeri di *ager publicus* e di far pascolare sui terreni pubblici più di 100 capi di bestiame grosso e 500 di minuto, rendendo così più semplice l'accesso dei plebei alle terre pubbliche; infine la terza, *de consule plebeio*, dava un'organizzazione definitiva al consolato stabilendo che non si eleggessero più tribuni militari e che uno dei due consoli dovesse essere plebeo. Il senato inizialmente rifiutò di prestare la sua *auctoritas*, ma in seguito si arrivò ad un compromesso: quasi a compensare la perdita di un posto al consolato, sarebbe stata creata un'altra magistratura patrizia, un *praetor*, con il compito di esercitare la *iurisdictio* in città. Era dotato di *imperium,* ma con un potere inferiore rispetto ai consoli, come si evince dai sei littori che lo precedevano al posto dei dodici riservati ai consoli, ai quali il *praetor* si affiancava come *conlega minor*.

Per lo stesso fine di 'compensazione' furono poi creati, come vedremo, gli edili curuli, magistratura patrizia modellata sull'edilità plebea, con funzioni di polizia urbana e di polizia dei mercati.

Alle importantissime leggi *Liciniae Sextiae*, seguirono nel 339 a.C. le *leges Publiliae Philonis* di cui la prima ribadì che i *plebiscita* dovessero vincolare tutti i cittadini (già la legge Valeria Orazia del 449 a.C. aveva parificato i plebisciti alle leggi comiziali), la seconda stabilì che l'*auctoritas patrum* alle delibere assembleari dovesse essere preventiva rispetto alla votazione ed infine la terza che uno dei censori dovesse essere plebeo. Nel 300 a.C. fu approvata la *lex Ogulnia de sacerdotiis* con cui si aumentò il numero dei pontefici da quattro a otto e quello degli auguri da quattro a nove, riservando i nuovi posti ai plebei, e nel 287 a.C. la l*ex Hortensia de plebiscitis*, proposta del dittatore Quinto Ortensio, con cui si sancì l'eguaglianza tra le leggi e i plebisciti votati nel concilio della plebe, raggiungendo così, dopo secoli di lotte, la completa parificazione degli ordini e la trasformazione dell'antica repubblica patrizia in una repubblica patrizio-plebea.

Pretura

In virtù di una delle leggi *Liciniae Sextiae* fu dunque istituito accanto ai consoli un terzo collega, di rango minore (*conlega minor*) ma ugualmente provvisto di *imperium*, il pretore. Veniva eletto per un anno dai comizi centuriati, presieduti da un console, e la sua funzione principale fu la giurisdizione civile tra privati che lo portava a dover verificare che le controversie si svolgessero nel rispetto del diritto. Ciò portò ad un restringimento delle facoltà dei consoli ai quali precedentemente spettava la stessa competenza e vennero chiamati *praetores maximi* per distinguersi dal nuovo *praetor* di rango minore. Quest'ultimo venne chiamato precisamente *praetor urbanus* perché la sua funzione principale, appunto la *iurisdictio*, si svolgeva in città e il pretore se ne occupava singolarmente, a dimostrazione del fatto che il principio della collegialità, nel caso di questa magistratura, non veniva applicato. All'inizio dell'anno di carica il pretore, in virtù del *ius edicendi*, emanava ed affiggeva in pubblico un editto con cui rendeva noto il programma a cui si sarebbe attenuto nell'esercizio della sua funzione giurisdizionale. L'editto era, dunque, una lunga ordinanza scritta su *tabulae dealbatae*, affisse accanto al tribunale del magistrato, e contenente azioni, eccezioni, interventi d'imperio. Il complesso di norme di carattere processuale contenuto nell'editto costituiva il *ius honorarium* (proveniente dalla carica = *honor* del pretore). L'efficacia dell'editto durava un anno, parallelamente alla durata dell'incarico, e il pretore successivo avrebbe potuto cambiarne il contenuto. Tuttavia, di solito lo confermava, pur apportando qualche integrazione, tanto che l'editto prese il nome di *edictum tralaticium*.

Il compito del pretore diventò fondamentale in una società, come quella romana, che da agricola si era trasformata in mercantile a seguito dell'espansione di Roma. A relazioni semplici per le quali era sufficiente uno *ius* civile basato sui *mores*, sulle XII Tavole, sull'*interpretatio* dei pontefici, si sostituirono, o semplicemente si aggiunsero, relazioni più complesse tra Roma e gli altri paesi del Mediterraneo. Il diritto doveva adeguarsi alle nuove esigenze e questo compito, svolto in parte anche dai giuristi laici, fu assunto dal pretore proprio in vista della sua attività principale qual era l'amministrazione della giustizia civile. Quest'ultimo diede vita ad un complesso sistema di tutele, fondamentale per l'evoluzione del diritto romano, agendo così non solo nell'ambito del processo per *legis actiones*, laddove la sua attività non poteva esplicarsi liberamente per il rigido formalismo, ma elaborando il processo formulare attraverso il quale il pretore riuscì a dare protezione ai rapporti tra romani e stranieri (e tra stranieri). Il pretore stabiliva quale tutela si sarebbe dovuta applicare nel caso concreto e poteva trattarsi di una già esistente o creata da lui appositamente in quell'occasione. Il suo intervento si attuava attraverso la redazione di una formula, un documento in cui si descriveva la controversia, e il giudice, dopo aver raccolto le prove, era tenuto a basarsi su di essa per decidere della lite. Spesso il pretore, tanto nella redazione dell'editto quanto nell'esercizio della sua attività di *iuris dictio*, si avvaleva della collaborazione di giuristi di professione che, essendo dotati di una competenza tecnica di cui non necessariamente il pretore disponeva, davano un apporto fondamentale all'evoluzione del diritto.

Al *praetor urbanus* si aggiunse nel 242 a.C. un altro pretore, il *praetor peregrinus*, per risolvere le controversie in cui almeno una parte fosse straniera.

Il pretore, come abbiamo detto, era dotato anche di *imperium* e quindi poteva condurre l'esercito, aveva diritto a sei littori, alla *sella curulis* e alla *toga praetexta*. Aveva inoltre il *ius agendi cum patribus* (che però esercitava o su invito del senato o in assenza dei consoli) e il *ius agendi cum populo*; poteva presiedere i comizi tributi per la nomina dei magistrati minori e poteva presentare proposte di legge al comizio centuriato.

Sebbene l'attività principale del pretore consistesse nel *ius dicere*, dal II secolo si vide una sua partecipazione anche nei processi criminali che si svolgevano nei tribunali di giustizia permanenti (*quaestiones perpetuae*) e che vennero ad accostarsi, e poi a sostituirsi, ai processi comiziali (*iudicia populi*).

I pretori, a cui fu affidata la presidenza di tali corti, diventarono sei e poi otto con Silla, ma il loro numero crebbe ancora quando furono inviati a governare le province.

Dittatura

La dittatura era una magistratura straordinaria, non collegiale e accessibile, fino al 355 a.C., solo ai patrizi. Il dittatore veniva nominato dai consoli, d'intesa col senato, in situazioni di eccezionali gravità, come una guerra particolarmente pericolosa. Il dittatore nasceva per esigenze militari e quando il rischio bellico era molto grave non si poteva incorrere nei possibili inconvenienti della collegialità consolare come ad esempio la lunghezza delle decisioni. L'urgenza giustificava, dunque, un magistrato senza collega che disponesse dell'*imperium* dei due consoli. Dalla dittatura bellica si passò poi alla nomina di dittatori con compiti civili: per la convocazione dei comizi, per l'organizzazione di giochi pubblici, o anche per i casi di gravi disordini e tumulti interni. Ciò portò col tempo ad uno snaturamento della sua figura come dimostra il fatto che dal 216 non ci furono più dittatori militari.

La scelta del dittatore era libera, ma col tempo si diffuse l'usanza di effettuarla tra coloro che avessero ricoperto il consolato; a sua volta, il dittatore nominava il *magister equitum*, comandante della cavalleria, che restava in carica quanto il dittatore al quale era subordinato; questi aveva diritto a sei littori, alla *sella curulis* e alla *toga praetexta*. Il *dictator*, invece, era investito di un *imperium maius* rispetto a quello dei consoli e ciò trovava riscontro nei ventiquattro littori che lo accompagnavano, a differenza dei dodici consolari. Contro la sua giurisdizione penale e i suoi atti di *coërcitio* non erano ammesse né la *provocatio* né *l'intercessio tribunicia* e, per l'intera durata del suo incarico, venivano sospese tutte le altre magistrature. Il dittatore non poteva restare in carica più di sei mesi: il fine transitorio da raggiungere e l'eccessiva ampiezza dei suoi poteri non consentivano una durata maggiore. Può sembrare strano che in una *res publica* tesa al raggiungimento della *libertas* si potesse consentire un potere così ampio da azzerarla sospendendo l'attività non solo delle altre magistrature, ma anche del senato e delle assemblee popolari. In realtà, com'è stato osservato da parte di autorevole dottrina, la *libertas* non era antitetica all'*imperium* e neanche all'*imperium maius* purché la durata di tale potere fosse breve in quanto funzionale solo al conseguimento di quel determinato fine. La *salus rei publicae* era un bene supremo la cui difesa poteva legittimamente richiedere anche la compressione delle libertà cittadine.

Censura

Con l'introduzione dell'ordinamento centuriato diventò indispensabile verificare il patrimonio di ogni cittadino per poterlo inserire nelle varie classi e nelle centurie dell'esercito il quale, oltre che svolgere le operazioni di leva militare, costituiva anche l'assemblea deliberante. La funzione del censimento, inizialmente, fu svolta dai consoli, ma ebbe una sospensione a partire dal 459 a.C. e riprese, dopo sedici anni, ad opera dei censori, i quali non si limitavano a 'fotografare' la situazione economica di ogni *civis* ma, potendo quest'ultima subire variazioni, dovevano procedere ad intervalli regolari alla revisione del censo.

La censura era una magistratura maggiore, ordinaria, ma non permanente: il magistrato restava infatti in carica per cinque anni, ma doveva adempiere alle sue funzioni censitarie entro diciotto mesi. I censori venivano eletti dal comizio centuriato, di solito tra i senatori che avevano già ricoperto il consolato. Mentre il potere degli altri magistrati veniva confermato dalla *lex curiata de imperio*, quello dei censori dalla *lex centuriata de potestate censoria*. Pur ricoprendo una magistratura maggiore, i censori erano privi di *imperium* e quindi del diritto di convocare il popolo e il senato (*ius agendi cum populo* e *cum patribus*), ma fu evidente sin dall'inizio la loro importanza politica e sociale. Con un editto i censori fissavano la data del censimento nonché i criteri che avrebbero seguito nell'effettuarlo. Ciascuna operazione censitaria si chiudeva con un sacrificio di purificazione della cittadinanza, ordinata secondo le nuove liste: questa cerimonia religiosa, che perfezionava il censimento, era detta *lustratio*.

Un'altra funzione di notevole peso politico di questi magistrati era quella di controllare la condotta morale dei cittadini. In caso di comportamento riprovevole, questi venivano colpiti dalla nota censoria che incideva negativamente sui loro diritti civili potendo comportare la perdita della capacità di testimoniare e di chiamare testimoni a proprio favore, il trasferimento dalla centuria di una classe superiore ad una inferiore e, in casi di particolare gravità, l'esclusione dal comizio con la conseguente privazione dei diritti politici (elettorato attivo e passivo) e l'iscrizione nella lista dei *cives sine suffragio*. I censori successivi, tuttavia, potevano cancellare la nota censoria o, al contrario, confermarla. Fortemente connessa alla valutazione della moralità del cittadino era un'altra funzione dei censori: la scelta dei senatori (*lectio senatus*) che si basava su una valutazione della loro competenza e rispettabilità morale. La valutazione effettuata dai censori era del tutto discrezionale ed è per questo che non rispondevano del loro operato alla fine del mandato. Non era ammessa neanche l'*intercessio* tribunizia. La collegialità censoria era parzialmente diversa da quella delle altre magistrature: mentre ogni console poteva esercitare da solo e per intero il potere qualora fosse venuto meno il collega, nel caso di morte o di dimissioni di un censore l'azione dell'altro avrebbe subito un arresto e sarebbe stato necessario aspettare l'arrivo del nuovo censore. Ogni decisione, infatti, doveva essere presa di comune accordo: si parlava di 'collegialità perfetta'.

La censura fu una magistratura di rango altissimo, addirittura superiore a quella dei consoli nonostante i censori non avessero dirette funzioni di governo; e fu una magistratura dal prestigio straordinario: indagare sulla condotta dei singoli per verificare se fosse in armonia con i loro doveri pubblici, significava controllare non solo la vita pubblica, ma anche privata dei cittadini. La loro estraneità alle funzioni militari spiega il motivo per cui erano sprovvisti di *imperium*.

Infine, un'ulteriore competenza dei censori riguardava il controllo delle entrate e delle spese della città e quindi dell'intera attività economica. Avevano l'amministrazione dell'*ager publicus* per cui spettava loro ogni decisione sulla costruzione delle strade e delle opere pubbliche. Ciò, considerando che la gestione della cassa dello stato era già stata affidata ai questori, comportava la sottrazione dell'intera gestione delle finanze pubbliche ai consoli.

Edilità curule

Contemporaneamente alla pretura fu istituito un collegio di magistrati patrizi, quello degli edili curuli, eletti annualmente dai comizi tributi. Anche ad essi furono attribuite delle funzioni che precedentemente spettavano ai consoli e cioè funzioni di polizia urbana e dei mercati, nonché giurisdizionali per quanto atteneva le liti che sorgevano tra compratori e venditori relative alla presenza di vizi occulti nelle vendite di schiavi e animali. Spettava agli edili curuli la cura dell'annona (*cura annonae*) e quindi rifornire la città di derrate alimentari, vigilare affinché nei periodi di carestia non venissero stabiliti prezzi eccessivamente alti, controllare che i trasporti dei prodotti dalle province avvenissero in modo regolare. Il problema era rappresentato dal fatto che, essendo magistrati sforniti di *imperium*, ed avendo un limitato potere di *coërcitio*, potevano emanare solo multe che col tempo si rivelarono insufficienti per punire adeguatamente i trasgressori e garantire alle persone danneggiate un'effettiva tutela.

Importante era anche l'organizzazione dei giochi pubblici per i quali gli edili impegnavano anche ingenti fortune personali. Lo scopo era quello di accrescere la propria popolarità e accaparrarsi voti in vista di future elezioni, motivo per cui la *cura ludorum* diventò un efficace strumento di propaganda elettorale.

Questura

I questori erano magistrati minori privi di *imperium*, in origine due e venivano eletti dai comizi tributi. Erano detti 'urbani', ma nel 421 a.C. pare che i consoli chiesero un aumento del loro numero che salì a quattro, probabilmente per poter affidare loro compiti bellici (questori militari). Furono tutti patrizi fino al 409 a.C., data in cui anche i questori plebei fecero l'accesso alla questura. Nel 267 a.C. i questori furono portati a otto e con le riforme sillane dell'81 a.C. arrivarono a venti.

La figura dei *quaestores* era già presente in età regia: erano i *quaestores parricidii*, ausiliari del re di cui egli si avvaleva nella persecuzione di alcuni crimini visto il numero sempre maggiore degli illeciti (vedi *supra*, p. 32). La funzione originaria riguardava la repressione criminale e infatti il loro nome deriva da *quaerere*, ossia 'indagare' al fine di accertare se il soggetto fosse responsabile e se l'omicidio fosse stato commesso o meno con dolo. Inoltre, dovevano sovrintendere alla vendetta davanti al popolo riunito in assemblea. Probabilmente già al tempo delle XII Tavole pare fosse stato dato ai *quaestores*, in caso di omicidio, il compito di istruire il processo, indagare sullo svolgimento dei fatti, raccogliere le prove e promuovere l'accusa. In seguito tale competenza fu estesa a tutti i delitti capitali. Venne affidata loro la custodia dell'erario del popolo romano e pertanto vennero chiamati *aerarii.* Custodivano il ricavato delle confische dei beni seguite ai giudizi capitali e dovevano anche controllare che i cittadini pagassero i tributi.

La questura era l'ultimo gradino del *cursus honorum* e quindi la tappa iniziale della carriera politica dei romani.

Tresviri capitales

Prima di accedere alla questura c'era l'usanza di ricoprire una delle varie funzioni ausiliarie delle magistrature come quella dei *tresviri capitales*. Erano funzionari di polizia alle dipendenze del pretore, creati per combattere il fenomeno, soprattutto notturno, della piccola delinquenza di strada dovuto a tensioni all'interno di Roma e al proliferare di proletari e schiavi nella città. I *tresviri* perseguivano di propria iniziativa, o a seguito di denuncia, gli incendiari e tutti coloro che verosimilmente erano autori di atti di violenza i quali, se colti in flagranza di reato, venivano messi a morte senza bisogno di processo; nel caso, invece, in cui si dichiarassero innocenti, venivano sottoposti a una verifica sommaria della loro colpevolezza. Erano magistrati minori, privi di *imperium*, ma forniti di un seppur limitato potere di *coërcitio.* I mezzi più comuni cui facevano ricorso erano il carcere e la frusta, ma contro la fustigazione dei *tresviri* non era ammessa la *provocatio ad populum.* In caso di omicidio, tuttavia, essi non potevano avvalersi semplicemente di sanzioni di carattere amministrativo, ma dovevano svolgere un'attività istruttoria, preparatoria al processo che si sarebbe svolto davanti all'assemblea popolare. In mancanza di indizi di colpevolezza, l'indagato sarebbe stato rimesso in libertà. Lo scopo dell'attività dei *tresviri* era dunque quello di preparare il materiale necessario al processo e di evitare, al contrario, l'instaurazione di processi inutili.

Duoviri perduellionis

I *duoviri perduellionis*, già presenti in epoca monarchica come ausiliari del *rex*, costituivano un tribunale speciale incaricato di procedere senza processo contro i rei di perduellione e a questo scopo venivano nominati di volta in volta dal comizio. Contro le loro decisioni non era ammessa la *provocatio* perché il giudizio duumvirale era sommario e inappellabile. La nomina dei *duoviri*, tuttavia, non era obbligatoria perché nessuno poteva privare i magistrati maggiori del diritto di procedere contro i colpevoli di qualsiasi delitto. I casi di *perduellio* dovevano essere portati davanti ai tribunali ordinari; si ricorreva ai *duoviri*, infatti, solo qualora la *perduellio* fosse flagrante. Il reo veniva appeso ad un albero sterile e fustigato fino alla morte.

Quando col tempo anche i tribuni incominciarono a perseguire la *perduellio*, i *duoviri* caddero in desuetudine e il processo duumvirale fu sostituito da quello tribunizio.

Tribuni ed edili plebei

Abbiamo già parlato della creazione dei tribuni nel 494 a.C. nell'ambito della lotta patrizia-plebea rilevandone l'origine rivoluzionaria: le loro funzioni si esplicavano attraverso il *ius auxilii* – da cui si sviluppò l'*intercessio* – e della *summa coercendi potestas*, a tutela della propria inviolabilità; tali facoltà furono poi legalizzate con la *lex Valeria Horatia* del 449 a.C. A seguito della parificazione dei due ordini, anche i tribuni persero il loro carattere sovversivo e si trasformarono in un organo di garanzia a difesa dei diritti di libertà di tutti i cittadini. Furono riconosciuti magistrati dello stato e diventarono espressione della *nobilitas* patrizio-plebea; da quel momento venne riconosciuto loro il potere di prendere gli *auspicia* al pari degli altri magistrati, di convocare il senato e di partecipare alle sue sedute; in realtà fu proprio il senato in svariate occasioni a strumentalizzare i tribuni al fine di raggiungere i suoi scopi politici e piegare al suo volere la condotta dei magistrati.

Dal punto di vista criminale, i tribuni passarono dalla persecuzione verso chiunque offendesse la loro persona o la plebe, alla persecuzione capitale, davanti ai *comitia centuriata*, di chi si rendesse responsabile di di gravi delitti come la *perduellio*, o facesse cattivo uso dei pubblici poteri, o attentasse alle istituzioni repubblicane, sovrapponendosi, nell'accusa, ai *duoviri perduellionis*.

Nell'81 a.C., nel tentativo di ridare potere alla classe senatoria, Silla esautorò i tribuni delle loro funzioni principali privandoli del diritto di *intercessio* e riconoscendo loro solo il *ius auxilii* nei confronti del singolo cittadino. Fu interdetto anche il diritto di proseguire nel *cursus honorum* e sottopose i plebisciti al parere preventivo e vincolante del senato. Fu solo con Pompeo e Crasso che i vecchi poteri ritornarono ai tribuni.

Gli edili plebei, incontrati anch'essi nella trattazione relativa ai conflitti patrizio-plebei, venivano eletti dai *concilia plebis* e col tempo diventarono una magistratura con competenze amministrative.

2.2. *Il senato: composizione e funzioni*

Il senato, l'antico consesso dei *patres*, organo fondamentale della costituzione repubblicana, dopo la caduta della monarchia etrusca vide accrescere notevolmente i suoi poteri. Per molto tempo l'accesso fu riservato solo ai patrizi e, seppur non si possa individuare la data esatta in cui anche i plebei vi presero parte, è molto verosimile che ciò sia avvenuto non prima della loro partecipazione al tribunato *militum consulari potestate*. La composizione mista di quest'organo emerge anche dal nome dei senatori, *patres conscripti* che nella tarda repubblica indicò l'insieme dell'assemblea. Precedentemente, invece, le due categorie erano nettamente contrapposte: c'erano i *patres*, termine con cui si designavano i senatori patrizi, e i *conscripti*, cioè i senatori 'aggiunti' plebei. Ai primi, tuttavia, come vedremo, rimasero sempre riservate alcune prerogative.

Al senatore patrizio più anziano che avesse ricoperto la censura si dava il nome di *princeps senatus*: non aveva il ruolo di presidente, ma la facoltà di parlare per primo. Il diritto di convocare e di presiedere il senato spettava a un magistrato munito di *ius agendi cum patribus*, e quindi al console, al pretore, ai magistrati straordinari e molto più tardi anche al tribuno. La riunione si teneva in un luogo chiuso *inauguratus* (*templum*) che spesso coincideva con la *cura Hostilia*. Il magistrato stabiliva il giorno e indicava l'oggetto della discussione; i senatori, avvisati tramite editto, erano tenuti a parteciparvi. La seduta doveva aver luogo tra l'alba e il tramonto. Dopo la presa degli auspici da parte del magistrato, si procedeva alla votazione della proposta che avveniva *per discessionem*, cioè separando i senatori favorevoli a quest'ultima, che andavano da una parte, da quelli sfavorevoli che andavano dall'altra, per cui si parlava di *pedibus in sententiam ire*. Col termine *pedarii* si solevano designare, almeno secondo l'orientamento più convincente della dottrina, i senatori che, avendo ricoperto le cariche meno elevate, dovevano limitarsi a dare il voto senza esprimere il loro parere su una data discussione. La proposta, qualora venisse approvata dalla maggioranza trasformandosi in decisione del senato, dopo l'adempimento di ulteriori formalità veniva depositata nell'*aerarium*.

Secondo la tradizione, i senatori furono trecento e in seguito, con Silla, seicento; la loro scelta spettò per lungo tempo ai consoli; poi, con il plebiscito Ovinio, passò ai censori che ogni cinque anni procedevano alla *lectio senatus*. Poiché la carica senatoria era vitalizia, i censori confermavano i senatori già esistenti escludendo, come abbiamo già detto, quelli che si fossero rivelati indegni tacciandoli di nota censoria. I posti vacanti venivano occupati da ex magistrati curuli (nell'ordine gli ex dittatori, gli ex consoli, gli ex pretori, gli ex edili curuli) e, nel caso in cui fossero insufficienti, da ex magistrati non curuli (nell'ordine ex edili plebei, ex tribuni, ex questori); in ultima ipotesi, da cittadini che si fossero distinti per particolari meriti. Dopo il riconoscimento dei tribuni come magistrati dello stato, anch'essi vennero ammessi al senato.

Le funzioni del senato erano molteplici e rispecchiavano la sua posizione di assoluta supremazia all'interno della costituzione. A parte gli inizi della repubblica che videro solo la presenza di due consoli con enormi poteri, la pluralità di magistrati temporanei con facoltà specifiche che caratterizzò la fase successiva non poteva non portare ad un indebolimento della magistratura a cui corrispose, inevitabilmente, un incremento del potere del senato che accentrò nelle sue mani il governo dello stato. La perpetuità della sua carica garantiva sicurezza e continuità dell'indirizzo politico della *res publica* e fu questo a riconoscergli ruoli di direzione e di coordinamento.

La funzione principale era certamente quella consultiva: non c'era magistrato che, a parte i casi di ordinaria amministrazione, osasse prendere un'iniziativa su una questione importante senza interpellare il senato. Il parere senatorio (*senatusconsultum*) non era giuridicamente vincolante ma, in virtù della sua autorevolezza, era molto improbabile che il magistrato non ne tenesse conto soprattutto quando veniva rilasciato nell'ambito di materie di competenza del senato. Fu visto infatti come un 'sacrilegio' il comportamento di due tribuni militari che cercarono di opporsi a un senatoconsulto; le conseguenze potevano essere pesanti come l'irrogazione della nota censoria, il divieto di entrare in senato, forti ostacoli nella carriera politica. Era molto difficile che i magistrati *cum imperio*, esponenti della *nobilitas* patrizio-plebea, fossero disposti ad entrare in conflitto con il senato rifiutando di eseguirne le direttive. Le loro proposte di legge vennero spesso sottoposte alla preventiva approvazione del senato così come talvolta esse venivano presentate a seguito di esplicita richiesta senatoria. Non meno incisiva era l'ingerenza del senato in campo giurisdizionale dove, in presenza di una situazione di particolare gravità, tale organo attraverso il *iustitium* faceva decretare da un magistrato *cum imperio* la sospensione temporanea dell'attività giurisdizionale. Il senatoconsulto, dunque, più che essere un consiglio, era un ordine che i magistrati erano tenuti ad osservare e ad imporre ai cittadini diventando meri esecutori della volontà del senato, la cui forza, di fronte alla temporaneità delle magistrature, derivava dalla necessità di riservare la direzione di governo a un organo permanente.

Di discutibile legittimità era invece il *senatusconsultum ultimum*, un provvedimento con cui il senato soleva investire i consoli di poteri straordinari, non previsti per loro dalla costituzione, al fine di affrontare situazioni di particolare pericolo in cui si veniva a trovare la *res publica*. In realtà, destinatario di tale misura era il più delle volte un avversario politico del senato il quale veniva dichiarato nemico della patria (*hostis rei publicae*) per aggirare l'ostacolo della *provocatio ad populum*.

Alcune facoltà, l'*interregnum* e l'*auctoritas*, furono riservate esclusivamente ai *patres*: il primo istituto, a cui già si ricorreva in epoca regia nel caso in cui morisse il re (vedi *supra*, p. 16) trovava applicazione anche in età repubblicana qualora venissero a mancare entrambi i consoli. Si applicava il principio in base al quale *auspicia ad patres redeunt* e quindi ai senatori patrizi era rimesso il potere in vista della creazione dei nuovi consoli. L'interregno era esercitato a turno dai *patres* che si dividevano in decurie: i singoli senatori patrizi riuniti nella prima decuria governavano per un periodo di cinque giorni, poi si passava alla seconda decuria e così via fino a quando non venivano 'creati' i magistrati. La seconda funzione riservata anch'essa ai *patres*, e diretta ad esercitare un controllo sui comizi, era l'*auctoritas patrum*, ossia la ratifica da parte del senato delle delibere assembleari. Essa non era sottoposta all'*intercessio* dei tribuni e quindi, una volta che ci fosse stata la conferma del senato, la deliberazione del comizio sarebbe divenuta definitiva. Nel 339 a.C., la *lex Publilia Philonis*, come abbiamo già visto (vedi *supra*, p. 74), stabilì che la ratifica senatoria, relativa alle proposte di legge, non sarebbe più dovuta essere successiva, ma preventiva e non vincolante; nel 290 a.C. la *lex Moenia* stabilì altrettanto anche riguardo le elezioni dei magistrati. In tal modo l'*auctoritas* perse molto della sua autorevolezza e diventò una pura formalità. Inoltre, poiché l'*interregnum* era un'ipotesi molto difficile a verificarsi per il sistema della collegialità, le funzioni del senato patrizio si andarono gradualmente svuotando di significato mentre rimasero molto attive, e aumentarono sempre di più, quelle del senato patrizio-plebeo. Tra queste, importantissime quella in materia militare che comprendevano soprattutto la vigilanza sulla condotta della guerra, il controllo sull'esercizio magistratuale dell'*imperium militiae*, la concessione del trionfo, la ripartizione delle *provinciae* tra i vari magistrati. E ancora, nel campo della politica estera il senato si occupava delle relazioni internazionali, autorizzava la conclusione dei trattati tra Roma e gli altri popoli e provvedeva a inviare ambascerie fuori dall'Italia per risolvere controversie.

In materia giudiziaria, i senatori, come vedremo, costituirono la giuria delle *quaestiones perpetuae* fino ai Gracchi, dapprima per il reato di estorsione commesso dai magistrati a danno dei provinciali, in seguito anche per altri reati. Erano in generale di competenza senatoria quei crimini che richiedevano un'inchiesta da parte del consesso, come i tradimenti, le cospirazioni, gli avvelenamenti, gli assassinii.

Infine, di grande rilevanza erano sia il controllo esercitato dal senato sull'*aerarium,* e quindi su tutte le entrate e le uscite, sia in ambito sacrale. Dirigevano in generale l'attività religiosa senza l'osservanza di particolari formalità in quanto i senatoconsulti potevano essere deliberati a prescindere da preventivi auspici.

2.3. *I comizi*

Comizio centuriato

La tradizione attribuisce a Servio Tullio una nuova organizzazione dei membri della comunità nell'assemblea e dell'esercito secondo un modello importato dall'Etruria. Fu proprio da questa riforma che nacque il comizio centuriato, cardine della costituzione repubblicana. I criteri posti alla base del nuovo ordinamento furono il patrimonio del cittadino (elemento indispensabile per poter provvedere all'armatura) e l'età (quindi la distinzione tra *iuniores* e *seniores*, importante ai fini dell'efficienza militare: i primi erano i giovani destinati al servizio di leva, i secondi gli anziani costituenti la riserva). I possidenti furono ripartiti in cinque classi a seconda del censo iscrivendo nella prima i possessori di 100mila assi, nella seconda quelli di 75mila assi, nella terza quelli di 50mila assi, nella quarta quelli di 25mila assi, nella quinta quelli di 12.500 assi. A sua volta ogni classe comprendeva un certo numero di centurie: la prima classe comprendeva 80 centurie (40 di *seniores* e 40 di *iuniores*), la seconda, la terza e la quarta 20 centurie (10 di *seniores* e 10 di *iuniores*), la quinta 30 centurie (15 di *seniores* e 15 di *iuniores*). Tutte queste erano precedute da 18 centurie di cavalieri, scelte tra le principali famiglie della città; vi erano infine ulteriori centurie di personale ausiliario specializzato (artigiani, musicisti, etc.) fino a raggiungere il numero complessivo di 193 centurie. Ogni centuria costituiva un voto, che era quello della maggioranza dei suoi componenti. In quest'ordinamento timocratico, i voti si computavano partendo dalle centurie dei cavalieri, poi della prima classe e solo in teoria si procedeva con le altre perché di fatto erano sufficienti questi voti per raggiungere la maggioranza, cosicché non si arrivava quasi mai a far votare la seconda classe. I più ricchi avevano dunque il maggior peso politico e il risultato dipendeva esclusivamente dalla loro votazione. In particolare, il voto dei cavalieri, che veniva espresso con precedenza rispetto alle altre classi, inevitabilmente veniva a influenzare queste ultime. Fu però un privilegio che in seguito fu sottratto agli *equites* e si iniziò a votare dalla centuria estratta a sorte tra quelle della prima classe, detta centuria prerogativa (= centuria consultata per prima). Poi votavano i cavalieri e infine le altre centurie in ordine di censo.

Col tempo e con il modificarsi delle strutture dell'esercito, i comizi centuriati persero quindi il carattere di assemblea militare e si trasformarono in un'assemblea di tutto il popolo, diviso in centurie, con funzione deliberante. Non potevano essere radunati nell'Urbe, ma nel Campo Marzio; la convocazione poteva essere disposta solo da un magistrato con *imperium* (di solito il console) e avveniva tramite editto contenente, a seconda del motivo per cui si votava, il nome dell'accusato, il reato e la relativa pena, il progetto di legge e la lista dei candidati. I comizi centuriati, come vedremo a breve, avevano, infatti, tre funzioni: giudiziaria, legislativa, elettorale. Il processo nei tre casi si svolgeva in grandi linee con le stesse modalità, seppur con delle variazioni giustificate dall'oggetto della votazione.

Il processo davanti ai comizi centuriati aveva carattere inquisitorio e quindi era promosso d'ufficio dal magistrato; quest'ultimo, nel caso di processo capitale, invitava l'imputato a presentarsi ad una certa data davanti all'assemblea del popolo e gli comunicava il reato del quale veniva accusato e la pena che si intendeva proporre. Anche il tribuno della plebe, oltre ai magistrati patrizi, poteva promuovere processi capitali davanti ai comizi centuriati ma, poiché egli non poteva convocare né presiedere tale comizio in quanto magistrato della sola plebe, doveva chiedere al console (o, in seguito, anche al pretore) di effettuare la convocazione al suo posto. Nel giorno fissato, il magistrato esponeva i motivi dell'accusa, l'imputato le ragioni a sua difesa e infine venivano sentiti i testimoni di entrambe le parti. Seguivano ulteriori riunioni (*contiones*) e alla fine della terza il magistrato formulava l'accusa definitiva e proponeva al popolo la condanna. Dopo un intervallo di ventiquattro giorni, il magistrato invitava l'assemblea a esprimere il suo voto sulla responsabilità o meno dell'accusato. Si doveva trattare di un *dies comitialis* secondo il calendario fissato dai pontefici. Intorno alla mezzanotte precedente, inoltre, il magistrato doveva prendere gli auspici: nel caso in cui fossero sfavorevoli, il processo si concludeva e la sentenza non poteva essere emanata. In caso contrario, il popolo emanava il verdetto. Mentre in un primo tempo il voto era orale, in seguito venne espresso su tavolette cerate che presentavano da un lato la lettera D (*Damno*), dall'altra la lettera L (*Libero*). Il processo penale si svolgeva, dunque, davanti ai comizi e il magistrato era solo investito di un'attività istruttoria e accusatoria. Qualora il comizio optasse per la condanna, l'esecuzione della pena di morte era rimessa al *carnifex*, uno schiavo pubblico. La pena capitale, tuttavia, si applicava molto raramente poiché l'imputato aveva la possibilità di scegliere, prima dell'emanazione dell'ultimo voto che sarebbe stato decisivo, se andare in volontario esilio in un'altra città legata a Roma da un accordo internazionale. Qualora prendesse tale decisione, all'espatrio seguiva l'*aquae et igni interdictio*, un provvedimento di interdizione dall'acqua e dal fuoco con cui si comminava all'imputato la perdita della cittadinanza e la confisca dei beni, nonché la pena di morte, nel caso in cui tornasse a Roma.

Il voto fu espresso per molto tempo oralmente; fu a partire da una l*ex Cassia tabellaria* del 137 a.C., proposta dal tribuno L. Cassio Longino Ravilla, che fu introdotto il voto segreto, scritto su una tavoletta da depositare in un'urna.

Per quanto riguarda la funzione legislativa, i comizi erano chiamati ad esprimersi su un progetto di legge, presentato da un magistrato e preventivamente discusso in senato, che doveva essere pubblicamente esposto, prima della votazione, su tavole di legno imbiancate (*tabulae dealbatae*). La pubblicazione prendeva il nome di *promulgatio*. Il magistrato, tramite editto, convocava i comizi e indicava il giorno della votazione; tra la data dell'emanazione dell'editto e quella del voto doveva trascorrere un arco di tempo di tre mercati, il *trinundinum* (cioè tre volte lo spazio di otto giorni che separava un giorno di mercato dall'altro). In questo lasso di tempo il magistrato, alla presenza del popolo, discuteva il progetto, ne presentava i vantaggi e dava la possibilità agli oppositori di muovere le loro critiche: i discorsi favorevoli si chiamavano *suasiones*, quelli contrari *dissuasio-*

nes. Poi, dopo aver invocato gli dei e fatto un sacrificio, il magistrato dava lettura della legge che proponeva e invitava il popolo a votare. Il progetto legislativo non poteva essere modificato, solo accettato o respinto. Il magistrato, qualora avesse voluto apportare delle modifiche, avrebbe dovuto presentare un nuovo progetto.

Anche nell'esercizio della funzione legislativa la risposta del comizio alla proposta del magistrato fu per molto tempo orale, ma in seguito cambiò la procedura. Mentre all'inizio il voto individuale veniva espresso passando su un ponticello e dichiarandolo a voce agli scrutatori, in seguito, a partire da una *lex Papiria* del 131 a.C., il voto diventò scritto e segreto per tutelare la libertà del cittadino e veniva espresso su alcune tavolette con una sigla: VR = *uti rogas* (come proponi), nel caso di approvazione del progetto di legge; A=*Antiquo* (com'era in passato) nel caso di rifiuto; NL (*non liquet* = non è chiaro) in caso di astensione. La tavoletta veniva poi depositata nell'urna. Quindi si procedeva allo spoglio e ci si fermava quando fosse stata raggiunta la maggioranza a favore o a sfavore del progetto; il magistrato proclamava il risultato e la legge entrava in vigore. L'esigenza del voto segreto nacque per evitare gli inconvenienti creati dal clientelismo poiché gli aristocratici, atteggiandosi a patroni di plebei bisognosi di aiuto economico, cercavano di influenzare il loro voto pretendendo sostegno politico.

La legge emanata dall'assemblea popolare esprimeva l'impegno di tutta la comunità a sottostare alle regole in essa contenute e andava intesa come un comando generale del popolo su richiesta del magistrato. La legge nasceva, quindi, dall'intreccio tra la *rogatio* del magistrato proponente e la risposta del popolo riunito in assemblea ed era detta *lex rogata*. Diversa era la *lex data*, cioè quella deliberazione che non veniva votata direttamente, ma emanata dal senato o dal magistrato previa autorizzazione del popolo.

La *lex rogata*, di maggiore rilevanza rispetto alla *lex data*, era formata da tre parti: la *praescriptio* che conteneva il nome del magistrato proponente, il giorno e il luogo della votazione. Poi seguiva la *rogatio*, cioè il nucleo della legge stessa. Infine c'era la *sanctio* (sanzione), con la quale si rendevano note le conseguenze della mancata osservanza della legge. La *sanctio* poteva contenere, però, anche delle clausole con cui, ad esempio, si imponeva al senato l'obbligo di giurare sull'osservanza della legge, oppure si prevedeva l'impunità di chi, per osservare la legge, era costretto a violare disposizioni in contrasto con essa.

Proprio riguardo alla sanzione, era possibile effettuare una distinzione nell'ambito delle leggi:

leges perfectae, cioè quelle che prevedevano la nullità dell'atto posto in essere in violazione della legge;
leges minus quam perfectae, cioè quelle che non comminavano la nullità dell'atto posto in essere in violazione della legge, ma una pena diversa;
leges imperfectae, cioè quelle che esprimevano solo una generica riprovazione, ma non prevedevano alcuna conseguenza in caso di violazione della legge.

La legge rimaneva in vigore fino a quando non fosse stata abolita da una legge successiva. Tuttavia, come vedremo, a volte il senato si arrogò il diritto di dispensare i magistrati dall'osservanza delle leggi, potere che sarebbe spettato solo ai comizi centuriati in quanto organo legislativo.

Al comizio centuriato furono riservate la *lex centuriata de potestate censoria* (con cui si riconosceva la *potestas* al censore) e la *lex de bello indicendo* (con cui si proclamava lo stato di guerra).

La terza funzione dei comizi centuriati riguardava l'elezione dei magistrati maggiori. Colui che aspirava ad essere eletto indossava una tunica bianca (da cui il nome "*candidatus*") e faceva campagna elettorale, ma, precedentemente, la sua candidatura doveva essere sottoposta all'autorizzazione del magistrato dotato di *imperium* che convocava il comizio. Le elezioni si tenevano qualche mese prima della scadenza del mandato del magistrato in carica. Una volta eletto dai comizi centuriati, il neo magistrato doveva giurare, al cospetto dei questori, di rispettare le leggi. Doveva poi ricevere l'investitura formale dell'*imperium*, ma non dalla stessa assemblea, bensì dai comizi curiati tramite la *lex curiata de imperio*. In seguito essi furono sostituiti da trenta littori, uno per ciascuna curia, e venne meno la necessità di riunirsi. Una *lex Gabinia* del 139 a.C. stabilì che il voto dovesse essere espresso, indicando il nome del candidato scelto, su una tabella che poi veniva inserita nell'urna. Anche in campo elettorale si diede spazio, quindi, alla segretezza del voto proteggendo la libertà del cittadino di esprimere liberamente la sua preferenza.

Accanto al comizio centuriato, come ci accingiamo a vedere, a Roma funzionavano altre assemblee.

Concilium plebis tributum

Il *concilium plebis tributum*, sorto in contrapposizione ai comizi curiati patrizi, prendeva il nome proprio dal fatto che la plebe si riuniva in assemblee organizzate per tribù dando quindi il voto per tribù e non per centurie. All'interno del *concilium plebis*, i plebei, sin dall'inizio, discutevano di questioni relative ai loro interessi, prendevano decisioni valide solo per la loro comunità ed eleggevano i magistrati plebei. Ma non solo: organizzavano anche processi rivoluzionari, sia capitali sia multatici, contro i patrizi che avessero leso i loro interessi. Questa situazione durò fino alla legislazione decemvirale la quale (oltre ad eliminare la sacertà come conseguenza automatica della violazione della *lex sacrata* che aveva sancito l'inviolabilità dei tribuni) stabilì che l'assemblea della plebe non avrebbe più potuto emanare condanne a morte, ma solo giudicare dei delitti che avessero comportato la pena pecuniaria. Da quel momento, quindi, sia i tribuni che gli edili plebei avrebbero potuto promuovere processi contro chiunque avesse commesso un delitto passibile di multa e, di conseguenza, ogni membro della comunità plebea avrebbe votato a favore dell'assoluzione o della condanna entro la tribù di appartenenza. Il voto della tribù era dato dalla maggioranza dei voti dei singoli. Le riunioni, non avendo carattere militare, si tenevano, a differenza dei comizi centuriati, nel Foro o sul Campidoglio.

Le attribuzioni dei *concilia plebis* riguardavano quindi l'elezione dei magistrati plebei, la votazione dei *plebiscita* e il giudizio sui delitti che comportassero la pena pecuniaria di una certa entità.

Quando nel 287 a.C. a seguito della *lex Hortensia* ci fu la definitiva equiparazione dei plebisciti alle leggi, gran parte dell'attività legislativa fu trasferita ai *concilia plebis* sia perché il procedimento era più snello, sia perché i tribuni, che avevano l'obbligo di rimanere in città durante la loro carica, erano più disponibili rispetto ai consoli i quali, per i numerosi impegni bellici, si trovavano spesso lontani dall'Urbe, sia, infine, perché i *concilia plebis* potevano essere convocati senza dover prima prendere gli *auspicia*.

Comitium tributum

Simile al *concilium plebis* fu il *comitium tributum*, anch'esso ordinato per tribù e anch'esso competente, in materia criminale, per i reati punibili con pena pecuniaria. Tuttavia, mentre il primo tipo di assemblea poteva essere convocato solo da magistrati plebei e il voto veniva espresso unicamente dalla plebe, il secondo veniva convocato da magistrati di tutto il popolo (consoli, pretori ed edili curuli per i processi penali) e anche il voto poteva essere espresso contemporaneamente da tutti i cittadini distribuiti nelle varie tribù. Ciò consentiva loro di poter esprimere sempre il proprio voto, a differenza di quanto accadeva nei comizi centuriati nei quali tale possibilità veniva meno non appena si raggiungeva la maggioranza. I comizi tributi erano di rango inferiore rispetto al comizio centuriato come si evince anche dal rispettivo nome: *comitia leviora* e *comitiatus maximus*.

Anche l'adunanza di tale comizio si teneva nel Foro o sul Campidoglio.

Le competenze del *comitium tributum* riguardavano l'elezione dei magistrati minori (questori, edili, *tresviri capitales*) e dei *tribuni militum*, la votazione delle leggi *tributae*, i giudizi relativi alla *provocatio* contro le multe irrogate dagli edili curuli e dal pontefice massimo e alcune attribuzioni religiose.

Dal 250 a.C. i comizi tributi ebbero il compito di eleggere il pontefice massimo, e dal 104 a.C. anche gli auguri e altri sacerdoti. In tali casi venivano presieduti dal pontefice massimo convocando solo diciassette tribù estratte a sorte.

3. *L'espansione di Roma*

3.1. *Organizzazione dell'Italia*

Il predominio di Roma sul bacino del Mediterraneo, consolidato con la vittoria della III guerra punica, pose il problema di dare un'organizzazione ai territori e ai popoli conquistati. L'atteggiamento assunto da Roma nei confronti delle popolazioni vinte non fu di oppressione, ma di aggregazione, comportamento sicuramente più prudente da un punto di vista politico. Tali forme furono sostanzialmente due, l'annessione e la federazione.

L'annessione avveniva incorporando i territori conquistati, ma solo raramente le popolazioni sottomesse venivano private interamente delle loro terre; soltanto una parte di queste ultime, infatti, veniva confiscata diventando *ager publicus*, mentre quella restante rimaneva ai suoi abitanti come comunità indipendente. Ma l'annessione poteva riguardare anche la relativa popolazione che veniva incorporata nella comunità statale romana e assumeva gli stessi obblighi dei cittadini romani come quello del servizio militare. Nel sistema dell'annessione ricadevano i *municipia* (da *munus capere*=assumere un obbligo). Alla costituzione di un municipio si poteva pervenire sia a seguito di *deditio* a Roma della comunità straniera in conseguenza di una resa senza condizioni, sia a seguito di un *foedus*, concluso tra le due, con il quale si accordavano di incorporare quest'altra comunità politica nella *civitas* romana. La condizione dei *municipia* era varia comprendendo sia le comunità i cui abitanti avevano una cittadinanza limitata perché privi di diritti politici (*civitas sine suffragio*), sia le comunità i cui abitanti avevano la cittadinanza piena (*civitas optimo iure*).

I *municipia* erano amministrati, oltre che dagli organi propri del municipio, da funzionari nominati dal pretore (*praefecti iure dicundo*).

A volte, però, era anche possibile che Roma optasse per la costituzione di colonie: nelle regioni conquistate, per sorvegliare meglio alleati sospetti o per vigilare su confini non sicuri, si inviava un certo numero di cittadini romani con le loro famiglie per fondare una città nuova, la colonia, che aveva quindi, almeno inizialmente, un fine militare. Il suo territorio era romano, gli abitanti erano cittadini romani e la loro organizzazione interna era modellata su quella di Roma. A differenza delle colonie di cittadini romani, le colonie latine rientrarono nel sistema federativo per cui avevano una posizione privilegiata in quanto continuavano ad applicare le proprie leggi, ad esercitare il *ius commercii*, a contrarre giuste nozze, ma gli abitanti, non essendo romani, non avevano gli stessi diritti e doveri di questi ultimi.

L'altro sistema scelto dall'Urbe fu, appunto, quello della federazione. Roma lasciò ad altre città l'autonomia e strinse con ciascuna di esse un patto federale. Si chiamarono, pertanto, *civitates foederatae* e i loro cittadini furono detti *socii*. Esse conservavano, dunque, la loro autonomia interna, continuavano ad avere i propri ordinamenti, le proprie leggi, i propri magistrati e la propria giurisdizione e amministrazione, ma sotto l'aspetto politico e militare avevano una posizione di dipendenza da Roma: non avevano, infatti, il diritto di fare le guerre, di concludere trattati e, al contrario, avevano l'obbligo di fornire uomini e mezzi in caso di conflitti bellici.

3.2. *Organizzazione delle province. Le* leges Porciae

Fin quando il campo d'azione di Roma si limitò all'Italia, col termine *provincia* si indicava l'ambito territoriale, determinato attraverso il sorteggio o l'accordo col collega, in cui si esplicavano le operazioni militari del console o del pretore. Ma quando Roma espanse il suo dominio al di fuori della penisola, con lo stesso termine si indicarono i territori da essa conquistati oltremare; i criteri adottati furono diversi da quelli appena visti essendo inapplicabili per le numerose differenze, anche storiche, tra la comunità romana e le altre. I nuovi territori furono considerati di proprietà dello stato romano e posti sotto il comando di un governatore, fornito di *imperium*, coadiuvato da un questore per l'amministrazione della cassa, da un *consilium* di dieci senatori, il cui parere non era vincolante ma che, almeno da un punto di vista morale, era opportuno ascoltare, e da *adsessores*. Il governatore era, però, l'unico magistrato. Si abbandonò dunque il criterio della magistratura collegiale, nonché della pluralità dei magistrati, e tutti i poteri, civili e militari, furono accentrati nelle sue mani. Il governatore esercitava la giurisdizione penale ed il potere di *coërcitio* sui provinciali nonché sui cittadini romani che avevano il proprio domicilio nelle province, sebbene questi ultimi, a partire dalle *leges Porciae* emanate intorno al 195 a.C., poterono usufruire della garanzia della *provocatio ad populum*. In particolare, la prima, *lex Porcia pro tergo civium*, proposta probabilmente dal censore M. Porcio Catone, consentiva di poter esperire la *provocatio* anche contro la fustigazione, intesa come pena autonoma e non più come pena accessoria della condanna capitale.

La seconda, attribuita al tribuno della plebe M. Porcio Leca, estendeva il diritto di provocare al popolo ai cittadini che si trovavano fuori Roma e ai soldati nei confronti del loro comandante.

La terza, infine, sulla quale le notizie sono più incerte, fu forse fatta votare da L. Porcio Licinio, console nel 184 a.C., ed è probabile che disponesse la pena di morte nei confronti del magistrato che non avesse rispettato le disposizioni sulla *provocatio*.

L'ordinamento di ciascuna provincia era stabilito attraverso un'apposita legge (*lex provinciae*) imposta dallo stesso generale vittorioso. I provinciali erano considerati stranieri: non avevano, quindi, la cittadinanza romana, non erano soggetti al servizio militare, ma erano tenuti a pagare un tributo (*stipendium*). Se gli obblighi imposti ai provinciali in linea di massima non erano eccessivamente severi, di fatto molto dipendeva dall'onestà dei governatori nei loro confronti. Tali magistrati non erano retribuiti per il loro incarico e quindi, dovendo sostenere personalmente le spese, non era escluso si rifacessero sui provinciali attraverso gli esattori. Solo alle *civitates foederatae*, cioè legate a Roma da un *foedus*, o alle *civitates liberae*, cioè dichiarate libere ed esenti dal tributo, Roma riservava un trattamento migliore, sottraendole all'amministrazione e alla giurisdizione del governatore. Fu il caso delle città della Sicilia nei cui confronti Roma assunse un atteggiamento amichevole, di protezione, consentendo di conservare le leggi che avevano prima e di essere esenti, per gran parte di loro, da gravami fiscali.

4. *Il processo criminale delle* quaestiones

4.1. *Le* quaestiones extraordinariae

Il processo comiziale, perfettamente rispondente alle esigenze di una città dai confini relativamente circoscritti qual era Roma prima delle guerre puniche, risultò del tutto inadeguato quando essa realizzò la sua notevole espansione a cui seguì una sensibile crescita demografica. I problemi che emersero riguardavano sia l'eccessiva lunghezza della procedura, sia il proliferare dei processi, soprattutto politici, sia la mancanza di particolari competenze tecniche della giuria popolare, necessarie in vista di questioni sempre più complesse da affrontare.

Agli inizi del II secolo a.C., fu sempre più frequente l'usanza, da parte del senato, di affidare, tramite senatoconsulti, l'esame e la repressione di reati di particolare gravità, tali da mettere in pericolo la sicurezza pubblica e l'autorità dello stato, a corti di giustizia straordinarie (*quaestiones extra ordinem*) presiedute da consoli o da pretori. La giuria competente ad emanare la sentenza era formata da senatori e la procedura da seguire e la eventuale pena da applicare erano stabilite dallo stesso senatoconsulto istitutivo della *quaestio*. Contro il verdetto pronunciato dalla giuria non era ammessa la possibilità di esperire la *provocatio ad populum*. I casi nei quali si ricorreva a tale procedura erano relativi a congiure, sommosse, reati di massa, associazioni per delinquere. Una delle prime applicazioni riguardò, nel 186 a.C., la repressione del culto di Bacco, i cui seguaci, numerosissimi, si riunivano di notte compiendo ogni tipo di nefandezza. Il fenomeno fu visto come un crimine politico, una congiura diretta a sovvertire la *res publica*. La persecuzione compiuta dai consoli, investiti dei 'pieni poteri' da parte del senato tramite senatoconsulto, non rappresentò un semplice esercizio del *ius coercitionis*, ma un vero e proprio *iudicium* che usurpava le competenze del comizio. Le misure eccezionali adottate dal senato per affrontare situazioni di emergenza trovavano sicuramente una giustificazione sul piano politico, meno su quello costituzionale in quanto violavano un diritto imprescindibile del cittadino quale la *provocatio ad populum*.

Tra gli altri casi in cui si ricorse alla *quaestio extra ordinem* ricordiamo, e ne parleremo in seguito, la repressione, nel 132 a.C., di Tiberio Gracco e dei suoi seguaci.

A differenza di questi tribunali creati con senatoconsulto, non presentarono problemi di costituzionalità quelli creati con plebiscito; una *lex Sempronia de capite civis* del 123 a.C. riconobbe legittimità solo alle corti di giustizia capitale istituite per legge o per plebiscito, e quindi istituite con l'autorizzazione del popolo. Di conseguenza, implicitamente dichiarava illegittime tutte quelle create attraverso senatoconsulto.

4.2. *Le* quaestiones perpetuae

Un'altra forma di processo nacque dalla necessità di perseguire le appropriazioni illecite compiute da magistrati romani a danno delle popolazioni sottoposte al dominio di Roma. Si trattava di ex pretori ed ex consoli il cui *imperium* era stato prorogato di un anno dal senato affinché amministrassero una provincia. Quando nel 171 a.C. una delegazione di Ispanici presentò delle accuse contro alcuni governatori lamentando di aver subito delle spoliazioni, il senato non potè esimersi dall'intervenire. Istituì, per ogni magistrato accusato, un collegio di cinque *recuperatores*, tratti dall'ordine senatorio, con il compito di accertare i fatti e di condannare alla restituzione del maltolto; lasciò agli accusatori, cui non era consentito far valere personalmente le proprie ragioni, il diritto di scegliersi i patroni che dovevano comunque essere romani. Non si trattava, quindi, di una persecuzione di tipo criminale diretta ad infliggere una pena, ma di un procedimento di natura privatistica che mirava alla restituzione, a favore della vittima, di quanto estorto. È evidente che la preoccupazione dell'oligarchia senatoria fosse quella di limitare la responsabilità dei magistrati, espressione della *nobilitas*, al campo patrimoniale e, a tal fine, aveva interesse a gestire direttamente i processi togliendo la competenza ai comizi centuriati per trasferirla a giurie interamente controllate da essa. La concussione era diventata un sistema piuttosto diffuso per incrementare il patrimonio dei singoli senatori nelle cui mani si deteneva il potere, agevolati – questi ultimi – dalla mancanza di una corte stabile che fosse improntata a criteri di imparzialità.

In seguito, precisamente nel 149 a.C., una *lex Calpurnia de repetundis*, proposta dal tribuno della plebe L. Calpurnio Pisone Frugi, stabilì una regolare procedura: le accuse di estorsione mosse contro i magistrati dovevano essere portate davanti ad una corte stabilmente costituita per giudicare tale illecito, la *quaestio de repetundis*, che mirava a *repetere*, cioè a chiedere indietro quanto fosse stato sottratto. Si trattava di un tribunale civile, che aveva unicamente lo scopo di restituire quanto estorto. La corte era formata da giurati tratti dall'ordine senatorio, era presieduta da un *praetor peregrinus* e la procedura era *per sacramentum*; di conseguenza bisognava accertare la veridicità del giuramento (*sacramentum*). Non era ancora prevista alcuna pena, ma per la prima volta i reati di *repetundae* commessi da magistrati dovevano essere portati davanti ad una corte di giustizia pemanente, il che metteva in luce il fatto che Roma, ad un certo punto, avesse incominciato a manifestare interesse a reprimere stabilmente questo tipo di reato.

Un' effettiva svolta alla disciplina del *crimen repetundarum* fu data, però, soltanto tra il 123-122 a.C. quando fu emanata una *lex Acilia repetundarum*, plebiscito proposto verosimilmente da Manio Acilio Glabrione, tribuno e collega di Caio Gracco. Questa disposizione fu preceduta, con ogni probabilità, da una *lex Sempronia iudiciaria*, proposta dallo stesso Gracco, che affidò i tribunali ai cavalieri sottraendoli all'aristocrazia senatoria. La *lex Acilia* confermò la *quaestio perpetua*, ma apportò un'importante modifica stabilendo che i governatori che si fossero resi colpevoli del *crimen repetundarum* sarebbero incorsi in responsabilità penale e non civile. Sarebbero stati tenuti non più alla semplice restituzione del maltolto, ma al pagamento di una somma di denaro, pari al doppio del valore delle cose sottratte, da versare, tramite il questore, all'erario. Il processo quindi, non più organizzato civilmente attraverso il *sacramentum*, avrebbe avuto un'impronta pubblicistica e le estorsioni commesse dai magistrati avrebbero costituito un vero e proprio reato. La presidenza della *quaestio* fu affidata ad un *praetor de repetundis* che all'inizio dell'anno di carica doveva predisporre, e trascrivere su un albo, una lista di 450 giudici, cittadini romani muniti di determinati requisiti, scelti tra i cavalieri. Da tale lista, letta in una pubblica assemblea, bisognava trarre la giuria di ogni singolo processo. L'accusatore sceglieva 100 nomi che comunicava all'accusato il quale procedeva ad un'ulteriore selezione, scegliendone 50 tra i 100 proposti. Costoro dovevano essere assolutamente imparziali e privi di ogni legame di parentela con le parti; erano tenuti a prestare giuramento nel Foro prima della discussione della causa. L'accusa (*nominis delatio*) poteva essere promossa personalmente dai danneggiati oppure da qualunque altra persona che agiva, anche senza l'autorizzazione della vittima, nell'interesse della comunità offesa. Qualora i giurati fossero riusciti a formarsi un'opinione, passavano alla votazione che avveniva cancellando la lettera C (*condemno*) o la lettera A (*absolvo*), apposte su delle tavolette, a seconda che optassero per l'assoluzione o per la condanna. Se il processo si concludeva con un verdetto sfavorevole all'imputato, l'accusatore riceveva dei premi che potevano consistere, se fosse stato peregrino, nella concessione della cittadinanza romana, del diritto di voto nella tribù del condannato nonché dell'esonero dal servizio militare. In caso di condanna seguiva anche una fase civilistica tesa a determinare la somma che il condannato era tenuto a pagare all'erario (*litis aestimatio*).

La *quaestio de repetundis* aprì la strada ad altre *quaestiones* sulla cui organizzazione, però, siamo poco informati. È molto probabile, tuttavia, che, così come accadeva per la *quaestio repetundarum*, per ogni corte si formasse annualmente una lista di giudici, dalla quale si sceglievano quelli che dovevano formare la giuria del singolo processo. Dopo un breve periodo in cui una *lex iudiciaria* attribuita al console Servilio Cepione tolse il monopolio delle giurie ai cavalieri stabilendo che la giuria dovesse essere formata da senatori e da cavalieri, nel 104 a.C. un plebiscito attribuito a Servilio Glaucia affidò ai soli cavalieri i processi che si svolgevano davanti alla *quaestio de repetundis*. Stessa regola pare sia stata applicata anche nel caso della *quaestio maiestatis*, mentre per gli altri tribunali vigeva il criterio della giuria mista. Per quanto riguarda, invece, la presidenza di ogni corte che sarebbe dovuta essere assegnata a un pretore, per il numero insufficiente di questi magistrati essa veniva attribuita a un *iudex quaestionis*, una carica rivestita tra l'edilità e la pretura.

Furono istituite una *quaestio de ambitu* la quale cercava di combattere il dilagare della corruzione elettorale che si attuava facendo pressione sui cittadini, che godevano dell'elettorato attivo, per ottenere un numero maggiore di voti; una *quaestio de maiestate*, con la quale si perseguiva l'attentato nei confronti della dignità dello stato compiuto da magistrati nell'esercizio delle loro funzioni; una *quaestio de peculatu* contro la sottrazione di denaro pubblico; una *quae-*

stio de sicariis per i casi di omicidio commesso con le armi; una *quaestio de veneficis* per i casi di avvelenamento.

Il sistema delle *questiones perpetuae*, già funzionante prima della dittatura sillana, trovò definitiva organizzazione con Silla, il quale, nell'ambito delle sue riforme, si prefisse di ristabilire il monopolio giudiziario del senato. Restituì a quest'ultimo tutti i collegi giudicanti delle varie corti, riorganizzò i tribunali già esistenti e ne creò di nuovi, incidendo negativamente sui comizi che, seppur continuassero a funzionare, videro indebolite sempre più le loro competenze giudiziarie. Ogni corte era competente per un tipo di reato; di conseguenza era esclusa la possibilità del concorso di reati (vedi *infra*, p. 165). Inoltre, ogni tribunale era istituito da una legge che fissava la pena conseguente al reato e le modalità della procedura da applicare; i giudici, pertanto, dovevano limitarsi a constatare l'esistenza del reato al fine di condannare o assolvere e non dovevano preoccuparsi della pena in quanto essa era stabilita dalla legge.

Il numero delle *quaestiones perpetuae* fu portato a sei; esse perseguivano tutti i reati maggiori, erano presiedute da pretori e, qualora questi fossero insufficienti, si ricorreva a *iudices quaestionum*.

Con Silla le corti furono:

una *quaestio de repetundis*, competente per le estorsioni magistratuali. Dalle scarse notizie forniteci da Cicerone ricaviamo che Silla, per avvantaggiare i magistrati colpevoli di tale reato e legati alla *nobilitas*, ridusse al *simplum* la pena che precedentemente, con la l*ex Acilia*, era stata fissata nel doppio del valore delle cose sottratte;

una *quaestio de maiestate*, competente per il reato politico più grave, quello di attentare alla sovranità del *populus romanus* e dei suoi organi da parte di persone dotate di una particolare qualifica pubblica come i magistrati e promagistrati. Vi rientravano, in modo più specifico, fattispecie criminose come «l'uscire dalla provincia, il condurre l'esercito al di là dei confini, l'intraprendere di propria iniziativa una guerra, l'invadere un regno senza l'autorizzazione del popolo romano o del senato». La pena era quella capitale;

una *quaestio de ambitu*, competente per il reato di broglio elettorale. Non sappiamo con esattezza se questa *quaestio* permanente esistesse già prima di Silla o se fosse stata una sua creazione. Siamo più informati sulla pena conseguente a tale reato che consisteva nell'ineleggibilità alle magistrature per dieci anni;

una *quaestio de peculatu*, competente per le sottrazioni illecite di beni dello stato. Per quanto riguarda la pena, essa consisteva molto probabilmente in una sanzione pecuniaria pari all'ammontare delle somme sottratte;

una *quaestio de sicariis et veneficis*, competente per il reato di omicidio in qualunque modo fosse stato commesso. Si unificarono le due *quaestiones* precedenti e si venne a colpire non solo l'omicidio consumato, ma anche quello semplicemente tentato. Tale corte puniva, quindi, chi fabbricasse o spacciasse veleni, chi circolasse armato a scopo di omicidio o di furto, chi appiccasse dolosamente un incendio o chi, in un processo capitale, si fosse attivato per ottenere la condanna di un innocente. In tutti questi casi veniva comminata la pena di morte, salva l'applicazione, piuttosto frequente, dell'*aqua et igni interdictio*. Rientrò nella competenza di questo tribunale anche il *parricidium*, inteso in senso stretto come uccisione dei prossimi congiunti, la cui gravità, però, comportava che non solo venisse applicata la pena capitale, ma anche nella terribile modalità della *poena cullei*;

una *quaestio de falsis*, competente per la repressione di varie fattispecie criminose: falsificazione di tavole testamentarie, distruzione o sottrazione di quelle autentiche, alterazione di monete, spaccio di monete false. La pena prevista era quella capitale.

Per le ipotesi di *iniuria* di una certa gravità come la violazione di domicilio, le bastonate e le percosse, pare invece fosse da escludere l'esistenza di un'apposita *quaestio* permanente. Seppur la procedura fosse simile a quella delle altre *quaestiones*, vi si riscontravano anche elementi del processo privato; l'accusa, infatti, a differenza di quanto avvenisse solitamente nelle corti, poteva provenire solo da colui che avesse subito *iniuria* e a cui, di conseguenza, sarebbe spettato, almeno in parte, l'ammontare della pena pecuniaria applicata. Molto probabilmente le ipotesi di *iniuria* aggravata furono prese in esame da una corte non permanente, la cui giuria, presieduta da un *quaesitor*, veniva predisposta all'occorrenza dal pretore urbano.

Oltre all'*iniuria*, altre fattispecie criminose furono prese in considerazione, verso la fine della repubblica, da leggi istitutive di corti non permanenti. Tra queste ultime ricordiamo quella che fu creata per reprimere alcune ipotesi di violenza politica, e forse anche di violenza contro privati, in grado di mettere a repentaglio la pace sociale; quella per reprimere associazioni create con lo scopo di compiere una serie di attività illecite per procurare voti ai candidati alle elezioni.

Esaminiamo, infine, lo svolgimento del processo delle *quaestiones perpetuae*. Abbiamo già detto che ogni corte, competente per un determinato reato, veniva istituita da una legge che ne determinava la procedura. Di conseguenza vi erano sicuramente delle differenze tra le procedure dei vari tribunali e diversi erano anche i relativi presidenti per cui sarebbe più esatto parlare non di una procedura, ma di un fascio di procedure parallele. Queste ultime, tuttavia, presentavano numerose analogie per cui è possibile trattarle secondo un modello unitario.

Si trattava di un processo di natura accusatoria, e quindi prendeva avvio a seguito dell'accusa di un qualunque privato cittadino che agisse come rappresentante dell'interesse collettivo. In realtà, i motivi che spingevano un soggetto ad accusare potevano essere molteplici, come il desiderio di vendetta, ambizione politica o il tentativo di ricevere un compenso poiché, qualora l'accusa risultasse fondata, l'accusatore aveva diritto ad un premio. Quest'ultimo, tuttavia, prima di intentare un processo, doveva ottenere dal presidente della corte l'autorizzazione ad accusare, autorizzazione che veniva negata qualora fosse un soggetto indegno, o qualora l'accusa non rispondesse ai requisiti legali, o per altri motivi. Se gli accusatori fossero di più, se ne sceglieva uno attraverso un procedimento speciale chiamato *divinatio*.

Dopo essere stato ammesso all'accusa, l'accusatore ingiungeva all'accusato di presentarsi in giudizio (*in ius eductio*), gli rendeva noto il crimine che gli attribuiva (*nominis delatio*) e lo sottoponeva ad un interrogatorio. Il magistrato redigeva un verbale che veniva sottoscritto dall'accusatore; poi, se accettava ufficialmente l'accusa (*nominis receptio*), il processo veniva iscritto nel registro. A questo punto l'accusato diventava ufficialmente *reus*.

Dopo questa fase preliminare, veniva stabilito il giorno del dibattimento che veniva preceduto dalla costituzione della giuria da parte del magistrato e dal giuramento dei membri del *consilium*. Arrivato tale giorno, una volta accertata la presenza delle parti, dei difensori e dei giudici, la causa veniva discussa davanti al collegio. Nel caso in cui fosse assente l'accusatore, il processo si estingueva; qualora invece mancasse l'accusato senza giustificato motivo, il processo continuava ugualmente. Nel caso, invece, in cui entrambe le parti fossero presenti, si sentivano le loro dichiarazioni e quelle dei testimoni. Gli schiavi venivano interrogati sotto tortura.

Dopo il dibattimento si passava alla fase della votazione. Ogni giurato riceveva una tavoletta che aveva da una parte la lettera A (*absolvo*), dall'altra la lettera C (*condemno*), cancellava una delle due (o entrambe in caso di astensione), e deponeva la tavoletta nell'urna. Se si raggiungeva la maggioranza, il processo si chiudeva con un verdetto. La giuria si pronunciava solo sull'innocenza o sulla colpevolezza dell'accusato, ma non sulla pena perché questa veniva stabilita, come abbiamo già detto, dalla legge istitutiva della *quaestio*. La pena, quindi, era fissa, cioè non veniva modulata in base a eventuali circostanze aggravanti o attenuanti e questo costituì uno dei forti limiti di questo tipo di processo. Le sanzioni previste dalle leggi erano rappresentate dalla pena capitale o da una pena pecuniaria, ma spesso l'esilio seguito dall'*aqua et igni interdictio* veniva a sostituire la pena di morte tanto da indurre il legislatore, verso la fine della repubblica, a comminare l'esilio come pena autonoma per alcuni tipi di reato. Contro le condanne comminate dalla giuria non c'era la possibilità di esperire la *provocatio ad populum* perché esse non costituivano atti di coercizione magistratuali.

Nel 70 a.C. una *lex Aurelia Cotta* stabilì che la giuria dovesse essere formata, in parti uguali, da senatori, cavalieri e *tribuni aerarii* (cittadini appartenenti a una classe con un censo leggermente più basso di quello dei cavalieri. La differenza era così minima che, in pratica, la maggioranza della corte giudicante era formata dall'ordine equestre). In seguito, nel 44 a.C., questi ultimi furono estromessi da una *lex Iulia*.

5. *La giurisprudenza repubblicana*

Nel corso della trattazione, abbiamo avuto modo di imbatterci in alcune fonti del diritto, le leggi delle XII Tavole e la *lex*, mentre abbiamo visto come l'editto del pretore (pur non essendo tecnicamente una fonte) contenesse forme di tutela che incidevano profondamente sullo status dei soggetti. Al fine di una disamina più completa dell'argomento, poniamo ora la nostra attenzione sulle altre fonti di età repubblicana, come l'*interpretatio* giurisprudenziale e il *responsum*.

Il problema che si pose, dopo la codificazione decemvirale, fu l'incapacità della cultura laica di applicare le leggi nella vita quotidiana della comunità e ciò rese necessario nuovamente l'intervento dei pontefici. Il loro sapere giuridico, ancora una volta, ebbe il primato sulle norme provenienti dagli organi politici di Roma. In cosa consistette questo loro fondamentale contributo? Nell'interpretare il diritto, nel conciliare il testo delle XII Tavole con le concrete esigenze della vita quotidiana. Di fronte alla massa del popolo, ignara delle tecniche legali ed incapace di applicare la legge pur conoscendola, il collegio dei pontefici, esperto di diritto, dava un apporto fondamentale mettendo a disposizione la sua sapienza; la sua autorità e competenza erano tali da far sì che i suoi precetti venissero accettati pacificamente, con la convinzione che essi rispecchiassero il diritto e che quindi fossero obbligatori. La pratica, pertanto, creava diritto. Le XII Tavole non erano in grado di avere un'esistenza autonoma, ma la loro applicazione richiedeva l'intervento dei pontefici. La funzione giurisprudenziale di tali sacerdoti trovava le sue radici nell'epoca regia e cioè in un'epoca il cui il *ius* e il *fas* erano fortemente compenetrati (vedi *supra*, p. 19 ss.).

Ma l'*interpretatio* dei pontefici non consisteva solo in un'attività interpretativa, ricognitiva in quanto presupponeva l'esistenza del *ius*, ma anche creativa nel senso che produceva nuovo diritto tramite l'applicazione di vecchi istituti, in piena armonia con una società in continua evoluzione. Si creava così, ad esempio, l'*emancipatio*, con cui il padre perdeva la *patria potestas* sul figlio, combinando la *mancipatio* e la *manumissio vindicta*, oppure si dava vita all'*adoptio in iure* utilizzando l'*in iure cessio*, o ancora il *testamentum per aes et libram* applicando la *mancipatio*. Da tutto questo emerge la funzione della giurisprudenza di creare diritto e quindi di essere fonte di diritto.

Cicerone (*de or.* 1.48.212) presenta la figura del giurista come la persona esperta delle leggi e della consuetudine, capace di dare responsi, di assistere in giudizio, di consigliare le giuste forme negoziali. La sua attività consisteva, infatti, nel *cavere*, nell'*agere*, nel *respondere*, ossia rispettivamente nell'indicare al cittadino, adattandolo poi al caso concreto, lo schema contrattuale o negoziale più idoneo per far valere le proprie ragioni, nello scegliere la formula processuale più adatta al caso di specie (in un primo tempo tra le cinque *legis actiones*, in seguito tra le formule contenute nell'editto del pretore), nel dare la risposta (*responsum*) a un quesito rivolto da un privato o da un magistrato.

Un duro colpo al monopolio pontificale fu inferto, oltre che dalla redazione scritta delle XII Tavole per le quali comunque, come abbiamo visto, era ancora indispensabile l'intervento dei pontefici a fini interpretativi, dalla pubblicazione dei formulari delle *legis actiones* e del calendario giudiziario ad opera di Gneo Flavio, scriba del censore Appio Claudio Cieco. La pubblicazione dei formulari fu infatti nota come *ius civile Flavianum*. C'è motivo di dubitare, tuttavia, della veridicità di una sfida così audace da parte del segretario Gneo Flavio nei confronti del suo superiore, sfida che, nonostante fosse così gravemente sacrilega, non soltanto non comportò alcuna conseguenza, ma anzi gli valse la carica di edile curule che il popolo, infinitamente grato per essere venuto a conoscenza dei segreti della sapienza giuridica, gli riconobbe; è molto probabile, pertanto, che egli avesse agito come prestanome dello stesso censore, in linea con le tendenze demagogiche della classe aristocratica. La pubblicazione dei formulari, pur senza assurgere a gesto rivoluzionario in quanto essi erano comunque piuttosto noti per l'uso quotidiano che ne veniva fatto, ha avuto certamente un grande valore storico perché si trattava non del venire a conoscenza dei formulari attraverso il semplice uso, ma della divulgazione di un'intera raccolta rendendola di pubblico dominio.

Un ulteriore e decisivo colpo al monopolio pontificale venne, verso il 254 a.C., dal primo pontefice massimo plebeo, Tiberio Coruncanio che, stando all'affermazione di Pomponio (D. 1.2.2.35), incominciò a *publice profiteri*, ossia a dare per primo responsi in pubblico. Ciò comportò che i casi, da quel momento, venissero commentati, annotati, studiati così da consentire di apprendere l'arte del diritto che cessava quindi di essere prerogativa esclusiva dei pontefici.

Sono, questi, passaggi rilevanti che contribuirono allo sviluppo di una giurisprudenza laica che dominò lo sviluppo del *ius* negli ultimi due secoli della repubblica. Incominciò così a diffondersi la pratica di un'*interpretatio* non pontificale. I nuovi giuristi fornirono responsi non in ragione del fatto di ricoprire una carica pubblica, ma perché legittimati dal riconoscimento sociale allo svolgimento dell'incarico e perché muniti di competenze tecniche adeguate.

Tra la fine del IV secolo e gli inizi del III la società romana aveva raggiunto una notevole complessità sì da diventare la realtà politica più importante di tutta la penisola. Intorno a Roma pullulava un cospicuo numero di piccole città che sottostavano ai suoi ordini e inoltre l'Urbe aveva anche stretto numerosi trattati con vari popoli come i Veienti, i Volsci, i Sanniti. Decisive, quindi, per la fine del monopolio pontificale furono le trasformazioni della società a seguito dell'espansione militare e politica di Roma e la conseguente impossibilità di affidare a un numero ristretto di giuristi l'elaborazione del diritto. Il giurista era esperto non perché facesse parte del collegio pontificale e non perché avesse competenza nel campo religioso, ma perché era riconosciuto come tale dall'opinione pubblica, perché i suoi pareri riscuotevano successo, perché veniva frequentemente consultato. Nacque il diritto "giurisprudenziale", cioè un diritto costruito intorno a un ceto di giuristi. Sull'immagine del sacerdote sapiente prese il sopravvento quella del nobile sapiente: il lavoro di giurista rimase prerogativa di uomini influenti, legati al potere politico e meno alle funzioni sacerdotali. Il giurista laico diventò progressivamente un sapiente capace di adoperare, nell'indagine sul diritto e nella formulazione dei *responsa*, strumenti derivanti dalla filosofia greca (la svolta iniziò, da questo punto di vista, a partire dal II-I secolo a.C. con personalità quali Publio e Quinto Mucio Scevola, e ancora Servio Sulpicio Rufo). Il giurista era un aristocratico, un uomo politico e un soldato, ancor prima di essere uno studioso. Ciò non vuol dire che le regole che erano alla base dell'*interpretatio* pontificale fossero state stravolte, ma anzi si guardava ad esse con grande rispetto visto l'enorme prestigio di cui aveva goduto il collegio dei pontefici. Il responso per moltissimo tempo continuò ad essere orale e solo a partire dal II secolo a.C. alcuni giuristi iniziarono a metterlo per iscritto iniziando l'elaborazione di una letteratura tecnica specialistica.

Il giurista non patrocinava le cause, attività forse meno qualificante e riservata agli oratori; faceva parte, invece, del *consilium* dei magistrati, non sempre esperti di diritto. Il cliente si rivolgeva al giudice munito del parere del giurista il quale doveva essere assolutamente imparziale altrimenti la sua *auctoritas* sarebbe risultata compromessa. Egli svolgeva il suo lavoro gratuitamente e allora il vantaggio che gli derivava dalla sua attività era la notorietà pubblica la quale sarebbe risultata molto utile al momento di future elezioni in quanto il *beneficium* reso elargendo un parere avrebbe sempre avuto una controprestazione morale.

Il responso veniva spesso reso nella casa del giurista. Continuava ad essere orale, ma a volte quest'ultimo consentiva che esso venisse trascritto su tavolette cerate, sottoscritte da testimoni, in modo che il cliente potesse esibirlo in giudizio. Continuava anche ad essere immotivato perché si basava sull'*auctoritas* di colui che lo rilasciava. Spesso i giovani desiderosi di apprendere il diritto, accompagnavano il maestro nell'atrio della sua casa dove quest'ultimo riceveva i suoi clienti. L'apprendimento del diritto, pertanto, non avveniva più nel collegio pontificale, ma all'interno dell'abitazione del giurista. Non era un insegnamento vero e proprio, non esistevano scuole: il diritto si apprendeva con la pratica, ascoltando persone altamente qualificate in grado di far riconoscere i propri pareri come norme vincolanti. Il cliente esponeva il caso e il giurista dava il responso opportuno indicando l'azione da esperire o comunque il mezzo di difesa più giusto per raggiungere il risultato sperato (*responsum* cautelare); quando, invece, il cliente avesse già compiuto l'atto, il responso (*responsum* giudiziale) aveva lo scopo di informarlo sulle conseguenze che ne sarebbero derivate. Alla fine, quando i clienti si allontanavano, l'uditore, rimasto con il giurista, discuteva del caso, chiedeva spiegazioni sul responso dato e poneva tutte quelle domande necessarie per fugare ogni dubbio.

Dopo le XII Tavole, e fino alla fine della repubblica, nel campo del diritto privato furono emanate una trentina di leggi, saltuarie e inorganiche, e furono tutte, o quasi, plebisciti. Un numero piuttosto esiguo considerando la vastità del periodo, ma ciò ha una sua giustificazione. Si trattava in gran parte di leggi di rottura, abrogative di regole consuetudinarie; c'era la tendenza evidentemente, da un lato, ad agire con cautela nel porre in essere interventi drastici, soprattutto quando incidevano sui *mores* così fortemente radicati nella tradizione dei romani, dall'altro, non c'era interesse, da parte dei magistrati, cui spettava presentare il progetto legislativo, a indebolire l'*interpretatio* pontificale che consentiva ad una ristretta cerchia aristocratica, e quindi del loro stesso rango, di occuparsi dell'evoluzione del diritto. Pertanto la legge delle XII Tavole e le consuetudini preesistenti, che non erano state introdotte in tali leggi, costituirono a lungo la base del *ius civile*.

6. *La crisi della repubblica*

La profonda crisi che seguì alla seconda guerra punica e che sfociò un secolo e mezzo più tardi nell'instaurazione del principato, investì non solo il campo costituzionale, ma anche economico, politico, sociale e culturale. Essa non fu determinata da un evento specifico, ma da una serie di concause che indusse inevitabilmente la società romana a un cambiamento radicale. Determinante fu senza dubbio l'espansione di Roma nei territori fuori dall'Italia che la portò a diventare la prima potenza mondiale; di conseguenza, la vecchia struttura dello stato che si basava sulla divisione dei poteri tra magistrati, assemblee popolari e senato non fu più sufficiente a far fronte alle crescenti esigenze della vita pubblica romana. Le istituzioni tradizionali, perfettamente adeguate a governare un territorio di dimensioni relativamente modeste, si rivelarono del tutto inadatte a governare un impero estremamente vasto come quello che emerse dopo le conquiste. A guidarlo, infatti, c'erano sempre due consoli e altri magistrati, annuali e collegiali, ma i loro compiti erano troppo gravosi per poter essere svolti in modo efficiente e ciò portò a reclutare ulteriori magistrati prorogando l'*imperium* a quelli usciti di carica. Non sempre, però, questa scelta si rivelò opportuna perché l'*imperium militiae* conferiva dei poteri estremamente ampi che, in assenza di un potere centrale che fosse in grado di contenerli entro limiti costituzionali, potevano porre gravi problemi. Il senato, la cui perpetuità della carica gli aveva attribuito di fatto il potere di governo, venne a usurpare molte delle facoltà spettanti ai magistrati e ai comizi, preoccupandosi di sovente più del suo interesse di casta che non dell'interesse della *res publica*. I comizi, infine, caddero, come vedremo, in balìa della plebe rivelandosi sempre più incapaci di comprendere e di affrontare i problemi posti da un impero così vasto.

Una conseguenza importante di quest'ampliamento riguardò la struttura economica. La coltura prevalente era sempre stata quella dei cereali, ma ad un certo punto prevalse interesse verso qualcosa di più redditizio come le colture intensive. Le spese da sopportare si rivelarono ovviamente maggiori e raramente i piccoli proprietari erano in grado di sostenerle per cui frequentemente si vedevano costretti a chiedere prestiti (da cui scaturivano pesanti interessi) alla *nobilitas*. Inoltre, le numerose guerre richiedevano continuamente la presenza dei contadini-soldati nell'esercito per cui essi abbandonavano i campi e raramente al ritorno dalle spedizioni riprendevano la loro attività, diventata ormai scarsamente redditizia per la forte concorrenza. Le terre, lasciate a se stesse, diventavano di proprietà dello stato (*ager publicus*) che le cedeva ai grandi latifondisti ai quali le conquiste di Roma avevano già procurato immense ricchezze. Essi, a loro volta, li affidavano, per la coltivazione, a masse di prigionieri arrivati a Roma a seguito delle sconfitte militari e ridotti in stato di schiavitù. La crisi economica che investì la *res publica* non dipese, quindi, dalla mancanza di ricchezza, ma dalla sua ineguale distribuzione tra i vari ceti sociali. I vecchi contadini si trasferivano nelle province, o rimanevano in città vivendo come parassiti. Ed era proprio questa massa di ex contadini (oltre ai liberti) che venne a costituire una parte importante di quel *populus* che deliberava nei comizi.

La scomparsa dei piccoli proprietari influì tristemente anche sull'esercito che si trovò privo della sua principale fonte di reclutamento proprio quando le guerre erano sempre più frequenti. E allora si ricorse ad un esercito professionale formato da appartenenti alle classi più povere che venne a sostituirsi al sistema tradizionale del censo. Si trattava di un esercito mercenario, fedele non alla terra, non alla patria, ma a quei comandanti che elargivano compensi e assegnavano terre. Questo tipo di esercito, strumento nelle mani dei generali che ne fecero un uso personale per la conquista del potere, fu introdotto da Caio Mario e diede luogo ad una prassi che vedeva il reclutamento non solo di nullatenenti, ma di qualunque volontario.

Sopra la massa si ergevano due classi dirigenti, la nobiltà senatoria e l'ordine equestre, entrambe formate da potenti famiglie. L'*ordo equester* rappresentava l'aristocrazia della finanza e degli affari e si contrapponeva all'aristocrazia della terra e delle cariche costituita dalla *nobilitas* senatoria, una contrapposizione che si manifestò in un primo tempo nelle province, poi anche a Roma e vide una certa inclinazione dei cavalieri verso i *populares*.

L'influenza di alcune culture straniere, che inevitabilmente introdussero a Roma anche culti e costumi del tutto estranei alla tradizione romana, destabilizzò in modo significativo il governo di Roma. L'arrivo di religioni molto diverse da quella pagana avvenne in un momento di grande insoddisfazione dei Romani. Dopo alcune importanti sconfitte come quelle subite nelle battaglie di Canne e del Trasimeno, essi erano profondamente provati da un punto di vista psicologico e cercarono di placare la loro inquietudine ricorrendo a culti orientali, molto diversi dalla religione tradizionale che, a loro avviso, era fredda e priva di slanci. Ma la classe dirigente punì, a volte anche in modo molto violento, una serie di culti, come quello bacchico, che sfuggivano del tutto al suo controllo.

A tutto ciò si aggiunse un ulteriore motivo, anch'esso determinante per la crisi della repubblica: la questione italica, destinata a sfociare nella c.d. guerra sociale. Gli alleati italici erano stati decisivi nella vittoria di Roma contro Cartagine e nella sua conseguente espansione, ma il loro importante contributo non ottenne alcun riconoscimento in quanto le terre conquistate divennero di esclusivo dominio del popolo romano. Attraverso il sistema della federazione, come abbiamo visto, le città sconfitte avevano conservato il proprio territorio e si erano legate a Roma tramite un trattato (*foe-*

dus) che prevedeva l'assunzione di determinati obblighi; i loro abitanti, qualificati come alleati (*socii*), non avevano una posizione giuridica uguale a quella dei cittadini romani. Fu per questo che, dopo le vittorie di Roma, essi manifestarono il loro desiderio di acquisire la cittadinanza romana così da poter godere degli importanti vantaggi che essa comportava e dai quali fino ad allora erano stati esclusi. Tra questi privilegi, sicuramente fondamentale era quello della *provocatio ad populum* che, con le leggi *Porciae* fu estesa, come sappiamo, anche al di fuori di Roma e dei mille passi dalla città. Ma il desiderio degli Italici non solo non incontrò il favore sperato, ma portò all'emanazione di provvedimenti che miravano a limitare fortemente l'afflusso degli aspiranti cittadini ordinando, ad esempio, espulsioni in massa. Nel 95 a.C. fu anche emanata una *lex Licinia Mucia*, proposta dalla corrente aristocratica, che impose a Latini e soci italici residenti a Roma di tornare nella città di origine, revocando la cittadinanza eventualmente già acquisita. Come vedremo in seguito, la questione fu risolta in modo drammatico ricorrendo alle armi. Era evidente a tutti che, per risolvere la situazione, non sarebbe stato sufficiente eliminare una o più cause, ma occorreva una riorganizzazione politica generale. Per arrivare a questo, e soprattutto alla costituzione di un forte potere centrale, era innanzitutto necessario abbattere l'oligarchia senatoria, accentratrice del potere supremo. E fu a questo che, come vedremo, mirarono i tribuni della plebe.

6.1. *Il movimento graccano*

L'esplosione della crisi coincise con l'anno del tribunato di Tiberio Gracco, il 133 a.C. Il tribuno, appartenente a una nobile famiglia, figlio di Tiberio Sempronio Gracco, ex censore, e nipote di Scipione l'Africano, fu il primo ad individuare i motivi della profonda crisi attraversata da Roma nel II sec. a.C. Ideò pertanto un programma che mirava a ricostituire quel ceto di piccoli proprietari terrieri che avevano costituito la base della società romana e a distribuire in modo diverso l'*ager publicus*. A tal fine propose ai comizi tributi una *lex Sempronia agraria* con la quale, in sostanza, volle rinnovare una delle leggi *Liciniae Sextiae*, già approvate nel 367 a.C., la quale – lo ricordiamo – sanciva che nessuno avrebbe potuto possedere più di 500 iugeri di *ager publicus*. A questa norma il tribuno aggiunse l'ampliamento di 250 iugeri per ogni figlio maschio fino ad un massimo di mille iugeri complessivi. Le terre che avessero superato questo limite sarebbero state confiscate e redistribuite ai cittadini meno abbienti. Il progetto di legge graccano prevedeva, inoltre, che il compito di recuperare e distribuire tali terre spettasse ad un triumvirato appositamente costituito, eletto dai *concilia plebis*, formato dallo stesso Tiberio, dal fratello Caio e dal suocero Appio Claudio. Il provvedimento del tribuno incontrò ovviamente la dura opposizione della *nobilitas*, che ormai considerava di sua proprietà l'*ager publicus*; essa si avvalse della collaborazione di un altro tribuno, Ottavio, il quale, esercitando il diritto di veto, paralizzò la proposta di Tiberio. La reazione di quest'ultimo fu l'adozione di scelte politicamente rischiose come la deposizione di Ottavio e l'impiego del tesoro di Attalo III, re di Pergamo, per portare avanti la sua riforma, nonostante questo fosse stato lasciato in eredità al popolo romano. Atti che, affermando implicitamente l'assoluta sovranità popolare, sferravano un deciso attacco alle prerogative senatorie ponendo Tiberio contro la prassi politica romana. Le minacce degli avversari di perseguirlo giudizialmente appena fosse scaduto l'anno del suo tribunato, spinsero Tiberio a ricandidarsi anche per l'anno successivo, pur sapendo che, se non la legge, certamente la prassi vietava l'iterazione della magistratura prima di un intervallo di dieci anni. Il tribuno si rese dunque protagonista di vari atti che gli comportarono l'accusa di *adfectatio regni* così da indurre il pontefice massimo Scipione Nasica, avvalendosi di un particolare provvedimento chiamato '*evocatio*' e del sostegno di volontari di parte nobiliare, di attaccare Tiberio e i suoi numerosi seguaci per salvare gli interessi della *res publica*. Nello scontro perirono, oltre al tribuno, più di trecento graccani; i sopravvissuti furono mandati in esilio senza processo.

Dieci anni dopo l'assassinio di Tiberio, il programma di riforma agraria fu ripreso dal fratello Caio Gracco, ma in modo più ampio e più maturo. Mentre l'attività riformatrice di Tiberio aveva soprattutto uno scopo sociale e solo alla fine, in risposta all'opposizione dell'oligarchia, divenne rivoluzionaria, quella del fratello Caio si dipanò in una serie di iniziative anche di carattere politico dirette a ridurre il predominio della classe senatoria, a indebolire l'aristocrazia, a potenziare la sovranità del popolo. Pertanto, sebbene fossero iniziative più rispettose della legalità, non furono per questo meno rivoluzionarie perché tendevano anch'esse a sovvertire l'equilibrio dei poteri della costituzione repubblicana.

Alcune proposte servivano sicuramente a Caio per accaparrarsi il sostegno del popolo in vista della rielezione al tribunato. Introdusse pertanto delle riforme nell'esercito per ridurre l'eccessivo potere punitivo dei comandanti e per rendere più leggero il servizio militare; poi propose una *lex Sempronia frumentaria* con cui ogni cittadino avrebbe potuto acquistare ogni mese una determinata quantità di grano a prezzo politico, e, come abbiamo visto, una *lex Sempronia de capite civis* con cui vietò la costituzione di tribunali speciali, a carattere penale, che non concedevano la possibilità della *provocatio ad populum* e una *lex Sempronia iudiciaria* con cui tolse l'incarico di giudice ai senatori per darlo ai cavalieri. Un'ulteriore legge, di cui si avvalse lo stesso Caio, consentì la reiterazione del tribunato della plebe. Infine, è da ricordare il tentativo di Caio, anch'esso naufragato per opposizione del senato, di fondare una colonia sul terreno dell'antica Cartagine su cui, tempo prima, era stato sparso del sale a dimostrazione del fatto che quel posto non dovesse più essere abitato. Consentire la costituzione di una colonia, perdipiù popolata da sostenitori di un uomo politicamente pericoloso come Caio Gracco, sarebbe stata una mossa troppo rischiosa per il senato che, per non far approvare il progetto, addusse il manifestarsi di presagi che testimoniavano la disapprovazione degli dei.

Fu in un secondo momento che Caio riprese in considerazione la questione italica proponendo una legge che concedeva la cittadinanza romana ai Latini, e la latinità, con conseguente diritto di voto, agli Italici. Tale legge non passò perché incontrò ancora una volta l'ostilità del senato (che prima del dibattito, aveva mandato via da Roma i non cittadini), degli *equites* e della stessa plebe, gelosa dei suoi privilegi. Il senato sfruttò questo malcontento generale e ricorse ancora una volta alla collaborazione di un tribuno, Marco Livio Druso, il quale, dopo essere riuscito a conquistare le simpatie del popolo con delle iniziative più vantaggiose di quelle prese dal collega, oppose alla proposta sulla cittadinanza di Caio Gracco l'*intercessio,* ed incontrò l'approvazione del popolo. Caio, oltre a veder bloccata la sua iniziativa, non fu neppure eletto al tribunato per l'anno successivo e nel 121 a.C., a seguito di un *senatusconsultum ultimum* emanato dal senato, ci fu uno scontro armato nel corso del quale persero la vita il tribuno e i suoi seguaci.

6.2. *Leggi agrarie postgraccane. Mario e la questione italica*

Dopo la sanguinosa repressione di Caio Gracco, il senato si preoccupò di riportare la situazione allo stato precedente, incurante delle questioni, ancora aperte, che il tribuno aveva cercato di risolvere. Innanzitutto contrastò l'applicazione della legge agraria e, a questo scopo, tolse il divieto di alienare i fondi con l'evidente scopo di consentire ai latifondisti di continuare ad espandere le loro terre acquistandone delle altre; poi vietò ulteriori suddivisioni dell'*ager publicus* e ne lasciò il possesso agli occupanti dietro pagamento di un *vectigal*; in seguito, abolì quest'ultimo trasformando il possesso in proprietà quiritaria. Eliminò numerosi progetti di Caio Gracco, compreso quello relativo alle colonie, mantenendo solo la *lex frumentaria* e l'attribuzione del ruolo di giudice ai cavalieri.

L'aristocrazia, quindi, riprese il sopravvento, seppur in maniera moderata dopo il massacro di Caio e dei suoi seguaci e, ancor prima, di Tiberio. Ma verso la fine del II secolo a.C., ci fu una ripresa del partito dei *populares*, appoggiato dagli *equites*, movimento democratico che ebbe come suo esponente di spicco Caio Mario, abile generale di origine plebea.

Quando qualche anno dopo la morte di Caio Gracco, Roma dovette affrontare importanti guerre come quella di Numidia e quella cimbrica, Caio Mario dovette ricorrere ad una riforma dell'esercito, resa necessaria dalla decadenza del ceto medio agricolo che, fino a quel momento, ne aveva costituito il fulcro. I soldati furono volontari reclutati tra le classi più basse della popolazione, proletari che combattevano non per soddisfare le esigenze dello stato, ma per avere un impiego permanente e stabile; militari fedeli solo al proprio comandante che otteneva così un forte potere personale. Fu questo il caso di Mario che riuscì a reiterare per sei volte consecutive la sua elezione al consolato, violando il principio costituzionale che vietava tale possibilità. La creazione di un esercito professionale innescava un sistema pericoloso attribuendo al magistrato, comandante dell'esercito, un potere immenso che sfociò, alla fine della repubblica, in colpi di stato, in proscrizioni contro avversari politici, in confische che venivano ad aumentare la quantità di terre da elargire ai propri soldati. Mario godeva non solo dell'appoggio del proletariato militare, ma anche dei tribuni della plebe tra i quali Apuleio Saturnino e Servilio Glaucia e dominò l'orizzonte politico romano. Ma quando i tribuni incominciarono a schierarsi in modo sempre più duro contro il senato, Mario incontrò le prime difficoltà. Apuleio Saturnino, infatti, avanzò molte proposte legislative dirette ad abbattere il predominio della *nobilitas* senatoria e a favorire i veterani: fu promotore della *lex Appuleia de maiestate minuta* diretta ad ampliare l'ambito dei delitti politici introducendo, forse, una *quaestio extraordinaria*; di una legge sulle *frumentationes* per ridurre il prezzo del grano; di due plebisciti che miravano sia a distribuire cento iugeri a testa tra i veterani in Numidia, sia a distribuire loro l'*ager gallicus* conquistato da Mario nella guerra cimbrica nella misura di cento iugeri a testa.

Per quanto riguarda Glaucia, egli si candidò alla pretura, ma l'uccisione del suo avversario durante le votazioni offrirono al senato il pretesto per emanare il *senatusconsultum ultimum*; l'aristocrazia prese le armi e attaccò i tribuni che si erano rifugiati sul Campidoglio. Mario cercò di salvarli rinchiudendoli nella Curia in attesa di un processo, ma inutilmente. Il generale si ritirò poi in Asia Minore, allontanandosi, perlomeno temporaneamente, dall'ambiente politico. In seguito, il senato abrogò tutte le leggi emanate da Saturnino, ritenendole formalmente viziate. La ripresa del partito senatorio portò quest'ultimo a ritornare, nel 91 a.C., sulla questione più spinosa, la concessione della cittadinanza. A tal proposito, su proposta dei consoli L. Licinio Crasso e Q. Mucio Scevola, fu emanata la *lex Mucia de civibus redigundis* che considerava delitto pubblico il comportarsi da cittadino senza essere tale. Nello stesso anno giunse al tribunato M. Livio Druso, figlio di quel Livio Druso che si era opposto a Caio Gracco, con l'intento, da un lato, di ridare potere al senato combattendo l'invadenza dei cavalieri nella vita pubblica, dall'altro di agevolare i *populares* e gli alleati italici. Propose la *lex Livia nummaria*, relativa alla composizione delle monete d'argento, stabilendo che dovessero essere formate per un ottavo da rame: colpiva, in questo modo, gli speculatori finanziari appartenenti in gran parte alla classe degli *equites*. Poi, per agevolare i meno abbienti e ottenere il loro favore, riprese la vecchia questione delle *frumentationes*, proponendo una legge diretta a diminuire il prezzo del grano; ancora, fu promotore di una *lex Livia iudiciaria* relativa alla composizione delle giurie portando a 600 il numero dei senatori, di cui 300 sarebbero stati tratti dall'ordine dei cavalieri. Infine, ritornò sulla riforma agraria e anche, e soprattutto, sulla questione italica proponendo la concessione della cittadinanza non solo ai Latini, ma a tutti gli Italici. La violenta reazione dell'aristocrazia fu immediata: la proposta di legge del tribuno fu bloccata e Druso fu assassinato. La sua morte, però, non fu del tutto vana perché provocò una reazione così forte da coinvolgere l'intera penisola e indurre i *socii italici* a impugnare le armi dando avvio alla c.d. guerra sociale, una vera e propria guerra civile. Gli alleati che pretendevano la cittadinanza stabilirono che, qualora non l'avessero ricevuta, si sarebbero costituiti in uno stato indipendente da Roma, proprio come a suo tempo aveva fatto la plebe battendosi per l'uguaglianza politica. Gli Italici si riunirono, dunque, in una confederazione con capitale a *Corfinium*, in Abruzzo, che prese il nome di Italica. Nella guerra sociale Roma ebbe il sopravvento da un punto di vista militare, ma al prezzo di numerose concessioni. L. Giulio Cesare, zio del dittatore, con una legge accordò la cittadinanza alle città rimaste fedeli e a quelle che si fossero arrese; in seguito, essa fu concessa a tutti i soci domiciliati in Italia che l'avessero richiesta entro 60 giorni. Tutti quegli Italici che a seguito di queste e ulteriori leggi ottennero l'attribuzione della cittadinanza, non conseguirono, però, una posizione del tutto identica a quella dei Romani: innanzitutto le assemblee continuarono a tenersi a Roma cosicché gli Italici difficilmente potevano parteciparvi, ma si fece anche in modo di concentrare tutta la massa dei nuovi cittadini in un numero ristretto di nuove tribù, così da non alterare gli equilibri all'interno del comizio centuriato. La reazione di Sulpicio Rufo fu la proposta di una legge che distribuisse questi nuovi *cives* in tutte le trentacinque tribù. Alla sua approvazione, ottenuta con non poche difficoltà, ne seguì un'altra. Il tribuno, infatti, con una *rogatio*, di fatto illegale perché invadeva un campo di spettanza del senato, intendeva revocare a Silla, console, il comando della guerra contro Mitridate, re del Ponto, per affidarlo a Mario. Silla entrò col suo esercito a Roma, Sulpicio fu ucciso e le sue leggi vennero annullate. Mario, vittima di un *senatusconsultum ultimum*, fu dichiarato nemico pubblico e fu costretto ad andare in esilio rifugiandosi in Africa.

6.3. *Lucio Cornelio Silla*

Lucio Cornelio Silla, attraverso le proposte di due leggi, si attivò subito per apportare delle riforme che migliorassero la posizione dell'oligarchia senatoria a detrimento di quella tribunizia. Ma, nell'87 a.C., mentre era impegnato con il suo esercito nella guerra contro Mitridate in Asia minore, il partito democratico fece eleggere consoli Gneo Ottavio, di parte aristocratica, e Cornelio Cinna, di parte popolare, il quale, approfittando dell'assenza di Silla, richiamò Mario dall'esilio: quest'ultimo diventò console per la settima volta ed ebbe come collega Cinna. Dopo quest'ultima vittoria morì.

Il ritorno di Silla dall'Asia riaccese la guerra. Quando morirono entrambi i consoli, si ricorse al sistema dell'*interregnum*. Ma, a differenza della procedura ordinaria che prevedeva l'elezione dei nuovi consoli, l'interrè Valerio Flacco propose ai comizi centuriati una legge per nominare Silla *dictator legibus scribundis et reipublicae constituendae* (dittatore incaricato di scrivere nuove leggi e dare un ordinamento alla repubblica) a tempo indeterminato. Silla introdusse un ordine legale basato sul terrore: massacrò molti esponenti popolari, predispose le c.d. liste di proscrizione con cui molti suoi avversari furono dichiarati nemici della repubblica e i loro beni furono confiscati; condannò a morte senza concedere la possibilità di avvalersi della *provocatio ad populum* o dell'*intercessio*. Inoltre, per raggiungere il suo scopo di distruggere il tribunato, stabilì che nessuna proposta di legge sarebbe potuta essere presentata al popolo senza il preventivo parere favorevole del senato. Vietò poi la candidatura a tribuno se prima non si fosse ricoperta quella di senatore e abolì il veto tribunizio ammettendo solo l'*auxilium* al singolo cittadino. Introdusse inoltre una distinzione netta tra *imperium domi* e *imperium militiae* concedendo ai consoli solo il primo, e riservando il secondo, e quindi la conduzione delle guerre, ai promagistrati. Emanò numerosi altri provvedimenti da cui ormai emergeva nettamente l'impossibilità del popolo di esprimere liberamente la propria volontà.

Nell'ambito del suo programma di rafforzare il potere dell'oligarchia senatoria, come abbiamo già visto, Silla apportò importanti riforme anche in campo penale, tese a limitare ancora di più il potere dei comizi per affidarlo a corti permanenti formate da giudici tratti dall'ordine senatorio.

Nell'80 a.C., Silla, mentre era dittatore, ottenne anche il consolato che invece rifiutò l'anno successivo. Si ritirò a vita privata e morì nel 78 a.C. ritenendo conclusa la sua opera. Si può dunque trarre la considerazione che il suo vero obiettivo non fosse quello di costituire un forte potere personale, ma solo di restaurare l'oligarchia senatoria.

In realtà l'opera costruita da Silla fu di breve durata dimostrando la sua intrinseca fragilità. Nel 78 a.C. furono nominati consoli Quinto Lutazio Catulo e Marco Emilio Lepido, avversario di Silla. Lepido, abbandonato pian piano dai suoi sostenitori, cercò appoggi tra coloro che avevano subito le persecuzioni di Silla e quindi tra i seguaci di Mario. Propose che fossero richiamati in patria i proscritti sopravvissuti e andati poi in esilio, e che fossero restituiti loro i patrimoni confiscati. Chiese, inoltre, che venissero restituiti i poteri ai tribuni. Le proposte di Lepido si scontrarono con le ambizioni dei senatori e dei cavalieri che rifiutavano di rinunciare al loro monopolio nella gestione del potere. Lepido fu dichiarato nemico della repubblica e contro di lui il senato deliberò un *senatusconsultum ultimum*. L'esercito di Lepido si scontrò duramente con quello di Catulo, il quale si era opposto a molte proposte del collega. Lepido, sconfitto, si rifugiò in Sardegna dove morì.

Il periodo che segue vide la presenza sulla scena politica di due personaggi di spicco: Gneo Pompeo e C. Giulio Cesare.

6.4. *Gneo Pompeo e Caio Giulio Cesare. Il primo triumvirato*

Gneo Pompeo, brillante ufficiale di rango equestre, nell'83 a.C., schierato al fianco di Silla insieme a Marco Licinio Crasso, abile politico e ricchissimo finanziere, a soli 23 anni fu acclamato *imperator*. Nel 77 a.C., senza aver mai ricoperto alcuna magistratura, ottenne il comando delle truppe contro Lepido, accanto a Catulo, al fine di salvare il governo senatorio. Nel 73 a.C. con l'aiuto di Crasso, riuscì a reprimere in Italia meridionale una rivolta di gladiatori guidata da Spartaco contro la classe dirigente; nonostante i disaccordi nati in occasione del conflitto tra i due capi militari, nel 70 a.C. Pompeo e Crasso furono eletti entrambi consoli.

Nel 67 e 66 a.C., in favore del primo furono emanati due provvedimenti eversivi delle regole costituzionali vigenti. Il primo fu costituito dalla *lex Gabinia de bello piratico* con la quale si sanciva la possibilità di assegnare un *imperium* straordinario per combattere e debellare la piaga dei pirati che infestavano il Mar Mediterraneo. Si trattava di un potere proconsolare dalla durata di tre anni che veniva esercitato su tale mare e sulle sue coste e, per l'assenza di una precisa delimitazione territoriale, veniva definito *imperium infinitum*. Quest'*imperium* così vasto venne attribuito a Pompeo che in quel momento era senatore, ex console e che non ricopriva alcuna magistratura.

Il secondo provvedimento fu costituito dalla *lex Manilia* che conferiva a Pompeo il comando supremo (*imperium maius*) di tutte le province d'Oriente. Di conseguenza Pompeo avrebbe potuto affrontare una nuova guerra contro Mitridate. Anche questo era un *imperium infinitum* poiché esercitabile su tutti i territori dell'Asia minore, punto nevralgico in quanto si svolgevano le maggiori operazioni belliche.

Tutti questi importanti riconoscimenti, mai incontrati nella tradizione di Roma, erano sintomatici di un cambiamento importante che stava per realizzarsi e che presentava caratteri monarchici.

Nel 61 a.C. Pompeo, tornato vincitore dalla guerra in Asia e sciolto l'esercito, aspettò fuori dal *pomerium* la concessione del trionfo, così com'era previsto dalla costituzione. Il senato lo accordò, ma, diffidando di Pompeo, non volle confermare gli ordinamenti da lui dati in Oriente né assegnare terre ai suoi veterani. La decisione del senato di non appoggiare Pompeo, che se fosse stata differente avrebbe portato quest'ultimo a porsi come difensore dei privilegi senatori, indusse invece l'esponente degli *optimates* a intraprendere una strada diversa da quella pretesa dal senato. Subire avrebbe infatti significato perdere autorevolezza per cui Pompeo, trovandosi isolato politicamente, nel 60 a.C. strinse un accordo, privato e segreto, con Caio Giulio Cesare, nipote di Mario e genero di Cinna, e Crasso: fu il primo triumvirato, confermato qualche anno più tardi a Lucca davanti a magistrati e senatori. I tre politici, Pompeo, Cesare e Crasso, si accordarono su come avrebbero gestito gli interessi delle classi politiche di cui erano esponenti, rispettivamente quella della *nobilitas* senatoria, dei *populares* democratici, degli *equites*. Cesare, che era già pontefice massimo, si vide attribuito un *imperium* proconsolare comprendente più province e nel 59 a.C. il consolato; poi, nonostante l'ostilità del senato, fece approvare una *lex agraria* avendo ripreso il vecchio progetto dei Gracchi; regolamentò in modo definitivo il reato delle *repetundae* inasprendo ulteriormente le sanzioni contro gli abusi dei magistrati provinciali e si fece promotore di norme sull'amministrazione fiscale delle province.

Mentre era lontano da Roma, Cesare, servendosi dell'aiuto di Clodio, un tribuno della plebe, riuscì a far approvare una legge che prevedeva l'esilio per chi avesse condannato a morte cittadini romani senza averli prima sottoposti a regolare processo. Era una legge contro Cicerone che, in occasione della congiura di Catilina, aveva messo a morte i catilinari senza rispettare le norme sulla *provocatio*; a seguito di tale legge il famoso oratore fu costretto a rifugiarsi a Tessalonica. In realtà, l'esilio di Cicerone durò poco perché Pompeo, che non si fidava pienamente di Cesare e Crasso, riuscì a indurre il senato a concedere il rimpatrio a Cicerone.

Nel 56 a.C. l'alleanza tra i tre capi politici fu rinsaldata attraverso il convegno di Lucca nel quale fu decisa la proroga del primo triumvirato per altri cinque anni. Ognuno ebbe un comando straordinario e la divisione dei compiti previde per Pompeo l'opportunità di rimanere a Roma per un controllo più efficiente della situazione facendo governare la Spagna, di cui era proconsole, dai suoi legati; a Crasso fu affidato il governo della Siria, dandogli così l'opportunità di intraprendere una guerra in Asia, mentre Cesare avrebbe dovuto procedere alla conquista della Gallia.

A Pompeo fu attribuita la cura dell'annona per cinque anni con *imperium proconsulare infinitum* e nel 55 gli fu riconosciuto il consolato, insieme a Crasso, per la seconda volta. Tra il 53 e il 52 a.C. scoppiarono a Roma molti tumulti tra *optimates* e *populares* e la situazione si aggravò ulteriormente quando un aspirante al consolato, Annio Milone, uccise per strada il tribuno Clodio, amico di Cesare e nemico di Cicerone e della *nobilitas*. La sommossa che ne seguì indusse il senato a far sì che Pompeo, pur mantenendo l'*imperium proconsulare,* fosse investito, nel 52 a.C., del consolato senza collega, vanificando il principio repubblicano della collegialità. Era evidente che ci si stava avviando verso una fase storica del tutto nuova che avrebbe visto affermarsi la figura del *princeps*: una fase che, nonostante le indubbie similitudini col periodo monarchico, si sarebbe caratterizzata dalla presenza non di un tiranno, ma di un politico autorevole, l'unico in grado di stabilizzare le istituzioni senza indebolire, o comunque compromettere, l'autorità della classe aristocratica.

Lo scontro decisivo cui arrivarono Cesare e Pompeo dipese dall'approvazione di due leggi proposte da quest'ultimo. La prima, *lex Pompeia de provinciis*, stabiliva che non si potesse ottenere un nuovo consolato se non cinque anni dopo il precedente. La seconda, *lex Pompeia de iure magistratuum*, imponeva la presenza a Roma per i candidati al consolato o ad altre magistrature. Le due leggi, in realtà, erano dirette contro Cesare per arginare la sua avanzata al potere.

Gli inevitabili scontri che ne seguirono culminarono nella famosa battaglia di Farsalo del 48 a.C., che si concluse con la sconfitta dei pompeiani e la fuga di Pompeo in Egitto dove quest'ultimo fu ucciso dai cortigiani di re Tolomeo XIII.

Da quel momento fu Cesare a dominare la scena politica. Dal 49 a.C. in poi si assommarono nella sua persona cariche e onori tali da farlo assurgere a capo incontrastato di Roma. Ottenne la dittatura, rinnovata per vari anni e nel 44 conferita a vita; contrariamente alla prassi, a volte anche senza la presenza di un *magister equitum*. Contemporaneamente Cesare rivestì sia il consolato, che per un anno fu anche senza collega, sia la *praefectura morum*, corrispondente alla censura pur senza la relativa titolarità. Ma, per quanto non rispettose delle regole costituzionali, si trattava comunque di magistrature repubblicane, alcune delle quali conferite precedentemente a Silla. Totalmente diversi, e tali da anticipare quelli che verranno poi riconosciuti agli imperatori, furono poteri come la *tribunicia potestas* concessa, pur senza essere tribuno, a vita e senza possibilità di *intercessio* contro di essa, il diritto di muovere guerra, di disporre degli eserciti e del tesoro, di proporre candidati ai comizi in modo vincolante per questi ultimi, il potere di conferire il patriziato a dei plebei. A tutto questo si aggiungeva il pontificato massimo che Cesare ricopriva dal 63 a.C. La vastità dei poteri che si accompagnava all'inviolabilità della sua persona lo avvicinava fortemente alla figura del monarca assoluto. Fu proprio questo che il senato volle evitare. C'era un'assonanza troppo forte con quell'assolutismo che aveva determinato la cacciata di Tarquinio il Superbo: si trattava di poteri eccessivamente ampi che urtavano palesemente con l'impianto costituzionale repubblicano. Sebbene per molti aspetti quest'ultimo apparisse ormai inadatto e superato, vi erano dei principi basilari come il diritto di voto spettante al popolo riunito nel comizio, le cariche a tempo determinato, la collegialità, la divisione dei poteri, l'*imperium* concesso solo a determinati magistrati, che per moltissimo tempo avevano assicurato un certo equilibrio allo stato romano. È pur vero che inseguire l'antica *libertas* repubblicana dopo cinquant'anni di lotte civili poteva sembrare solo un controsenso nostalgico, ma forse un sovvertimento delle vecchie regole, seppur inevitabile, avrebbe dovuto essere meno radicale. Un sovvertimento pericoloso, avvertito come tale soprattutto dalla *nobilitas* senatoria non ancora disposta a perdere la posizione di privilegio da sempre detenuta. A ciò si aggiungeva, probabilmente, il timore che il dittatore volesse spostare verso Oriente gli equilibri politici dell'impero: i grandiosi preparativi per la sua spedizione in

Oriente contro i Parti, la sua relazione privata con Cleopatra, regina d'Oriente, un figlio nato dal loro legame, alimentavano questi sospetti. Prima che l'opera di Cesare potesse assestarsi in un regime ben definito e alternativo a quello repubblicano, un gruppo di congiurati, guidati da Cassio e Bruto, assassinò il dittatore il 15 marzo del 44 a.C.

6.5. *Giulio Cesare Ottaviano e il secondo triumvirato*

L'intento dei cesaricidi era stato quello di eliminare la presenza, troppo ingombrante, di Cesare probabilmente al fine di restaurare i principi repubblicani. In realtà così non fu perché l'aristocrazia senatoria aveva assunto consapevolezza del fatto che, da un lato, non vi erano le condizioni generali per un ritorno alla situazione precedente, dall'altro che ciò non avrebbe goduto dell'appoggio né degli *equites*, né del popolo, né degli Italici e neanche dell'esercito, stanchi dei privilegi della *nobilitas* senatoria. La figura carismatica del dittatore, con aspetti non privi di contraddizioni nel voler apparire nemica dell'aristocrazia, ma al contempo manifestare aspirazioni imperialistiche, aveva lasciato un segno profondo e soprattutto la consapevolezza della necessità di un cambiamento.

Dopo la sua morte, si era proceduto all'apertura del testamento con cui, oltre che beneficiare i *populares* con generosi lasciti, Cesare adottava come figlio il giovane nipote Caio Ottavio e lo nominava suo erede. Ottavio perfezionò l'adozione con una *lex curiata*, rifacendosi al vecchio istituto dell'*adrogatio* e prese il nome di *Caesar*. Fu così che quest'ultimo comparve sulla scena assumendo il nome di Caio Giulio Cesare Ottaviano. Ostacolato da Antonio, ex collega di Cesare nel consolato, nel prendere possesso dell'eredità dello zio, Ottaviano diede ugualmente esecuzione ai legati attingendo dal proprio patrimonio. Poi, resosi conto di un atteggiamento diffidente del senato nei suoi confronti, in quanto preoccupato per una possibile limitazione delle libertà repubblicane, per prevenire possibili reazioni senatorie, nel 43 a.C. formò un esercito personale e marciò verso Roma. A soli diciannove anni, e senza aver ricoperto alcuna magistratura, si fece eleggere console, trasgredendo una *lex Cornelia,* voluta da Silla, che dettava disposizioni circa l'età minima per accedere al consolato. Strinse poi un accordo con Antonio e M. Emilio Lepido, ex *magister equitum* di Cesare, accordo poi trasfuso in un plebiscito proposto dal tribuno Tizio (*lex Titia de triumviris*), con il quale venne conferita ai tre politici la carica di *tresviri reipublicae constituendae*. Era questo il II triumvirato, molto diverso dal primo che, come già detto, era un accordo privato, e privo di contenuto giuridico. Il secondo triumvirato era, invece, una vera e propria magistratura straordinaria, quinquennale, con pieni poteri e modellata sulla dittatura di Silla. Nel 42 a.C., i tre alleati sconfissero e uccisero a Filippi, in Oriente, Cassio e Bruto, coloro che avevano guidato la congiura contro Cesare. Poi, di comune accordo, si spartirono l'impero: ad Antonio spettarono le province orientali e la Gallia (ad esclusione della Cisalpina che fu unita all'Italia), ad Ottaviano l'Occidente (ad esclusione dell'Africa che fu ceduta a Lepido). Le magistrature ordinarie non furono sospese ma, di fatto, furono svuotate dei loro poteri e i triumviri divennero i veri padroni dello stato. Il primo quinquennio, una volta scaduto, fu prorogato per lo stesso periodo attraverso un plebiscito. Lepido, che non disponeva di un proprio esercito, venne a trovarsi in una posizione marginale e nel 36 a.C. uscì dal triumvirato conservando solo il titolo di pontefice massimo. Ottaviano e Antonio pubblicarono poi una lista di proscrizione nella quale erano elencati tutti i nemici dei triumviri; tra le vittime, 130 senatori e un numero cospicuo di *equites*. Ottaviano consolidò il suo potere riportando una vittoria sui pirati illirici e un'altra su Sesto Pompeo, figlio di Pompeo Magno, che, disponendo di una potente flotta, era riuscito a conquistare la Sicilia, la Sardegna e la Corsica. Ciò aveva determinato un controllo totale sulle esportazioni di grano con gravi danni per Roma; la vittoria di Ottaviano liberò definitivamente la città dalla minaccia della carestia. L'immagine di Antonio veniva nel frattempo screditata per il suo rapporto con Cleopatra, facendolo apparire, agli occhi dei romani, succube di una regina straniera, e noncurante dei suoi doveri primari di cittadino e di magistrato. In realtà, l'obiettivo di Antonio era quello di spostare il centro politico dell'impero da Roma all'Oriente e creare una monarchia assoluta dai caratteri teocratici. Ciò trovava conferma nella sistemazione, ai confini dell'impero, di un insieme di piccoli stati vassalli, in cui venivano posti come sovrani locali i vari figli avuti da Cleopatra, sia con Cesare sia con lo stesso Antonio.

Nel 33 a.C. i poteri derivanti dal triumvirato erano ormai scaduti. Ottaviano continuò ad esercitare le sue facoltà illegalmente, in totale rottura con le regole del sistema; Antonio poté continuare ad avvalersi della *prorogatio imperii* e governare in Oriente. Il loro destino fu deciso nel 31 a.C. dalla battaglia di Azio dove Ottaviano riportò una vittoria decisiva su Antonio. Rimasto solo al potere, organizzò l'Egitto come provincia imperiale, retta da un prefetto di rango equestre, il prefetto d'Egitto. Tornato a Roma, ricevette il trionfo e fu l'inizio di un'era di pace (*pax* augustea).

MODELLO REPRESSIVO (1)	ILLECITO	COMPETENZA/SANZIONE
Vendetta privata (limitata)	Furto flagrante (*manifestum*) notturno (commesso da uomo libero)	Uccisione del reo da parte del derubato
	Furto flagrante (*manifestum*) diurno (commesso da uomo libero) – se il ladro ha un'arma e sono chiamati i vicini a testimoni	Uccisione del reo da parte del derubato
	Furto flagrante (*manifestum*) notturno o diurno (commesso da schiavo)	Uccisione del reo da parte del derubato
	Furto flagrante (*manifestum*) – se il ladro non ha un'arma (commesso da uomo libero)	*Addictio* del reo al derubato
	Iniuria (ingiuria) – *membri ruptio* (rottura di un arto)	Taglione eseguito dall'offeso

MODELLO REPRESSIVO (2)	ILLECITO	COMPETENZA/SANZIONE
Dalla vendetta alla composizione pecuniaria	Furto non flagrante (*nec manifestum*)	Pena pecuniaria all'offeso
	Iniuria (ingiuria) – *ossis fractio* (frattura di un osso)	Pena pecuniaria graduata secondo la gravità all'offeso

MODELLO REPRESSIVO (3)	ILLECITO	COMPETENZA/SANZIONE
Dalla vendetta alla repressione pubblica	Omicidio doloso	Processo comiziale (*infra*)

MODELLO REPRESSIVO (4)	ILLECITO	COMPETENZA/SANZIONE
Delitti sacrali (ultime vestigia)	Frode del patrono nei confronti del cliente	*Sacertas*
	Furto notturno di messi	Sacrificio espiatorio

MODELLO REPRESSIVO (5)	TIPOLOGIA DI ILLECITO	ILLECITO	COMPETENZA/SANZIONE
Repressione da parte dell'organo pubblico	Attacco alle istituzioni	Tradimento della *res publica*	Pena di morte (eseguita dall'organo pubblico)
	Illeciti che mettono a rischio il corretto andamento del processo (istituzioni giudiziarie)	Collusione del giudice con una delle parti	Pena di morte (eseguita dall'organo pubblico)
		Falsa testimonianza	Pena di morte (eseguita dall'organo pubblico)
	Illeciti che turbano il corretto funzionamento delle attività agricole	Incendio di un casale o covoni che sono vicini ad altre case	Pena di morte (eseguita dall'organo pubblico)

Parte III

L'epoca imperiale

di Francesca Rossi

Sommario: 1. La fondazione del principato e il consolidamento dell'impero. – 1.1 Dal principato all'impero. – 1.2. L'ascesa al potere di Ottaviano Augusto. – 1.3. La successione al potere. – 2. La sorte degli organi repubblicani nel principato e i nuovi organi imperiali. – 2.1. Le magistrature. – 2.2. Le assemblee popolari. – 2.3. Il senato. – 2.4. I funzionari imperiali e le prefetture. – 2.5. Il territorio provinciale: province senatorie e province imperiali. – 3. La crisi delle fonti del diritto di età repubblicana e le nuove fonti di età imperiale. – 3.1. Il progressivo declino della *lex rogata*. – 3.2. La codificazione dell'editto pretorio. – 3.3. Il potere normativo del *princeps*: le costituzioni imperiali. – 3.4. Il potere normativo del senato. – 3.5. La giurisprudenza: il rapporto tra giuristi e *princeps*. – 4. La repressione criminale in età imperiale. – 4.1. La legislazione augustea in materia giudiziaria: antiche *quaestiones* e nuovi tribunali. – 4.2. Il declino delle *quaestiones perpetuae* e il nuovo sistema della *cognitio extra ordinem*. – 4.3. Il tribunale imperiale e la *cognitio* senatoria. – 4.4. La giurisdizione penale delegata: la competenza dei prefetti e la repressione nelle province. – 4.5. Il sistema sanzionatorio nella *cognitio extra ordinem*. – 4.6. L'evoluzione delle fattispecie criminali in età imperiale.

1. *La fondazione del principato e il consolidamento dell'impero*

1.1. *Dal principato all'impero*

Il periodo storico tradizionalmente qualificato come "epoca imperiale" racchiude al suo interno cinque secoli di storia, durante i quali Roma attraversò significativi cambiamenti dal punto di vista politico-costituzionale, giuridico ed economico-sociale. Questo impone, prima di affrontare l'analisi dei caratteri che connotarono le istituzioni e il diritto di questo periodo, di offrire un sintetico quadro delle diverse fasi storiche che si sono al suo interno susseguite.

L'inizio dell'età imperiale viene convenzionalmente collocato nel 27 a.C., anno dell'avvento al potere di Augusto, che segna il tramonto della costituzione repubblicana e l'inizio di un cammino che porterà progressivamente alla formazione di un governo a connotazione monocratica. Si trattò di un cammino su più tappe, che portò Ottaviano ad acquisire, tra il 27 e il 23 a.C., una serie di importanti prerogative fino a quel momento ripartite tra le principali magistrature repubblicane.

Consapevole degli esiti poco confortanti a cui aveva condotto la politica di Cesare, Ottaviano scelse una via diversa, più graduale, attraverso un percorso politico che, dietro un progetto di formale conservazione delle strutture e delle istituzioni repubblicane, ne comportò una sostanziale trasformazione e un definitivo svuotamento. La gradualità del progetto di Ottaviano si riflette anche sul nome con cui era indicata la sua persona: *princeps*, ossia il primo tra i magistrati (e, come vedremo, anche tra i senatori), ancora una volta affermando un ruolo di priorità che però si collocava all'interno delle tipiche strutture repubblicane. Da qui deriva la qualificazione del suo governo non come "impero", bensì come "principato".

Com'è stato osservato, il principato del I secolo era di fatto un governo monocratico "mascherato" dietro l'apparenza delle strutture repubblicane, che Augusto formalmente non cancellò, ma sostanzialmente svuotò, assumendo su di sé tutti i poteri. Completamente diverso sarà l'impero dei secoli successivi, allorquando l'aggancio con la costituzione repubblicana cesserà di esistere non solo nella sostanza, ma anche nella forma, avviandosi così a divenire un governo di stampo nettamente assolutistico, tradizionalmente qualificato come "dominato", il cui inizio viene convenzionalmente fatto coincidere con l'ascesa al potere di Diocleziano, nel 284 d.C., e la fondazione della tetrarchia, in seguito alla c.d. crisi del terzo secolo.

1.2. *L'ascesa al potere di Ottaviano Augusto*

La progressione tra "principato", "impero" e "dominato" consente di evidenziare la gradualità del percorso di costruzione politica – o, come è stato definito, di «ingegneria costituzionale» (M. TALAMANCA, *Lineamenti di storia del diritto romano*, Milano, 1989^2, p. 382) –

che, avviatosi con Ottaviano, portò nei successivi secoli alla creazione dell'impero nelle sue forme più estreme.

Questa costruzione progressiva dell'impero, di cui Ottaviano fu il primo protagonista, prese avvio con gli eventi che accompagnarono la sua ascesa al potere, a partire dalla definitiva sconfitta di Antonio nella battaglia di Azio. Le basi della nuova forma costituzionale furono gettate pochi anni dopo, nella celebre seduta senatoria del 13 gennaio del 27 a.C., nella quale Ottaviano dichiarò la volontà di restituire la *res publica* nelle mani del senato e del popolo (*restitutio rei publicae*). Manifestando già la sua grande capacità strategica, Ottaviano si presentò, dunque, non come un "innovatore", ma come un "restauratore", intenzionato a ripristinare la repubblica, messa in ginocchio dalle guerre civili degli ultimi decenni del I secolo, prima fra Cesare e Pompeo, poi fra Ottaviano e Antonio.

L'abile mossa di Ottaviano avrebbe segnato per sempre le sorti di Roma: il senato lo convinse a conservare il consolato, attribuendogli inoltre un *imperium* speciale sulle province non pacificate, nelle quali occorreva mantenere un presidio militare. Il cambio di rotta fu decisivo e fu ulteriormente conclamato dal senato qualche giorno dopo, nella riunione del 16 gennaio dello stesso anno, attraverso il conferimento ad Ottaviano del titolo di *Augustus*; un aggettivo particolarmente caro ai Romani, perché accompagnava il mito della fondazione della città in un celebre verso del poeta Ennio (l'*augurium augustum* grazie al quale Romolo aveva fondato la città). Per questo motivo, anche nella scelta dell'appellativo *Augustus* sono stati intravisti i segnali dell'abilissima costruzione strategica del primo *princeps*, interessato a presentarsi come un restauratore della tradizione democratica, quasi come un rifondatore della *res publica*: una *res publica* che, però, sarebbe stata completamente trasfigurata, avviandosi a diventare un sistema sostanzialmente diverso, per effetto del progressivo inasprirsi delle forme di autoritarismo rispetto alle forme di potere democratico e condiviso.

Assumendo questo appellativo, Ottaviano inaugurò una prassi che contraddistinguerà tutti i suoi successori: il titolo di *Augustus* costituirà, da quel momento in poi, la nomenclatura imperiale, che, nata con Ottaviano, sarà assunta da tutti gli imperatori successivi. In merito all'etimologia dell'appellativo, è stato rilevato come *augustus* presenti la medesima radice (derivante dal verbo *augeo*, che significa accrescere) del sostantivo *auctoritas*, parola chiave della politica augustea, dal significato indefinibile e «volutamente duttile» (A. SCHIAVO-

NE, *Storia giuridica di Roma*, Torino, 2016, p. 236), poiché non corrispondente ad una precisa categoria giuridica, ma piuttosto ad «una qualità di ordine politico-morale» (F. DE MARTINO, *Storia della costituzione romana*, vol. IV, Napoli, 1974, p. 282), ad «un fatto carismatico, di origine extracostituzionale, metagiuridica» (M. TALAMANCA, *Lineamenti di storia del diritto romano*, Milano, 1989², p. 399). È sul concetto di *auctoritas* che Ottaviano fondò la propria supremazia politica e la sua posizione di preminenza rispetto ad ogni altro organo costituzionale. Al riguardo, è cruciale un'affermazione del *princeps*, contenuta nel testo delle *Res gestae divi Augusti* (*Le imprese del divino Augusto*) che è inciso sulle pareti del *Monumentum Ancyranum* (o *Tempio di Augusto*, situato ad Ankara, in Turchia). All'interno di questa lunga iscrizione, nella quale Augusto, parlando in prima persona, racconta le tappe della sua affermazione politica, troviamo un celebre passaggio in cui il *princeps* afferma di non aver avuto potere (*potestas*) superiore a quello degli altri magistrati (della tradizione repubblicana), ma di aver superato tutti per la propria *auctoritas*. È, dunque, in ragione dell'*auctoritas* che Augusto giustificava il suo primato, il suo essere *princeps*, che si traduceva, dal punto di vista istituzionale, in un totale controllo politico sulle magistrature, sui comizi, sulle province e, nei fatti, anche sul senato.

A distanza di quattro anni, nel 23 a.C., il senato conferì ad Ottaviano ulteriori prerogative, che riflettevano le tipiche titolature repubblicane: egli ricevette l'*imperium proconsulare* e la *tribunicia potestas* a vita, garantendosi così, da un lato, il comando dell'esercito e, dall'altro, un rapporto privilegiato con l'assemblea popolare. Se le prerogative riconosciute ad Ottaviano, anche nella loro denominazione, ricalcavano quelle delle tradizionali istituzioni repubblicane, è però vero che la loro sostanza era diversa: l'*imperium proconsulare* che Ottaviano ottenne dal senato era *maius et infinitum*, quindi non sottoposto a delimitazioni né spaziali né temporali, essendo sottratto alla scadenza annuale tipica delle cariche repubblicane, risultando quindi prevalente su quello dei proconsoli nelle province e, in generale, di tutti gli altri magistrati.

La priorità di Ottaviano si realizzava anche nell'ambito della stessa assemblea senatoria, che egli presiedeva in qualità di *princeps senatus*, titolo già attribuitogli nel 28 a.C.: questo ruolo, che potrebbe apparire solo formale, si traduceva in sostanza nella possibilità di esprimersi per primo, che comportava un condizionamento che, pur non essendo espressione formale di un vincolo, era un modo per indirizzare le decisioni del senato.

Di conseguenza, durante il principato di Ottaviano le strutture costituzionali repubblicane (magistrature, senato, assemblee popolari), pur sopravvivendo, iniziarono un processo di graduale «fossilizzazione e decadenza» (G. GROSSO, *Lezioni di storia del diritto romano*, Torino, 1960, p. 412), gettando le basi di quello che sarebbe divenuto un governo sostanzialmente monocratico. Per questo, tra i vari tentativi di offrire una definizione del principato – tra cui le teorie più note sono quella di Mommsen della diarchia tra principe e senato e quella di Arangio-Ruiz della sovrapposizione del *princeps* alla *res publica* mediante un rapporto simile al protettorato del mondo ellenistico – appare preferibile una descrizione come «finta repubblica» o «monarchia camuffata» (U. VINCENTI, *La Costituzione di Roma antica*, Bari-Roma, 2017, p. 89). Questa immagine evidenzia, infatti, il carattere apparentemente democratico del principato, che dietro le forme repubblicane celava una sostanza monarchica, manifestando già un profilo che si sarebbe consolidato con l'avanzare dell'impero, quando della costituzione repubblicana non sarebbe rimasta più neanche l'apparenza.

1.3. *La successione al potere*

Se il successo di Ottaviano fu possibile anche grazie alla sua strategia politica, tutta costruita attorno alla narrativa di una restaurazione repubblicana e all'apparenza di una continuità con la tradizione, il problema della legittimazione a ricoprire una posizione di primato politico si ripropose al momento della successione al potere. Non essendovi alcuna regolamentazione al riguardo, la questione fu risolta con esiti diversi, facendosi ricorso talvolta al criterio di successione familiare, altre volte a quello della scelta del migliore, anche tramite la pratica adottiva, spesso anticipata da momenti di correggenza, in cui il principe in carica affiancava a sé nel governo la persona designata come successore. Com'è stato osservato, infatti, «adozione e correggenza furono i tipici istituti impiegati per risolvere il problema della successione»: tuttavia, «si trattava di mezzi politici, non di un regolamento giuridico del regime» (F. DE MARTINO, *Storia della costituzione romana*, vol. IV, Napoli, 1974, p. 405).

Sebbene la gradualità del progetto di costruzione politica avviato da Ottaviano non consentisse l'introduzione di un sistema di successione apertamente ereditaria, il criterio che nella prassi risultò essere prevalente fu quello di tipo dinastico, indipendentemente che fosse fondato su una eredità naturale o fittizia (in quanto risultato di un'adozione). D'altra parte, la logica dinastica non era estranea neanche al sistema repubblicano, in cui la successione familiare rappresentava, soprattutto per la *nobilitas* gentilizia, uno strumento di trasmissione non solo economica, ma anche onomastica, politica, sociale e cultuale: all'erede passava, infatti, non solo il patrimonio, ma pure il nome, i vincoli gentilizi e parentali, i legami politici e clientelari, nonché i culti familiari.

Il successo del criterio dinastico è confermato dai fatti, tenuto conto che più della metà degli imperatori del principato giunse al potere grazie a tale principio, in ragione di una successione naturale o adottiva. Così avvenne in via prioritaria per la c.d. dinastia Giulio-Claudia, che deriva il proprio nome dal legame instauratosi tra le *gentes* di appartenenza dei primi cinque imperatori romani (la *gens Iulia* e la *gens Claudia*), che si susseguirono al potere in base a meccanismi di adozione esclusivamente familiare. Il fondatore del principato (al governo dal 27 a.C. al 14 d.C.), originariamente membro della *gens Octavia* (si chiamava Gaio Ottavio Turino), era entrato a far pare della *gens Iulia* a seguito della sua adozione da parte di Gaio Giulio Cesare. Il sistema onomastico romano dell'epoca prevedeva, infatti, che l'adottato assumesse i tre nomi (*tria nomina*) dell'adottante, al quale si affiancava il *nomen* gentilizio della famiglia di origine, con l'aggiunta del suffisso *-anus*, che indicava che il soggetto era stato destinatario di un procedimento adottivo, transitando da una famiglia ad un'altra: così Gaio Ottavio Turino, dopo l'adozione, mutò il proprio nome in Gaio Giulio Cesare Ottaviano.

Consapevole dell'impossibilità di un ritorno alle istituzioni repubblicane (ormai inadatte alla gestione di un sistema tanto vasto e complesso) e conseguentemente conscio delle difficoltà che si sarebbero aperte al momento della sua morte per l'individuazione di un successore, essendo privo di figli maschi, Augusto adottò e nominò eredi i suoi due nipoti, Gaio e Lucio (nati dalla figlia Giulia), i quali morirono però entrambi in giovane età. Al potere giunse così Tiberio – figlio di Livia, moglie di Augusto, e del suo precedente marito, Tiberio Claudio Nerone – il quale si separò dall'amata moglie per sposare Giulia, la figlia di Augusto, forse su sollecitazione dello stesso *princeps*. Con Tiberio (imperatore dal 14 al 37) la storia della *gens Claudia* si legò dunque a quella della *gens Iulia*: la dinastia proseguì con il nipote di Tiberio, Gaio, passato alla storia con il nome di Caligola, attribuitogli in ragione delle calzature militari (*caligae*) che egli era solito indossare. Il governo di Caligola (che durò per meno di quattro anni, dal 37 al 41) fu contraddistinto da una politica dissoluta e dispendiosa, con atteggiamenti filo-orientali e tendenze dispotiche che lo portarono, mentre tentava di ottenere il consenso popolare anche attraverso l'organizzazione di costosi giochi pubblici, a scontrarsi con la *nobilitas* senatoria, ad opera della quale fu probabilmente ordita la congiura in cui trovò la morte nel 41.

Alla morte di Caligola, al governo salì lo zio Claudio (imperatore dal 41 al 54). Pur essendo stato fino a quel momento tenuto distante dalla politica dalla propria famiglia, poiché ritenuto inadatto a governare in ragione delle infermità fisiche da cui era affetto, divenne imperatore in quanto all'epoca era l'unico maschio adulto della dinastia Giulio-Claudia. Nonostante il giudizio negativo dei contemporanei – basti ricordare l'opera satirica che, dopo la sua morte, fu scritta da Seneca, dall'inequivoco titolo *Apokolokyntosis* (Apoteosi di una zucca) – che hanno tramandato, tra l'altro, l'immagine di un uomo succube delle proprie mogli, tra cui la scandalosa Messalina e l'ambiziosa Agrippina, il governo di Claudio è stato rivalutato dai moderni. Egli avrebbe, infatti, posto in essere una politica morigerata e volta al pubblico interesse, dimostrandosi attento nell'amministrazione e nella gestione delle finanze pubbliche (fortemente compromesse dagli eccessi del predecessore) e rendendosi autore anche di importanti interventi non solo di tipo legislativo, ma anche urbanistico (come quelli relativi al porto di Ostia) e militare (si pensi alla conquista della Bretagna).

Claudio morì nel 54, a causa di un avvelenamento forse ordito dalla stessa moglie Agrippina, che avrebbe voluto favorire l'ascesa al trono del figlio Nerone (avuto dal precedente marito). Il regno di Nerone (imperatore dal 54 al 68) fu inizialmente (per i primi cinque anni: c.d. *quinquennium Neronis*) connotato da un buon governo, moderato e rispettoso del senato, che il giovane imperatore portò avanti sotto la guida, oltre che della madre Agrippina, del filosofo Seneca, scelto come suo precettore, ma successivamente allontanato, quando la politica di Nerone effettuò una svolta in senso assolutistico e filo-ellenico. Il suo governo ripropose per certi aspetti gli eccessi di Caligola, attraverso tentativi di accattivarsi il favore popolare mediante l'organizzazione di dispendiosi giochi e spettacoli, che misero a dura prova le casse pubbliche, assieme agli interventi di ricostruzione del centro urbano che andò in larga parte distrutto a causa del terribile incendio del 64, a seguito del quale Nerone fece costruire la fastosa *Domus Aurea* come nuova residenza imperiale: da qui le ipotesi che si sia trattato di un fuoco doloso, voluto dallo stesso imperatore. Stando al resoconto di Tacito, proprio per distogliere le voci che lo accusavano di aver orchestrato l'incendio della città, egli avrebbe scaricato l'accusa sui cristiani, prendendo contro di loro severi provvedimenti e colpendoli con pene atroci, dando così avvio alla stagione delle grandi persecuzioni, il cui inizio viene tradizionalmente collocato nel 64. Altrettanto nefasto fu l'anno successivo, contraddistinto da una crudele vendetta nei confronti degli oppositori politici che avevano preso parte alla c.d. congiura dei Pisoni, scoperta e duramente repressa anche grazie al prefetto del pretorio Tigellino, noto per essere uno dei più fedeli e feroci funzionari di Nerone. Alla congiura avrebbe preso parte anche lo stesso Seneca, il quale per questo fu costretto al suicido assieme ad altri letterati dell'epoca. La fine dell'impero di Nerone fu dovuta proprio agli insanabili contrasti con l'ordine senatorio e al malcontento dilagante nelle province, che portarono ad una serie di rivolte, tra cui celebre quella di Giulio Vindice in Gallia, poi sedata. Abbandonato infine anche dai pretoriani, Nerone fu costretto a fuggire da Roma e, secondo le fonti, si fece uccidere da un proprio liberto nel 68.

Alla morte di Nerone seguì un anno di disordini e lotte, definito come «prima anarchia militare» (A. GUARINO, *Storia del diritto romano*, Napoli, 1969[4], p. 335), che terminò con l'ascesa al potere dell'anziano Galba, che all'epoca era governatore della Spagna. Galba fu il primo dei quattro imperatori protagonisti del *longus et unus annus*, espressione con cui Tacito si riferisce al periodo tra il 68 e il 69 (c.d. anno dei quattro imperatori), in cui si susseguirono al potere Galba, Otone, Vitellio e Vespasiano, tutti giunti al governo senza una base familiare. Otone, inizialmente alleato di Galba, si rivoltò contro di lui, assumendo il potere, che gli fu poi sottratto da Vitellio, che salì al trono grazie all'appoggio delle legioni. Il sostegno militare fu determinante anche per l'ascesa di Vespasiano, il quale ottenne il potere nel 69, su acclamazione delle truppe di cui era comandante per la repressione delle rivolte scoppiate in Giudea nel 66, per poi ottenere il riconoscimento formale da parte del senato.

Vespasiano mantenne il potere per un decennio (dal 69 al 79), contraddistinguendosi per un governo efficiente e autorevole, volto al risanamento delle finanze pubbliche, attuato attraverso un intransigente controllo dell'esazione fiscale e l'introduzione di nuovi tributi, che, se comportò un certo malcontento nei contemporanei, ha consentito alla dottrina moderna di apprezzarne le doti amministrative, tanto da essere considerato «la figura più importante emersa dopo Augusto» (L. CAPOGROSSI COLOGNESI, *Storia di Roma tra diritto e potere*, Bologna, 2021[3], p. 312). A Vespasiano si debbono, inoltre, importanti interventi di carattere urbanistico, tra cui uno dei più celebri simboli della romanità classica, l'anfiteatro Flavio (meglio noto come Colosseo), inaugurato dopo la sua morte.

Con Vespasiano si tornò ad un criterio di successione dinastica: egli dette avvio alla dinastia dei Flavi, che proseguì con i figli Tito (imperatore dal 79 all'81) e Domiziano (imperatore dall'81 al 96). Il governo di quest'ultimo fu connotato da particolare severità: ossessionato dal timore di cospirazioni nei suoi confronti, attuò persecuzioni non solo politiche e religiose, ma anche dirette a letterati e filosofi, tanto da guadagnarsi l'appellativo (attribuitogli dal poeta satirico Giovenale) di "calvo Nerone". Egli trovò la morte proprio in una congiura senatoria, a cui prese parte probabilmente la stessa moglie dell'imperatore, Domizia Longina.

La morte di Domiziano portò al governo l'anziano senatore Nerva, che fu imperatore per un breve periodo (tra il 96 e il 98). Privo di eredi maschi, prima di morire Nerva scelse di adottare un figlio, recuperando un meccanismo già sperimentato e praticato, che trovò applicazione anche con Traiano, Adriano e Antonino Pio. Nerva adottò e designò come suo successore il generale Traiano, di origine spagnola, che fu il primo provinciale a ricoprire la carica di imperatore, in esito ad un processo di progressiva assimilazione e romanizzazione delle élite provinciali che si era già manifestato durante la dinastia Flavia. Sotto Traiano (imperatore dal 98 al 117) si attuò l'ultima stagione delle grandi conquiste militari, tra cui l'annessione della Dacia, che portarono l'impero a raggiungere la sua massima espansione territoriale. Al controllo e al consolidamento dei confini fu, invece, dedicata la politica del successore adottivo di Traiano, Adriano (imperatore dal 117 al 138, anch'egli spagnolo), come dimostra l'imponente fortificazione in pietra che fece erigere sul confine della provincia di Britannia (il celebre vallo di Adriano). Uomo di vasta cultura, si impegnò per una valorizzazione dello sviluppo urbano, recandosi personalmente nelle province anche più lontane dell'impero. Adriano si contraddistinse, inoltre, per un importante intervento giuridico, che, come vedremo (vedi *infra*, § 3.2) determinò un radicale cambiamento del sistema delle fonti di produzione normativa, con particolare riferimento al diritto onorario.

Il problema della successione fu risolto da Adriano ancora una volta ricorrendo all'adozione, con cui egli designò suo erede Aurelio Antonino (imperatore dal 138 al 161), detto "Pio" per il sentimento di affetto e di devozione che egli nutriva verso il padre adottivo, di cui ottenne la divinizzazione, nonostante l'iniziale opposizione del senato. Egli viene rappresentato come un imperatore saggio e retto, che fu in grado di assicurare a Roma un periodo di tranquillità economica e di pace interna. Nel 147 Antonino Pio associò al governo il figlio adottivo, Marco (che egli aveva adottato su indicazione dello stesso Adriano), che poi divenne imperatore con il nome di Marco Aurelio (regnando dal 161 al 180). Considerato dalla storiografia (secondo la definizione di Gibbon) come l'ultimo dei "cinque buoni imperatori" (dopo Nerva, Traiano, Adriano e Antonino Pio), Marco Aurelio è passato alla storia come l'"imperatore filosofo", in ragione della sua saggezza e della sua ampia e raffinata cultura. Estimatore della filosofia stoica, ad essa ispirò il proprio governo, improntato a moderazione e rispetto dei doveri, grazie ai quali riuscì a mantenere un buon rapporto anche con il senato.

Durante il suo regno, Marco Aurelio dovette affrontare un periodo di crisi, non solo economica ma anche demografica, determinata da un lato da una serie di estenuanti campagne militari in difesa dei confini imperiali (tra cui la guerra contro i Parti), dall'altro da una grave epidemia di peste, a causa della quale morì nel 180, seguendo così la medesima sorte di Lucio Vero, fratello adottivo (anch'egli adottato da Antonino Pio), con cui Marco Aurelio governò fino al 169 (anno della morte di Lucio Vero). Venuto a mancare quest'ultimo, Marco Aurelio associò a sé nel governo (nel 176) il figlio Commodo – favorendo dunque nuovamente una successione fondata su un criterio familiare – che, alla morte del padre (180), assunse il titolo di imperatore, detenendolo fino al 192. La politica e l'indole di Commodo furono molto distanti da quelle del padre: l'atteggiamento autoritario e antisenatorio, da un lato, e il carattere crudele e stravagante, dall'altro, furono causa di una serie di congiure ordite nei suoi confronti, in una delle quali trovò la morte, alla fine del 192.

Seguì quindi un periodo di crisi politica, con i brevissimi imperi prima di Pertinace, ucciso dai pretoriani, e poi di Didio Giuliano, che regnarono per pochi mesi. Grazie all'appoggio delle truppe ascese poi al potere Settimio Severo (imperatore dal 193 al 211 e fondatore della dinastia dei Severi), un comandante di origine africana, il quale cercò di legittimare il proprio potere proclamandosi figlio di Marco Aurelio e fratello di Commodo. Con l'obiettivo di ripristinare il criterio dinastico, designò come suoi successori i figli Geta e Caracalla, avuti dalla moglie Giulia Domna, di origine siriana, celebre per l'influenza politica che ebbe nella gestione dell'impero del marito e per il ruolo di mediazione rispetto ai figli, animati da un forte conflitto, che causò il fallimento del loro governo congiunto (211-212), terminato con l'assassinio di Geta ad opera del fratello. Poco dopo Caracalla fece uccidere anche il giurista Papiniano, che aveva svolto un ruolo centrale nella burocrazia imperiale fino alla morte di Settimio Severo, ricoprendo anche la carica di prefetto del pretorio.

L'impero di Caracalla, per quanto breve (212-217), fu contraddistinto da un importante provvedimento, la *Constitutio Antoniniana*, nota anche come editto di Caracalla (vedi *infra*, § 3.3), che sancì l'estensione della cittadinanza a pressoché tutti gli abitanti dell'impero. Nonostante la sua politica a favore dell'esercito e dei soldati, Caracalla fu ucciso proprio per un tradimento militare, forse ordito, durante la campagna orientale contro i Parti, dall'allora prefetto del pretorio Macrino, che governò dopo di lui (per poco più di un anno, tra il 217 e il 218). Macrino, primo imperatore di estrazione non senatoria ma equestre, nominò come suo successore il figlio Diadumeniano; tuttavia, alla sua morte il potere fu assunto dal giovane siriano Eliogabalo (o Elagabalo, imperatore dal 218 al 222), anche grazie al sostegno della madre e della nonna materna. Il regno di Eliogabalo è ricordato soprattutto per la politica religiosa e per il tentativo di sovvertire il pantheon romano per affermare il culto della divinità solare di Emesa, di cui egli era sacerdote. Alla sua morte, intervenuta per mano dei pretoriani, gli successe il cugino Alessandro Severo (imperatore dal 222 al 235), che, stante la giovane età, fu assistito nei primi anni dalla nonna e dalla madre, oltre che dal giurista Ulpiano; quest'ultimo esercitò su di lui grande influenza, assumendo importanti cariche, tra cui quella di prefetto del pretorio, prima di cadere, a sua volta, ucciso dai pretoriani nel 223. Il regno di Alessandro Severo, considerato positivamente dagli storici dell'epoca, fu connotato da un clima di sincretismo religioso e da una politica filosenatoria, volta a ridurre l'ingerenza del ceto militare negli affari politici. Nonostante i tentativi di guadagnarsi l'appoggio dei soldati, Alessandro Severo cadde assassinato, assieme alla madre, per mano di questi ultimi, durante una campagna contro le tribù germaniche.

Con la sua morte, nel 235, si chiuse la dinastia dei Severi e prese avvio un periodo di crisi, la c.d. crisi del terzo secolo, che durò per circa un cinquantennio (dal 235 al 284, anno dell'ascesa al potere di Diocleziano). Le problematiche all'origine di tale crisi investivano diversi fronti: quello politico-militare, per la difficoltà di difendere i confini dell'impero dalle sempre più frequenti incursioni barbariche; quello economico-sociale, per la forte pressione fiscale, che aveva favorito la diffusione di attività illecite e di fenomeni di banditismo. Tutto ciò determinò un clima di forte instabilità politica, che portò ad «un secondo periodo di anarchia militare» (A. GUARINO, *Storia del diritto romano*, Napoli, 1969, p. 350), in cui al potere si susseguirono una serie di comandanti, proclamati imperatori su acclamazione delle loro truppe (c.d. "principi soldati"). In particolare, gli ultimi decenni del terzo secolo (268-283) furono caratterizzati dal governo dei c.d. "imperatori illirici", così qualificati in ragione della loro provenienza dall'Illirico, regione corrispondente alla parte occidentale della penisola balcanica. Questa turbolenta fase si concluse con l'ascesa di Diocleziano, un generale proveniente dalla Dalmazia, che governò l'impero per oltre vent'anni (284-305), inaugurando il sistema della c.d. "tetrarchia" (con cui mirava a risolvere il problema della successione al potere) e dando avvio alla nuova forma di governo tradizionalmente qualificata come "dominato".

2. *La sorte degli organi repubblicani nel principato e i nuovi organi imperiali*

2.1. *Le magistrature*

Nonostante la formale sopravvivenza degli organi repubblicani, durante il principato (e ancor più nei successivi secoli dell'impero) i poteri e le prerogative delle magistrature, delle assemblee popolari e del senato mutarono considerevolmente. Com'è stato osservato, «la storia della costituzione augustea e del principato è anche la storia della restaurazione formale ed apparente degli organi repubblicani e del loro scadimento sostanziale come organi di direzione politica e perciò della loro più o meno profonda trasformazione costituzionale» (F. DE MARTINO, *Storia della costituzione romana*, vol. IV, Napoli, 1974, p. 549). Tale trasformazione tuttavia avvenne, per i vari organi, in tempi e in modi diversi: essa riguardò in prima battuta gli organi simbolo della democrazia, quali i comizi, mentre maggiore cautela fu adottata nei confronti del senato, in quanto assemblea rappresentativa della *nobilitas* romana.

Anche le magistrature, pur non essendo formalmente abolite, andarono incontro ad una involuzione: furono in gran parte private del loro potere politico, che fu progressivamente trasferito al *princeps* e a nuove cariche amministrative, di diretta nomina imperiale (funzionari imperiali: vedi *infra*, § 2.4). Le magistrature che subirono i colpi più pesanti furono quelle adibite a funzioni squisitamente politiche, prima tra tutte il consolato. I consoli continuarono ad essere eletti ogni anno e, almeno formalmente, mantennero il ruolo di rappresentanza statale, quanto meno in assenza del *princeps*. Sostanzialmente, però, furono svuotati del loro potere politico, essendo privati delle tradizionali prerogative dell'*imperium militiae* (ormai spettante al *princeps* in ragione dell'*imperium proconsulare maius et infinitum*) e dell'*imperium domi* (fortemente limitato dai poteri del *princeps* e, in seguito, anche da quelli attribuiti ai prefetti: vedi *infra*, § 2.4). Anche le tradizionali facoltà di convocazione del comizio e del senato (*ius agendi cum populo* e *cum patribus*) trovarono limitata applicazione, in ragione dell'attribuzione di medesimi poteri in capo al principe e della riduzione del ruolo politico di entrambe le assemblee. Parallelamente alla perdita di peso politico, i consoli acquisirono però nuove funzioni in ambito privatistico, soprattutto in settori particolarmente rilevanti per la vita sociale, come la tutela, le manomissioni e la successione ereditaria.

Al cambiamento costituzionale sopravvisse anche la più importante magistratura plebea, il tribunato della plebe. Esso perse, però, a sua volta, gran parte del proprio peso politico, in ragione dell'attribuzione al *princeps* della *tribunicia potestas*, antica prerogativa su cui si fondava il potere dei tribuni. Questi mantennero formalmente la loro inviolabilità e i loro tradizionali poteri, quali l'*intercessio*, il *ius auxilii*, la facoltà di irrogare *multae* e il potere di convocazione del concilio plebeo (*ius agendi cum plebe*). Progressivamente i poteri dei tribuni si ridussero sempre di più, soprattutto in ragione della possibilità del *princeps* di opporsi alle loro proposte mediante l'*intercessio* derivante dalla *tribunicia potestas*. Il tribunato finì così per diventare, come avvenne per altre magistrature, un organo del potere imperiale.

Quanto all'altra magistratura di origine plebea, l'edilità, pur essendo mantenuta, perse gradualmente molte delle sue prerogative, soprattutto a causa del trasferimento di gran parte di queste ai nuovi funzionari imperiali. In particolare, la *cura urbis* passò al *praefectus urbi* e l'approvvigionamento alimentare al *praefectus annonae*. Anche l'organizzazione dei giochi pubblici, che in età imperiale rappresentò un rilevante strumento di consolidazione del potere e del consenso sociale, fu sottratta agli edili e attribuita alla pretura già dallo stesso Augusto. Essi mantennero, dunque, le funzioni non strettamente politiche, in particolare quella giurisdizionale, che continuò ad essere esercitata dagli edili curuli nelle materie di loro competenza.

Per lo stesso motivo, sopravvissero senza essere sostanzialmente esautorate le magistrature prive di potere politico, quali la questura e la pretura. La questura non subì cambiamenti di rilievo, salva la riduzione del numero dei questori e la sottrazione di alcune competenze, come l'amministrazione dell'erario pubblico, che fu trasferita a due pretori.

Intatte rimasero inizialmente anche le funzioni della pretura, la magistratura tradizionalmente adibita all'amministrazione della giustizia, che anzi trovò con la *lex Iulia iudiciorum privatorum*, emanata da Augusto nel 17 a.C. (vedi *infra*, § 4.1), consolidamento e migliore definizione. Tuttavia, anche questa carica era destinata a subire un inaridimento, cosa che avvenne durante l'impero di Adriano, il quale commissionò al giurista Salvio Giuliano la redazione di una versione codificata dell'editto (c.d. *edictum perpetuum*: vedi *infra*, § 3.2), che da quel momento sarebbe divenuto immodificabile. D'altra parte, le nuove esigenze dell'amministrazione imperiale portarono alla creazione, accanto alle tradizionali figure del pretore urbano e peregrino, di nuovi pretori, con competenza specifica in determinate materie, come quella erariale (*praetores aerarii*, introdotti da Augusto), ereditaria (*praetor fideicommissarius*, introdotto da Claudio), fiscale (*praetor qui inter fiscum et privatos ius dicit*, introdotto da Nerva), tutelare (*praetor tutelaris*, introdotto da Marco Aurelio).

Infine, sui governatori provinciali ci soffermeremo a breve, quando tratteremo delle province senatorie e imperiali (vedi *infra*, § 2.5).

2.2. *Le assemblee popolari*

Sempre nell'ottica di conservazione delle istituzioni repubblicane, Augusto scelse di mantenere le assemblee popolari, non intaccandone, almeno in apparenza, la sovranità, considerata il fondamento della *res publica* romana. Il comizio rimase attivo con riferimento alle tradizionali funzioni legislativa ed elettorale, mentre perse definitivamente quella in materia di giurisdizione criminale. La competenza penale del comizio, d'altra parte, aveva già avviato da anni il suo processo di disgregazione, a seguito dell'istituzione e affermazione – antecedente all'avvento di Augusto – delle *quaestiones perpetuae*. Non era immaginabile che tale competenza potesse risorgere in età imperiale, che vide anzi un progressivo abbandono delle *quaestiones* in favore delle nuove procedure della *cognitio extra ordinem*. La scomparsa della funzione giurisdizionale del popolo si riverberò anche sulla *provocatio ad populum* (da cui le competenze giudiziarie del comizio derivavano), che fu sostituita dalla *appellatio* (vedi *infra*, § 4.3), ossia la possibilità di proporre appello all'imperatore (o ai suoi delegati) contro le sentenze emesse dai funzionari.

Fu invece mantenuta la funzione elettorale del comizio, sebbene spesso questa si traducesse in un atto meramente formale, tenuto conto che i magistrati non di rado erano eletti a fronte della *commendatio* dell'imperatore, ossia del suo "suggerimento elettorale". Si trattava di una prassi che andava ben oltre quella della *suffragatio* di età repubblicana, con cui personalità autorevoli della politica esprimevano raccomandazioni agli elettori in favore di determinati candidati. Pur non traducendosi in una nomina imperiale diretta, la *commendatio* avrebbe chiaramente influenzato le decisioni dell'assemblea, che sarebbe stata orientata, se non addirittura vincolata, a scegliere il candidato sostenuto dal *princeps*. Per alcune magistrature (consolato e pretura), inoltre, fu introdotta la prassi della *destinatio magistratuum*, cioè la designazione dei candidati da parte di un gruppo ristretto composto da senatori e cavalieri, che veniva poi sottoposta al voto dell'assemblea.

Quanto al potere legislativo del comizio, questo fu da Augusto non solo mantenuto, ma addirittura incrementato. Egli fu prolifico promotore di leggi davanti ai comizi, i quali svolsero dunque in quest'epoca una significativa attività legislativa. Molte furono le leggi augustee rilevanti, che riguardarono, nei primi anni del suo principato, prevalentemente due ambiti: quello familiare e quello processuale.

Tra le leggi in materia familiare e matrimoniale, ricordiamo la *lex Iulia de maritandis ordinibus* (sugli ordini matrimoniali) del 18 a.C. e la *lex Papia Poppaea nuptialis* del 9 d.C. (queste due considerate unitariamente dai giuristi romani sotto la denominazione di *lex Iulia et Papia*), che contenevano disposizioni volte a contrastare la diffusione del celibato e dei divorzi, incentivando il matrimonio e la natalità; in particolare, erano previste disposizioni premiali in favore di coloro che si fossero sposati entro una data soglia di età e che avessero procreato un certo numero di figli, nonché sanzioni per i *caelibes* (persone non sposate) e gli *orbi* (coloro che, pur essendo sposati, non avessero generato figli). Correlata alle citate leggi fu anche la *lex Iulia de adulteriis coercendis* del 18-17 a.C., con cui fu riformata la repressione dell'adulterio, anche attraverso l'istituzione di un apposito tribunale (*quaestio de adulteriis*: vedi *infra*, § 4.1).

In materia processuale, poi, il *princeps* emanò due rilevanti provvedimenti, entrambi del 17 a.C., con cui intese riformare il sistema del processo privato e pubblico: la *lex Iulia iudiciorum privatorum* e la *lex Iulia iudiciorum publicorum* (vedi *infra*, § 4.1).

Importanti furono anche la *lex Iulia de collegiis*, che limitò il diritto di libera associazione, la *lex Iulia sumptuaria*, contenente norme repressive del lusso sfrenato, la *lex Fufia Caninia* in tema di manomissioni e, inoltre, le numerose leggi in materia criminale, che riformarono alcune delle principali fattispecie penali. Tra queste, oltre alla già menzionata *lex Iulia de adulteriis*, ricordiamo le *leges Iuliae de ambitu*, *de vi publica et privata*, *maiestatis*, *peculatus*.

La funzione legislativa comiziale, fortemente attiva in epoca augustea, iniziò tuttavia, con i successivi imperatori, un processo di lenta ma inarrestabile decadenza (su cui ci soffermeremo a breve: vedi *infra*, § 3.1), cedendo progressivamente il posto al potere normativo di diretta promanazione imperiale.

2.3. *Il senato*

Durante l'età imperiale la storia del senato non seguì un andamento univoco, essendo condizionata dall'indole dei diversi imperatori e dalle linee di governo a cui ciascuno di loro ispirò la propria politica.

Come gli altri organi repubblicani, anche il senato continuò ad operare durante il principato: anzi, Augusto affermò l'importanza di restaurare la dignità dell'alta assemblea, restituendole l'antico splendore. Nei fatti, tuttavia, l'attività del senato finì per essere fortemente condizionata dalla figura del principe, che ricopriva il ruolo di *princeps senatus* (primo tra i senatori), indirizzando le decisioni dell'assemblea.

Il senato, così, nel corso dei secoli dell'impero perse progressivamente gran parte del proprio potere politico, che si concentrò sempre più nelle mani del *princeps*, la cui autorità era preminente. Un tempo fondamentale organo di direzione politica e amministrativa, in età imperiale il senato dovette fare i conti con la nuova presenza non solo dell'imperatore, ma anche dei suoi funzionari (vedi *infra*, § 2.4), che a differenza dei magistrati erano nominati dallo stesso imperatore e non erano limitati all'annualità, durando in carica, esattamente come i senatori, potenzialmente a tempo indeterminato. Molti dei tradizionali poteri di governo e di amministrazione del senato furono dunque limitati, essendo ripartiti con i nuovi organi imperiali (come nel caso della gestione delle province: vedi *infra*, § 2.5) o trasferiti del tutto a questi ultimi.

A fronte della perdita della funzione politica, il senato acquisì però nel corso dell'età imperiale nuovi poteri, con riferimento a due principali ambiti: quello normativo e quello giudiziario.

Relativamente all'ambito normativo, la progressiva decadenza dei comizi determinò uno spostamento del centro di produzione legislativa, che si concentrò nelle mani dell'imperatore (che lo esercitava tramite le proprie costituzioni: vedi *infra*, § 3.3) e del senato (che aveva la facoltà di emanare senatoconsulti con valore normativo: vedi *infra*, § 3.4). Già in età augustea si registrò un sensibile incremento dell'attività legislativa dell'alto consesso, destinata ad aumentare nei secoli successivi; numerosi e significativi sono i provvedimenti senatori di cui abbiamo notizia, che riguardarono prevalentemente profili attinenti al diritto privato, come ad esempio questioni di diritto familiare e, segnatamente, ereditario.

Oltre all'ambito legislativo, il senato ampliò poi le proprie competenze giudiziarie, che nel corso della repubblica aveva esercitato solo in casi straordinari e per fatti di particolare rilievo pubblico. Augusto, infatti, concesse al senato la possibilità di operare come corte di giustizia (vedi *infra*, § 4.3), sebbene tale potere fosse inizialmente limitato ai processi per reati politici e a quelli coinvolgenti membri della stessa assemblea senatoria. Nei secoli successivi, poi, la competenza giudiziaria del senato crebbe, estendendosi anche ad ipotesi a contenuto non strettamente politico o non coinvolgenti esponenti del senato. Tuttavia, anche questa prerogativa era destinata a decadere, soprattutto a partire dall'età severiana, quando la *cognitio* senatoria fu progressivamente assorbita da quella dei funzionari imperiali.

Tra le ulteriori attribuzioni del senato in età imperiale, ricordiamo infine quelle, già presenti durante la repubblica, di tipo sacrale o sociale, come l'autorizzazione di sacrifici e giochi pubblici, ma anche la facoltà di decretare il trionfo e il conferimento di titoli onorifici; nonché nuove prerogative connesse al mutato assetto costituzionale, quali la formale nomina del nuovo imperatore e il potere di dichiararne l'apoteosi, una volta defunto.

2.4. *I funzionari imperiali e le prefetture*

Parallelamente alla perdita di potere dei magistrati, emersero nuove figure amministrative, create dal *princeps*: i funzionari imperiali. Non si trattava di nuove magistrature, ma di una diversa categoria di soggetti, a cui furono attribuiti poteri di gestione pubblica un tempo rientranti nella competenza delle cariche magistratuali repubblicane. Si venne così a creare un nuovo apparato statale, avente al centro la figura dell'imperatore, che operava attraverso i propri funzionari, uomini di fiducia che lavoravano alle sue dipendenze, eseguendo i suoi ordini e applicando le sue direttive.

Per garantire che questi fossero individuati tra persone fidate e vicine al potere centrale, in un primo momento i funzionari furono scelti dall'imperatore tra i propri liberti (schiavi liberati e rimasti legati all'ex padrone, ora *patronus*, da un rapporto di fiducia e *obsequium*). In seguito, tuttavia, tale forma di reclutamento non fu più sufficiente e i nuovi funzionari iniziarono ad essere scelti anche tra persone esterne alla *familia* imperiale. Soprattutto in una prima fase, questi erano però solitamente selezionati all'interno della classe degli *equites* (cavalieri), con l'obiettivo di riequilibrare i poteri concessi (in ambito normativo e giudiziario) al senato, in quanto ordine sociale tradizionalmente contrapposto a quello equestre.

I funzionari imperiali, pur non essendo magistrati, esercitavano spesso compiti analoghi a quelli appannaggio delle antiche magistrature repubblicane, dalle quali si distinguevano però sotto vari profili. A tale riguardo, è possibile individuare tre principali elementi di differenza tra le due figure: il meccanismo di nomina, la durata della carica e l'aspetto retributivo.

Con riferimento alla nomina, la tradizionale modalità elettiva fu sostituita dalla nomina diretta da parte dell'imperatore. Mentre i magistrati repubblicani erano eletti dall'assemblea popolare (riunita nelle sue diverse forme a seconda del tipo di magistratura per la cui elezione si doveva procedere), i funzionari imperiali non erano individuati a seguito di un meccanismo elettorale, ma venivano scelti e nominati direttamente dall'imperatore. Il popolo non era dunque coinvolto nella scelta, effettuata dal potere centrale senza alcun passaggio, neppure formale, di fronte all'assemblea dei *cives*.

Un ulteriore profilo di distinzione atteneva alla durata in carica delle due figure. Mentre i magistrati repubblicani duravano in carica per un periodo di tempo determinato, solitamente annuale – salvo alcuni, come i censori e il dittatore, il cui mandato aveva una diversa durata – per i funzionari imperiali non era prevista una durata legale. Essi restavano in carica finché avessero goduto del favore dell'imperatore, il quale avrebbe potuto rimuoverli in qualsiasi momento, laddove fosse venuto meno il rapporto di fiducia, o mantenerli in carica anche oltre l'anno. In ragione di ciò, la carica dei funzionari imperiali poteva tradursi, potenzialmente, in un incarico a tempo indeterminato.

Infine, magistrati repubblicani e funzionari imperiali si differenziavano anche per un ulteriore aspetto. Le magistrature erano considerate *honores*, incarichi che conferivano indiscusso prestigio, ma per i quali non era prevista una retribuzione. Di conseguenza, tali posizioni erano ricoperte da persone che si trovavano in condizioni economiche tali da consentire un impegno pubblico a titolo gratuito. Al contrario, i funzionari imperiali erano a tutti gli effetti dipendenti del *princeps* e, per lo svolgimento della loro attività, percepivano una retribuzione periodica.

Con la nascita delle nuove figure dei funzionari imperiali si venne a creare anche una articolazione interna a seconda delle posizioni da questi ricoperte, in base ai compiti più o meno importanti che erano loro assegnati. Si determinò, conseguentemente, una organizzazione amministrativa fondata su un criterio gerarchico, che avrebbe portato, in progresso di tempo, alla creazione di una vera e propria burocrazia imperiale, avente il suo vertice nella figura dell'imperatore, a cui ogni funzionario doveva in ultima istanza rispondere. Si delinearono, di conseguenza, anche i presupposti per lo svolgimento di una carriera burocratica, che i funzionari imperiali potevano aspirare a percorrere per giungere a ricoprire le cariche di maggiore rilievo.

Tra i funzionari imperiali, particolarmente importanti erano i prefetti, posti alle dirette dipendenze dell'imperatore. Ad Augusto si deve la creazione di quattro diversi incarichi prefettizi: il *praefectus prae-*

torio (prefetto del pretorio), il *praefectus urbi* (prefetto della città), il *praefectus vigilum* (prefetto dei vigili) e il *praefectus annonae* (prefetto dell'annona), ognuno competente per uno specifico comparto dell'amministrazione pubblica. Ciascuno di questi prefetti aveva inoltre, come vedremo (vedi *infra*, § 4.4), una competenza criminale specifica nelle materie di sua afferenza.

Il *praefectus praetorio* era in origine il comandante della guardia del corpo dell'imperatore: aveva, infatti, il comando della guardia imperiale formata dalle *cohortes praetoriae*. In seguito, il prefetto del pretorio divenne il "braccio destro" del *princeps*, fino ad essere considerato come una sorta di "vice" dell'imperatore.

Il *praefectus urbi* era il rappresentante dell'imperatore nel territorio cittadino, nel quale ricopriva rilevanti poteri di polizia, militari e giurisdizionali. Il *praefectus urbi* era, in sostanza, il capo della polizia e il custode dell'ordine pubblico. Aveva il compito di vigilare sulla sicurezza della vita cittadina e sulla tranquillità della popolazione. Nelle sue mansioni rientravano, dunque, la sorveglianza dei luoghi pubblici, in particolar modo quelli normalmente più frequentati e affollati, nonché il controllo delle associazioni tra cittadini. Per quanto attiene al profilo militare, il *praefectus urbi* era a capo delle coorti urbane, attraverso le quali controllava e reprimeva le condotte che turbassero il tranquillo svolgimento della vita cittadina. In ragione delle competenze ricoperte con riguardo all'ordine pubblico e alla salvaguardia della città, il *praefectus urbi* prese progressivamente il posto dei magistrati edili, tradizionalmente competenti per la *cura urbis*, funzione che fu sostanzialmente assorbita dalla nuova figura prefettizia.

Nell'esercizio dei propri compiti il *praefectus urbi* era affiancato da un'ulteriore figura, il *praefectus vigilum*, dotato di poteri inferiori e limitati a specifici ambiti, quali il mantenimento dell'ordine nelle ore notturne e la prevenzione e lo spegnimento degli incendi.

L'ultima figura prefettizia creata da Augusto fu il *praefectus annonae*, un funzionario di rango equestre che aveva il compito di sovrintendere all'amministrazione alimentare della città e alla distribuzione di viveri, con particolare riferimento al rifornimento di grano; competenze, queste, in epoca repubblicana rientranti nella generale funzione di *cura urbis* affidata agli edili.

2.5. *Il territorio provinciale: province senatorie e province imperiali*

La ricerca di armonia nel rapporto tra *princeps* e senato trovò una ripercussione diretta anche sull'organizzazione del territorio provinciale. Già durante il principato augusteo si delineò una distinzione tra due diverse tipologie di province: quelle affidate alla direzione del senato (province senatorie) e quelle poste sotto il diretto controllo dell'imperatore (province imperiali).

Le province senatorie erano le province civilizzate, ricche e pacificate, nelle quali non vi era bisogno di un controllo militare costante e capillare.

Le province imperiali, al contrario, erano le province di nuova istituzione o quelle considerate meno sicure e più esposte al pericolo di guerre e di disordini militari. Per questo motivo, l'imperatore preferiva mantenere tali territori sotto il suo diretto controllo.

Le province senatorie erano governate secondo le antiche regole repubblicane. I governatori erano ex magistrati, ora denominati generalmente proconsoli (*proconsules*), anche quando si trattava di ex pretori. Come i vecchi magistrati repubblicani, i governatori duravano in carica un anno, alla scadenza del quale rientravano in patria, dovendo essere sostituiti da nuovi magistrati.

Le province imperiali, invece, non erano affidate a promagistrati, bensì a funzionari imperiali, denominati *legati Augusti pro praetore*. Tali funzionari erano in sostanza dei delegati dell'imperatore, che svolgevano funzioni analoghe a quelle dei vecchi promagistrati (proconsoli e propretori). A differenza dei proconsoli gerenti le province senatorie, che avevano un mandato annuale, i funzionari a capo delle province imperiali erano nominati, come ogni altro funzionario imperiale, a tempo indeterminato: in sostanza, restavano in carica finché il *princeps* non decidesse di revocarli.

Un'altra differenza tra le due figure poste a capo delle province senatorie e imperiali riguardava la presenza o meno di ulteriori soggetti loro subordinati. Mentre, infatti, i proconsoli delle province senatorie potevano avere funzionari alle proprie dipendenze, tale possibilità non era prevista per i *legati* delle province imperiali. Tuttavia, questi erano spesso affiancati dalla figura del *legatus iuridicus*, un funzionario avente specifici compiti di rappresentanza dell'imperatore nell'esercizio dell'attività giurisdizionale.

La distinzione tra province imperiali e province senatorie assumeva rilievo anche sotto un diverso profilo, attinente all'amministrazione fiscale e al riparto delle casse pubbliche. Infatti, è verosimile che la nuova articolazione delle province e la scelta di riservarne un certo numero al controllo diretto dell'imperatore fosse dettata anche dall'intenzione di sottrarre al controllo del senato parte delle risorse pubbliche. L'avvento del principato determinò dunque la creazione di nuovi istituti, che affiancarono quelli di matrice repubblicana: accanto all'*aerarium Populi Romani*, affidato al controllo del senato, in età imperiale fu creata una nuova cassa, sottoposta al controllo del *princeps*: il *fiscus*. In queste due diverse casse confluivano anche i redditi provenienti dai territori provinciali: quelli tratti dalle province senatorie (denominati *stipendia*) confluivano nell'antico erario; i redditi ottenuti, invece, dalle province imperiali (denominati *tributa*) confluivano nel *fiscus*, in quanto entrate sottoposte alla diretta gestione dell'imperatore.

3. *La crisi delle fonti del diritto di età repubblicana e le nuove fonti di età imperiale*

3.1. *Il progressivo declino della* lex rogata

La novità del regime costituzionale imperiale trovò la sua immediata evidenza nel sistema delle fonti normative, rispetto alle quali si registrarono significativi cambiamenti. Nei secoli dell'impero si assistette ad una tendenziale decadenza (pur con tempi diversi) delle fonti di età repubblicana e, reciprocamente, ad un progressivo affermarsi di fonti di diretta provenienza imperiale.

Il primo e più forte segnale del cambiamento di passo che si realizzò sul piano giuridico è rappresentato dal declino al quale furono condannate le due principali fonti di produzione repubblicane: da un lato la legge rogata, come fonte di *ius civile*, dall'altro l'editto del pretore (quale modello dell'intera categoria degli editti dei magistrati giusdicenti), come fonte principale di *ius honorarium*. Queste due espressioni normative, pur così diverse nei loro caratteri intrinseci, erano entrambe figlie della costituzione repubblicana, che vedeva protagonisti, da un lato, il ruolo legislativo del comizio, dall'altro, il ruolo creativo, sul piano rimediale, della magistratura del pretore, che, attraverso il suo rinnovamento annuale, consentiva di tutelare le nuove esigenze sociali.

Queste due fonti, ontologicamente coerenti con il sistema di governo repubblicano ma non più confacenti al nuovo assetto politico, tutto incentrato sulla figura del *princeps*, furono le prime ad entrare in crisi, essendo destinate nel corso dell'età imperiale a soccombere definitivamente. Tale processo di progressivo inaridimento, che prese avvio già nei primi anni del principato augusteo, non si attuò in maniera repentina, ma avvenne con gradualità, in tempi variamente diluiti, nonché con atteggiamenti diversi da parte degli imperatori. La premura di Augusto nei confronti delle istituzioni repubblicane venne, infatti, progressivamente abbandonata dai suoi successori. Come abbiamo visto (vedi *supra*, § 2.2), in età imperiale il comizio perse gradualmente la propria centralità anche con riferimento alla funzione legislativa, in favore di un progressivo accentramento della produzione normativa nelle mani del *princeps*. Già con Claudio si manifestarono i primi segnali di tale fenomeno, che raggiunse il culmine con Nerva: l'ultima legge sicuramente comiziale di cui abbiamo testimonianza è, infatti, una *lex agraria* attribuita a questo imperatore, mentre non possiamo affermare con altrettanta certezza che siano state approvate dal popolo ulteriori leggi menzionate da fonti di età imperiale avanzata, tenuto conto che a quell'epoca il termine *leges* era impiegato per indicare non solo le *leges rogatae*, ma anche le costituzioni imperiali (vedi *infra*, § 3.3) e, talvolta, i senatoconsulti con valore normativo (vedi *infra*, § 3.4).

3.2. *La codificazione dell'editto pretorio*

Un destino pressoché analogo, nel senso di una graduale involuzione come fonte del diritto, contraddistinse l'altra fonte tipica dell'età repubblicana: l'editto del pretore. L'editto, principale veicolo di produzione del *ius honorarium*, era infatti indice di un sistema giuridico caratterizzato dall'autonomia dei magistrati, dalla loro capacità di farsi interlocutori della prassi normativa e di tradurla in una nuova regola di diritto, recepita di anno in anno all'interno del testo edittale.

L'editto del pretore conobbe il suo momento di epilogo con Adriano, il quale tra il 130 e il 138 commissionò ad uno dei giuristi più autorevoli del tempo, Salvio Giuliano, un lavoro di "codificazione" (nel senso di stabilizzazione e cristallizzazione) dell'editto pretorio: egli avrebbe dovuto redigere il testo definitivo e immutabile dell'editto, denominato infatti "perpetuo" (*edictum perpetuum*), in quanto sottratto alla possibilità dell'aggiornamento annuale che lo aveva fino a quel momento contraddistinto.

L'intervento adrianeo decretò, dunque, la fine della funzione creativa che l'editto aveva ricoperto per secoli, attraverso l'adeguamento del diritto onorario alle nuove esigenze di giustizia e di equità che la prassi manifestava. La versione codificata dell'editto, infatti, come è stato sottolineato, se da un lato «confermava la funzione giusdicente del pretore», dall'altro «ne bloccava la forza innovativa» (L. CAPOGROSSI COLOGNESI, *Storia di Roma tra diritto e potere*, Bologna, 2021[3], p. 316). Tale esito fu una inevitabile conseguenza del nuovo assetto di potere: «è chiaro che, quanto più il principe andava concentrando in sé, direttamente o a mezzo del senato, l'attività normativa, tanto più la libera funzione creatrice del pretore dovesse presentarsi come un anacronismo» (P. DE FRANCISCI, *Sintesi storica del diritto romano*, Roma, 1968[4], p. 345).

A valle di tale cristallizzazione, un margine di sviluppo delle clausole dell'editto perpetuo sarebbe stato possibile soltanto grazie all'interpretazione della giurisprudenza, che rappresentava l'unico strumento capace di consentire un adeguamento del testo edittale rispetto al caso concreto e una proiezione della disciplina oltre i suoi immediati confini, attraverso la sua estensione a fattispecie analoghe.

In età imperiale, dunque, la flessibilità dell'editto non scomparve del tutto, ma fu affidata ad un diverso soggetto: non più il pretore, ma la cerchia di giuristi interlocutori diretti dell'imperatore, i quali composero – in particolar modo in età severiana – opere di commento all'editto perpetuo, portando avanti così, attraverso la riflessione scientifica e l'attività respondente, un'interpretazione anche creativa, capace di introdurre sviluppi e nuove applicazioni della prassi edittale.

3.3. *Il potere normativo del* princeps: *le costituzioni imperiali*

Accanto alle due fonti appena descritte, legge rogata e editto pretorio, che progressivamente persero la loro importanza, in età imperiale subentrarono fonti nuove, che testimoniano il netto cambio di regime. La prima di queste fonti è rappresentata dalle costituzioni imperiali (*constitutiones principum*). Il termine *constitutio*, avente «di per sé un valore assai ampio», potendo «applicarsi a ogni norma o complesso di norme», fu infatti utilizzato per «indicare, nell'uso comune, gli atti normativi del principe» (M. BRETONE, *Storia del dirit-*

to romano, Roma-Bari, 1987, p. 224), i quali saranno poi, in età tardoantica, individuati con il termine *leges*, quando, a seguito della scomparsa delle *leges rogatae*, le costituzioni rimasero l'unica fonte del diritto di carattere propriamente legislativo.

Nelle costituzioni trovò attuazione la tendenza all'accentramento normativo nelle mani del *princeps*: esse erano, infatti, espressione dall'autonomia dell'imperatore, essendo emanate direttamente da quest'ultimo, senza alcun filtro da parte né del comizio, né del senato. Con questi nuovi provvedimenti si palesò dunque lo spostamento dell'asse della produzione normativa, tanto che, nella ricostruzione che i giuristi di età tardoclassica offrono della forza vincolante delle costituzioni, si riscontra l'affermazione secondo cui la volontà dell'imperatore ha la forza della legge (Ulpiano afferma che «*quod principi placuit legis habet vigorem*»). A tale riguardo è stato però sottolineato come le affermazioni dei giuristi, frutto della volontà di offrire una ricostruzione unitaria del fondamento del potere normativo imperiale, non debbano intendersi nel senso che ogni costituzione fosse idonea a creare norme di *ius civile* con portata generale ed astratta. La categoria delle costituzioni imperiali era, infatti, ampia ed eterogenea, raccogliendo una pluralità di atti normativi tra loro diversi, tradizionalmente distinti in costituzioni di tipo generale e di tipo particolare.

Le costituzioni generali erano pronunce normative imperiali rivolte ad una intera comunità, più o meno estesa, aventi portata generale ed astratta. In questo tipo di costituzioni rientravano gli *edicta* (sing. *edictum*) e i *mandata* (sing. *mandatum*).

Nonostante l'identità onomastica con il provvedimento emanato dal pretore all'inizio della propria carica, gli *edicta* imperiali non erano ad esso sovrapponibili. Gli editti imperiali, infatti, si differenziavano da quelli pretori per più profili, che evidenziano una serie di limitazioni proprie degli editti pretori che non connotavano invece quelli imperiali.

In primo luogo, sotto il profilo contenutistico, l'editto del pretore era un atto prettamente giurisdizionale, con cui il magistrato titolare di *iurisdictio* predisponeva l'elenco dei mezzi di tutela processuale che si sarebbe impegnato a concedere nel corso della sua carica. L'oggetto degli editti imperiali non era invece limitato a questioni di natura processuale, potendo riguardare anche aspetti di diritto sostanziale. In secondo luogo, sotto il profilo temporale, l'editto del pretore aveva una efficacia limitata alla durata del mandato pretorio (un anno), nonostante nella prassi fosse consueto che il pretore "entrante" recuperasse nel proprio editto parte del contenuto di quello del pretore "uscente" (vedi *edictum tralaticium*). L'efficacia degli editti dell'imperatore, invece, non cessava necessariamente con la morte del *princeps* emanante. In terzo luogo, dal punto di vista spaziale, l'editto del pretore aveva efficacia esclusivamente nel territorio italico, dal momento che nelle province la *iurisdictio* spettava ai governatori, autori a loro volta di propri editti. Al contrario, l'efficacia degli editti imperiali si estendeva a tutto il territorio dell'impero o, in alcuni casi, a singole province (come gli editti di Augusto rivolti alla comunità di Cirene).

Oltre a questi singoli profili di distinzione, in via generale può rilevarsi come l'editto del pretore fosse un atto di autoregolamentazione dell'attività del pretore medesimo, concretandosi in un programma di governo che il magistrato rivolgeva a se stesso (esplicando solo indirettamente efficacia nei confronti dei *cives*), impegnandosi e vincolandosi ad emanare, nei confronti dei richiedenti, i provvedimenti (di tipo processuale) inseriti nell'editto emanato all'inizio del proprio mandato. Al contrario, gli editti imperiali contenevano disposizioni generali ed astratte che riguardavano direttamente ed immediatamente i cittadini, anche quando il loro destinatario formale era individuato nel senato.

Tra le costituzioni imperiali rientranti nella specie degli editti, ci limitiamo a ricordarne alcune particolarmente celebri, che hanno rappresentato momenti di svolta nella storia dell'ordinamento romano. La prima è un editto dell'imperatore Antonino Caracalla del 212 d.C., la *Constitutio Antoniniana*, nota anche come editto di Caracalla. Con essa l'imperatore concesse la cittadinanza romana a tutti gli abitanti liberi dei territori imperiali, con alcune minime esclusioni, che emergono dalla ricostruzione del testo contenuto nel c.d. "papiro di Giessen", rinvenuto in Egitto più di un secolo fa e oggetto di ricostruzioni non sempre univoche, trattandosi di un testo lacunoso e ampiamente danneggiato. Al di fuori di queste marginali categorie escluse dal beneficio, l'estensione della cittadinanza romana coinvolse la totalità degli abitanti di un impero che all'epoca abbracciava tre continenti – Europa, Nordafrica e Asia – segnando così la tappa definitiva della lunga storia dello *status civitatis*.

Un altro fondamentale momento di svolta per l'assetto sociale e istituzionale romano fu l'editto di Milano del 313 (c.d. editto di tolleranza), costituzione imperiale generale emanata dagli imperatori

Costantino e Licinio – esattamente l'anno successivo alla battaglia di Ponte Milvio del 312, in cui Costantino sconfisse il suo rivale Massenzio – con cui cessò la grande stagione delle persecuzioni contro il cristianesimo, avviatasi sotto il principato di Nerone: ai cristiani fu concessa la piena libertà di culto e prevista la restituzione dei beni loro confiscati durante le repressioni avvenute nel periodo della tetrarchia. Occorre precisare che l'editto di Milano non riconobbe priorità al cristianesimo rispetto alle altre religioni, affermando semplicemente la "tolleranza" rispetto ad esso al pari degli altri credi professati nel territorio imperiale. L'affermazione del cristianesimo come "religione di Stato" avverrà soltanto mezzo secolo più tardi, con un ulteriore importante editto, emanato nel 380 a Tessalonica (odierna Salonicco) dall'imperatore Teodosio I, con cui fu imposto a tutti i sudditi l'obbligo di professare la religione cristiana. L'editto di Tessalonica rappresentò, dunque, un ulteriore importante passaggio dal punto di vista istituzionale e religioso, poiché, com'è stato rilevato, segnò la nascita dello «Stato confessionale» (A. SCHIAVONE, *Storia giuridica di Roma*, Torino, 2016, p. 387), attraverso il riconoscimento a livello statale della religione cristiana come credo preminente rispetto alle altre religioni presenti nel territorio.

Accanto agli editti, tra le costituzioni imperiali di tipo generale sono tradizionalmente annoverati anche i *mandata*, che contenevano istruzioni dettate dall'imperatore ai propri funzionari, compresi quelli preposti al governo dei territori provinciali. All'inizio tali istruzioni erano impartite singolarmente ai funzionari, ma col tempo si crearono delle raccolte di *mandata* (*libri mandatorum* o *corpora mandatorum*), che divennero un corpo stabile di istruzioni generali dirette alle diverse categorie di funzionari, che avrebbero dovuto adottarle come linee guida per lo svolgimento dell'incarico loro affidato.

Trattandosi di istruzioni rivolte ai membri dell'amministrazione imperiale, si è discusso in ordine all'effettivo carattere normativo di questi atti, dubitando che si trattasse di vere e proprie costituzioni, tenuto conto che non avevano un contenuto innovativo, ma meramente applicativo, offrendo soltanto indicazioni per l'applicazione della normativa esistente. Tale conclusione sarebbe supportata dalla circostanza che né Gaio né Ulpiano menzionano i *mandata* all'interno dell'elenco delle fonti del diritto. Tuttavia, Marciano, un altro giurista di età severiana, richiama le norme introdotte attraverso i *mandata*, individuando dunque anche in questo tipo di costituzione una vera e propria fonte normativa.

A differenza delle costituzioni di tipo generale, quelle di tipo particolare regolavano singoli casi concreti, sottoposti all'esame dell'imperatore, attraverso il filtro della cancelleria imperiale. Col tempo, infatti, l'amministrazione dell'impero si trasformò in un apparato burocratico complesso e articolato, necessario per gestire unitariamente un territorio sempre più ampio. Gli uffici della cancelleria imperiale, competenti per le diverse materie, divennero dunque il tramite che consentiva ai cittadini di rivolgere all'imperatore le proprie richieste.

All'interno delle costituzioni imperiali di tipo particolare si annoverano tre diverse specie di atti: i *rescripta*, le *epistulae* e i *decreta*. Questi provvedimenti si differenziavano in base al destinatario, che a seconda dei casi poteva essere un privato cittadino (nei *rescripta*), un magistrato o un funzionario pubblico (nelle *epistulae*) o, infine, un soggetto coinvolto in una controversia giurisdizionale (nei *decreta*).

I *decreta* erano provvedimenti di tipo giurisdizionale emanati dal principe in esito ad un procedimento svoltosi *extra ordinem* (vedi *infra*, § 4.2) davanti al tribunale imperiale, come organo giudicante in unico grado o, più spesso, in sede di appello. Il *decretum* era in sostanza una sentenza, con cui il *princeps* procedeva all'accertamento dei fatti oggetto di giudizio e decideva nel merito la controversia in base alla normativa vigente, che applicava e interpretava. Per questa ragione, il *decretum* aveva di norma una funzione meramente ricognitiva e confermativa, laddove il *princeps* si limitasse a dare attuazione alle norme rilevanti per il caso di specie, non sussistendo particolari dubbi in ordine alla loro applicazione. Talvolta, però, poteva assumere anche una funzione innovativa, laddove di fronte ad una questione controversa il *princeps* fosse chiamato a scegliere tra diverse possibili interpretazioni o a suggerire una nuova soluzione, maggiormente conforme a giustizia ed equità, ampliando o modificando la portata applicativa di una disposizione.

Le *epistulae* erano, invece, provvedimenti con cui il *princeps* rispondeva ai quesiti sottopostigli (a loro volta mediante *epistulae*) da magistrati o funzionari, che necessitavano di chiarimenti su questioni giuridiche controverse, decisive per la soluzione di cause pendenti davanti ai loro uffici. Anche le *epistulae*, dunque, contenevano soluzioni rispetto a problemi concreti, quasi sempre emersi nell'ambito di un giudizio, ma in questo caso la risposta dell'imperatore si concentrava soltanto sulla questione giuridica, senza procedere ad un accertamento dei fatti, come avveniva invece nei *decreta*. L'imperatore nell'*epistula* offriva la soluzione alla questione rappresentata dal magistrato o dal funzionario, il quale si sarebbe dovuto attenere alla risposta imperiale; non ci sono giunte, infatti, notizie di casi in cui l'opinione del *princeps* sia stata disattesa.

La terza specie di costituzioni imperiali particolari, nonché la più importante, è rappresentata dai *rescripta*. Il *rescriptum* era il provvedimento con cui il *princeps* rispondeva all'istanza di un privato cittadino (contenuta all'interno di un documento tecnicamente denominato *libellum*), che poteva rivolgersi all'imperatore per il tramite della cancelleria. Quest'ultima riceveva e istruiva le richieste provenienti dai privati per portarle all'attenzione dell'imperatore e del suo *consilium* di giuristi, i quali partecipavano anche alla redazione delle costituzioni. La risposta, confezionata dalla cancelleria e sottoscritta dall'imperatore, era redatta in calce allo stesso documento sul quale il privato aveva avanzato la propria richiesta. Più precisamente, era scritta sul retro del documento (da cui si comprende l'origine del nome "re-scritto", cioè scritto sul retro), che materialmente consisteva in un rotolo di papiro o in una pergamena (tecnicamente qualificato con il termine *volumen*).

La distinzione tra costituzioni di tipo generale e di tipo particolare assume rilievo anche con riferimento alla loro efficacia. Le prime (in particolare gli editti), avendo portata generale ed astratta, avevano durata perpetua, salvo naturalmente che intervenisse un nuovo provvedimento a ridurla o eliminarla. D'altra parte, abbiamo già rilevato come l'efficacia degli *edicta* anche dopo la morte dell'imperatore emanante fosse un tratto distintivo rispetto all'editto del pretore, limitato al mandato annuale.

In merito alle costituzioni di tipo particolare, invece, è opportuno interrogarsi sulla loro capacità di assumere valore in contesti più ampi, ossia di estendere la propria efficacia oltre il singolo caso determinante l'emanazione. Se in linea di principio la risposta dovrebbe essere negativa, essendo il provvedimento (*decretum*, *epistula*, *rescriptum*) rivolto alla soluzione di un caso specifico, è pur vero che la stratificazione di questi atti determinò una tendenza ad invocare costituzioni precedenti per risolvere casi analoghi a quelli per i quali il provvedimento era stato emanato. Alle costituzioni particolari, soprattutto i rescritti, poteva essere dunque riconosciuto il valore di precedente normativo, suscettibile di ulteriori attuazioni in casi che presentassero elementi di analogia rispetto a quello di origine. Tale processo di estensione della portata dei rescritti e degli altri provvedimenti a carattere particolare fu possibile grazie alla mediazione dei giuristi operanti nelle cancellerie imperiali, che portò anche alla redazione di importanti raccolte di costituzioni.

3.4. *Il potere normativo del senato*

Tra le nuove fonti del diritto di età imperiale rientra anche l'attività normativa del senato. Come abbiamo avuto modo di accennare, con l'avvento della nuova forma di governo il ruolo dell'assemblea senatoria cambiò la propria fisionomia, dovendo adattarsi al mutato assetto politico che vedeva il suo fulcro nella figura del *princeps*. A fronte della perdita di potere politico, il senato acquistò nuove attribuzioni in campo normativo (e, come vedremo, anche giudiziario: vedi *infra*, § 4.3).

Nelle opere dei giuristi di età imperiale leggiamo che i *senatusconsulta* sono considerati equivalenti alle leggi comiziali e, soprattutto, alle costituzioni imperiali. In particolare, Gaio afferma che le delibere senatorie hanno forza di legge, sebbene – rileva il giurista – in passato tale aspetto fosse dubbio; in ragione di quest'ultima precisazione, è stato sostenuto che il riconoscimento della forza legale del senatoconsulto non sarebbe avvenuto in via formale e ufficiale, ma sarebbe piuttosto stato frutto dell'elaborazione giurisprudenziale. In ogni caso, è certo che nel corso dell'età imperiale le pronunce senatorie furono assunte tra le fonti produttive di *ius civile* (in un testo di Ulpiano si legge, infatti, che il senato ha la facoltà *facere ius*, cioè di creare diritto).

Se agli inizi del principato il senato mantenne, anche in ragione delle scelte e degli obiettivi politici di Augusto, un certo prestigio, nel corso dell'età imperiale il suo potere andò eclissandosi, cedendo sempre più campo alla figura del *princeps*, che attraverso il suo intervento orientava le decisioni assembleari. Questo portò, con riferimento all'attività del senato, all'affermazione, come effettivo momento normativo, della *oratio principis in senatu habita*, che rappresentava l'atto con cui l'imperatore illustrava al senato la propria proposta, personalmente o mediante un suo delegato, chiedendo all'assemblea di pronunciarsi sull'approvazione, che aveva esito (naturalmente) sempre positivo. Stante l'ordinario accoglimento della volontà imperiale da parte del senato, si comprende perché le testimonianze dei giuristi sembrano individuare nell'*oratio principis*, anziché nel successivo provvedimento di approvazione da parte del senato, il vero e proprio atto con portata normativa, la cui efficacia sul piano del *ius civile* era dunque fondata sulla stessa volontà imperiale; il senatoconsulto, così, si risolveva in una mera ratifica formale di provvedimenti predisposti dalla cancelleria imperiale e comunicati al senato attraverso l'*oratio principis*. Questa è anche la ragione che spiega come mai in età imperiale i senatoconsulti portavano non di rado il nome del *princeps*. Nonostante la perdita del suo valore sostanziale, dalle fonti non sembra emergere notizia di una eliminazione della votazione senatoria, che, quantomeno sul piano formale, fu mantenuta.

Quanto al contenuto delle delibere, a fronte della sostanziale perdita di potere decisionale politico, il senato guadagnò in età imperiale rilevanti competenze in altri settori del diritto, in particolare in quello privatistico. In questo periodo l'attività normativa del senato coinvolse, infatti, importanti questioni di diritto privato, soprattutto attinenti al diritto familiare e successorio. Ad esempio, una importante riforma del diritto ereditario fu attuata attraverso due senatoconsulti del II secolo d.C., il senatoconsulto *Tertullianum* (di età adrianea) e quello *Orphitianum* (emanato nel 178, sotto Marco Aurelio e Commodo), che disciplinarono l'aspettativa ereditaria tra madre e figli, precedentemente non contemplati tra i successibili *ab intestato* di *ius civile*. Sempre attinente al diritto ereditario fu poi il senatoconsulto emanato su proposta dell'imperatore Nerone (*senatusconsultum Neronianum*), che introdusse una serie di disposizioni in materia di legati. Tra gli altri importanti provvedimenti emanati dal senato in ambito ereditario possiamo ricordare poi il senatoconsulto *Trebellianum* (I sec. d.C.) – che sancì una sostanziale equiparazione, dal punto di vista processuale, tra fedecommissario ed erede – e, sempre in materia di fedecommessi, il successivo senatoconsulto *Pegasianum*, emanato nel I sec. d.C., durante il regno di Vespasiano.

Nonostante il campo privilegiato di intervento del senato in questa epoca fosse quello privatistico, non mancarono provvedimenti anche in materia di diritto pubblico e, in particolare, criminale. Attraverso i senatoconsulti, infatti, fu possibile adeguare il sistema penalistico, limitato dalla rigidità dell'*ordo iudiciorum* repubblicano, ampliando le fattispecie in esso contemplate e consentendo la repressione di condotte non espressamente previste ma considerate meritevoli di persecuzione. Ad esempio, il senato intervenne in materia di *crimen falsi*, in particolare di falso testamentario (previsto e punito dalla *lex Cornelia de falsis*) attraverso i senatoconsulti *Libonianum*, *Messalianum*, *Licinianum*, *Geminianum*. Alcune di queste ipotesi di falso erano connesse al reato di calunnia, che fu oggetto di un ulteriore senatoconsulto, il *Turpillianum*, che ampliò la fattispecie relativa al *crimen calumniae* prevista dalla *lex Remnia* (vedi *infra*, § 4.6).

Infine, tenuto conto dell'attenzione riservata da Augusto alla politica familiare e alla repressione dell'adulterio (vedi *infra*, § 4.1), merita ricordare il senatoconsulto *de matronarum lenocinio coercendo*, che, integrando il disposto della *lex Iulia de adulteriis*, puniva con le medesime sanzioni previste per l'adulterio le donne di onorata condizione sociale che, per evitare di incorrere nel *crimen adulterii*, avessero deciso di intraprendere l'esercizio della prostituzione, del lenocinio, il teatro, o ulteriori attività considerate incompatibili con l'imputazione per tale *crimen*.

3.5. *La giurisprudenza: il rapporto tra giuristi* e princeps

Come fonte del diritto e come veicolo di produzione scientifica, la giurisprudenza di età imperiale, se da un lato sviluppò e accrebbe le proprie capacità, dall'altro iniziò ad essere incanalata entro modelli di controllo da parte del potere centrale.

In quest'epoca la letteratura giuridica conobbe la sua maggiore fioritura, sia dal punto di vista qualitativo, per il livello di riflessione scientifica, sia quantitativo, per l'ampiezza e la complessità delle opere. In questi secoli si assistette, inoltre, ad uno sviluppo delle scuole giuridiche, espressione delle diverse correnti di sapere giurisprudenziale, le quali alimentavano il *ius controversum* che, nella sua dinamica virtuosa, aveva consentito la straordinaria crescita giuridica e scientifica dell'esperienza romana. A tale riguardo, basti pensare alle celebri scuole dei Sabiniani e dei Proculiani, entrambe sviluppatesi tra I e II sec. d.C., che derivano il nome dai loro fondatori (Masurio Sabino e Proculo). La crescita quantitativa, peraltro, non fu soltanto oggettiva, cioè calcolabile in base al numero delle opere prodotte, ma anche soggettiva, cioè valutata in rapporto al numero dei giuristi.

Anche sul piano qualitativo la *scientia iuris* raggiunse in quest'epoca i suoi massimi livelli, non soltanto dal punto di vista della definizione di nuove regole, nuovi istituti e nuovi principi, ma anche sul piano dell'elaborazione scientifica. La scrittura del diritto si incanalò in molteplici modelli e generi letterari: accanto alle tradizionali raccolte dei *responsa*, comparvero opere di respiro più ampio, di carattere teorico o sistematico, come le numerose opere di commento a leggi o all'editto pretorio.

Quanto all'efficacia normativa della giurisprudenza di epoca imperiale, il nodo problematico fu rappresentato dalla capacità (e dalla concreta possibilità) dei giuristi di conservare la propria libertà interpretativa e creativa del diritto a fronte del cambiamento del sistema politico, che assumeva la figura del *princeps* come fulcro della vita istituzionale.

Un primo segnale del mutamento che si realizzò, da Augusto in avanti, nel rapporto tra imperatore e giurisprudenza come fonte di produzione del diritto, è rappresentato dall'introduzione del *ius publice respondendi ex auctoritate principis* (diritto di pronunciare *responsa* in base all'*auctoritas* dell'imperatore). Questo strumento, già dalla sua denominazione, evidenzia la volontà di mettere insieme l'attività respondente (concetto centrale nella dinamica della giurisprudenza come fonte normativa) con l'*auctoritas principis* (fondamento della costruzione del principato come nuovo sistema di governo). Attraverso questa particolare qualifica, il *princeps* attribuiva ad alcuni giuristi, da lui stesso individuati e selezionati, una sorta di credenziale, che è ben rappresentata dalla efficace definizione coniata da Contardo Ferrini, che descriveva il *ius respondendi* come una "patente imperiale". In sostanza, alcuni giuristi (quelli scelti dal *princeps*), nel confronto con i colleghi e nel dibattito con i giudici, pronunciavano il *responsum* spendendo non la loro *auctoritas* personale, ma quella dell'imperatore stesso.

La concessione del *ius respondendi* ad alcuni e non ad altri determinò, quindi, la creazione di una sorta di gerarchia tra giuristi, rendendo alcuni più qualificati e "accreditati" di altri. Da ciò sarebbe scaturito inevitabilmente anche un riflesso sulla libertà dei giudici rispetto al materiale giurisprudenziale: in caso di disaccordo tra giuristi, uno munito e l'altro privo di *ius respondendi*, il giudice non avrebbe potuto scegliere liberamente, dovendo accogliere il *responsum* del giurista "patentato". La libera scelta sarebbe stata possibile soltanto nell'ipotesi di controversialità tra responsi pronunciati da giuristi entrambi muniti (o sprovvisti) di *ius respondendi*.

Tale selezione interna alla giurisprudenza fu, tuttavia, non arbitraria ma virtuosa: la tendenza di Augusto e dei suoi successori fu, infatti, quella di utilizzare lo strumento del *ius respondendi* in ragione della competenza scientifica dei giuristi stessi, e non semplicemente della loro vicinanza e accondiscendenza al potere politico.

Emblematico a tale riguardo è l'esempio di Labeone, al quale, nonostante la sua ostilità al nuovo regime, Augusto offrì il *ius respondendi*, che tuttavia il giurista rifiutò, così come rifiutò la carica del consolato – dopo aver invece ricoperto quella di pretore, maggiormente confacente al mestiere di giurista – scegliendo la strada del disimpegno politico e preferendo dedicarsi allo *studium iuris*. A favore di Augusto si schierò invece l'antagonista di Labeone, Ateio Capitone, che ricoprì infatti il consolato. Dalle divergenze politiche tra i due *prudentes* originarono probabilmente anche quelle giuridiche, tanto che, secondo l'opinione tradizionale, proprio dalla storica rivalità tra Labeone e Capitone sarebbero sorte le scuole giuridiche dei Proculiani, facenti capo al pensiero di Labeone, e dei Sabiniani, seguaci di Capitone.

Il *ius respondendi* era quindi affidato ai migliori giuristi, di cui l'imperatore si circondava anche chiamandoli a far parte del suo *consilium*, l'organo che svolgeva mansioni di collaborazione nei confronti del *princeps*, assistendolo per le decisioni di maggiore rilievo. L'importanza del *consilium principis*, presente già con Augusto, crebbe con gli imperatori successivi: se inizialmente, in particolare in epoca giulio-claudia, il *consilium* non godé di alcun riconoscimento legale, essendo concepito come un consesso di amici e uomini di fiducia, con una struttura informale e privatistica, già in epoca traianea si avviava a divenire un organo pubblico. Questa trasformazione fu completata da Adriano, il quale potenziò il *consilium*, rendendolo un organo stabile, composto da funzionari imperiali che avevano il compito di assistere l'imperatore nella redazione dei più importanti atti, fornendo in particolare gli argomenti per l'emanazione degli *edicta* e dei *rescripta*. Il processo di decadenza del *consilium principis* prese avvio in età severiana, periodo storico nel quale, d'altra parte, complici le convulsioni politiche interne, la crisi iniziò a manifestarsi sotto tutti i fronti, non escluso quello della produzione giuridica. Il *consilium* sarebbe stato destinato a trasformarsi, con l'avvento del dominato, nel concistorio (*consistorium*): un organo formato, come era stato per il primo *consilium*, da persone vicine al *dominus*, il cui margine di libertà era però assai ristretto, non essendo più chiamate ad esercitare quella funzione moderatrice che era stata peculiare degli appartenenti al *consilium* augusteo, quanto piuttosto ad assecondare il volere dell'imperatore.

4. *La repressione criminale in età imperiale*

4.1. *La legislazione augustea in materia giudiziaria: antiche* quaestiones *e nuovi tribunali*

In materia di repressione criminale non si assistette, almeno nella prima fase dell'età imperiale, a sostanziali mutamenti. Come per le altre istituzioni repubblicane, Augusto scelse infatti di mantenere le antiche corti (*quaestiones perpetuae*), manifestando «verso di esse formale ossequio» (C. VENTURINI, *Scritti di diritto penale romano*, tomo I, Padova, 2015, p. 173). Anzi, le forme della giurisdizione penale repubblicana furono consolidate e perfezionate attraverso i provvedimenti normativi emanati dal *princeps*, volti a conferire organicità e uniformità all'assetto disegnato dalle leggi istitutive delle diverse *quaestiones*. Tali leggi individuavano la fattispecie repressa, stabilivano le regole procedurali per lo svolgimento del processo e, soprattutto, individuavano la pena da applicare in caso di condanna. Augusto intervenne su questo assetto, mirando a sopperire alle difformità di disciplina attraverso l'individuazione di regole uniformi da applicare alla totalità dei giudizi, indipendentemente dalla *quaestio* di afferenza. Si venne così a creare un modello uniforme di processo, valido per le cause di fronte a tutte le *quaestiones*. Questo programma di riorganizzazione e razionalizzazione della giurisdizione penale fu attuato con la *lex Iulia iudiciorum publicorum*, con cui Augusto stabilì una disciplina unica per i processi davanti alle corti permanenti. Parallelamente, sempre nel 17 a.C., il *princeps* emanò la *lex Iulia iudiciorum privatorum*, con cui riordinò il processo privato.

Tra le principali novità introdotte dalla *lex Iulia iudiciorum publicorum*, ricordiamo la semplificazione della fase introduttiva del processo, attraverso la possibilità di esperire in forma scritta l'accusa (*accusatio*), sottoscritta dall'accusatore e depositata presso la corte competente. Furono, poi, introdotte regole unitarie per la formazione delle liste da cui estrarre i giudici (*album iudicum*) e furono definiti i requisiti soggettivi per ricoprire tale incarico; inoltre, furono stabilite regole uniformi anche in relazione all'istruttoria e, in particolare, alla prova testimoniale.

Tuttavia, come vedremo, il sistema delle *quaestiones* era destinato ad essere superato, nel corso dell'età imperiale, da un nuovo modello processuale, maggiormente confacente al mutato assetto politico-istituzionale. Nonostante la volontà di Augusto di mantenere il sistema penale repubblicano, quest'ultimo iniziò infatti presto a manifestare una serie di criticità sul piano sia giuridico che politico, le quali portarono alla nascita di una diversa forma di repressione criminale, che sarebbe stata destinata a prevalere su quella precedente.

Tra i tribunali permanenti operanti in età augustea, alcuni mantennero l'assetto previgente, mentre altri furono in parte ridisciplinati dal *princeps*. In particolare, la *quaestio de sicariis et veneficis* e la *quaestio de falsis* continuarono ad operare secondo la legislazione sillana. La *quaestio de repetundis* mantenne l'assetto datole da Cesare, che era intervenuto a disciplinarla nuovamente dopo Silla. Le altre corti furono riorganizzate da Augusto mediante alcune leggi, che intervennero modificando in parte le fattispecie represse e le pene irrogate. Tra queste, ricordiamo la *lex Iulia de ambitu*, la *lex Iulia de peculatu*, la *lex Iulia de maiestate*, la *lex Iulia de vi publica et privata*.

La *lex Iulia de ambitu* (legge Giulia relativa all'*ambitus*, del 18 a.C.), in materia di corruzione elettorale, intervenne sulle norme repubblicane, stabilendo come pena una multa, accompagnata da una sanzione accessoria che prevedeva l'interdizione dai pubblici uffici per un periodo di cinque anni.

La *lex Iulia de peculatu* (legge Giulia sul peculato, la cui paternità e la cui datazione è discussa) introdusse una nuova disciplina in materia di peculato, sotto il cui titolo erano represse fattispecie diverse, tra cui, oltre al peculato in senso stretto, inteso come sottrazione o uso indebito di denaro o beni pubblici, anche il *sacrilegium*, ossia la sottrazione di cose sacre o religiose; in entrambi i casi la pena consisteva nel pagamento di una somma di denaro pari al quadruplo del valore di quanto sottratto. Nella medesima legge rientrava forse anche il cosiddetto *crimen de residuis* (secondo alcuni oggetto invece di un'apposita legge), che puniva l'appropriazione o l'utilizzo indebito di somme o beni pubblici, ricevuti dall'erario per lo svolgimento di un pubblico ufficio e invece impiegati per fini diversi. La pena, in questo caso, era pari al valore dei beni sottratti, maggiorato di un terzo.

Secondo la teoria prevalente, Augusto avrebbe emanato anche una *lex Iulia de maiestate* (legge Giulia sulla *maiestas*, pure di data incerta, ma collocata intorno al 27 a.C.), forse innestata su un precedente provvedimento di Cesare. Questa legge operava una elencazione delle fattispecie rientranti nel *crimen maiestatis* (reato di alto tradimento e attentato alle istituzioni pubbliche), che, come avremo modo di precisare (vedi *infra*, § 4.6), con l'avvento del nuovo sistema politico mutò la propria fisionomia, essendo al suo interno ricomprese anche le offese al *princeps*. A livello sanzionatorio, la *lex Iulia de maiestate* irrogava verosimilmente la pena dell'*aqua et igni interdictio*.

Nel 17 a.C. Augusto emanò, inoltre, la *lex Iulia de vi publica et privata* (legge Giulia sulla violenza pubblica e privata), che, forse riprendendo ed estendendo una precedente legge di Cesare, ridefinì la repressione del *crimen vis*, fattispecie comprensiva di ipotesi di violenza sia pubblica che privata, punite davanti ad un'apposita *quaestio de vi*. In particolare, nella *vis privata* era compresa ogni azione violenta volta a turbare la libertà dei privati (come l'occupazione a mano armata di immobili, la rapina in occasione di calamità pubbliche, la sottoposizione a tortura di schiavi altrui e altre fattispecie assimilabili al sequestro di persone). Erano, invece, represse come *vis publica* le azioni violente, poste in essere da privati o da soggetti titolari di incarichi pubblici, per impedire o alterare il regolare svolgimento delle funzioni pubbliche, come l'interruzione o il turbamento dell'attività comiziale o assembleare, in sede elettorale, legislativa o giudiziaria; l'abuso dell'*imperium* magistratuale (si pensi al caso del magistrato che, abusando del potere di *coercitio*, uccidesse, fustigasse o torturasse un cittadino senza tenere conto del *ius provocationis*); ma anche una imposizione fiscale illegittima, anch'essa frutto di un abuso di potere pubblico. Le sanzioni previste per il *crimen vis* erano diverse e consistevano, per la *vis publica*, nell'*aqua et igni interdictio*, mentre per la *vis privata* nella confisca di un terzo del patrimonio.

Oltre a procedere al riordino delle *quaestiones* già esistenti, Augusto istituì due nuovi tribunali permanenti, competenti l'uno per la repressione dei crimini di adulterio e altri illeciti sessuali (*quaestio de adulteriis*), l'altro per quelli annonari (*quaestio de annona*). Quest'ultimo fu creato dalla *lex Iulia de annona*, probabilmente del 18 a.C., che puniva con una ingente pena pecuniaria le condotte che causavano un danno o un'alterazione dell'approvvigionamento alimentare. Rientravano tra queste l'accaparramento di derrate alimentari (specialmente del grano) o varie forme di speculazione, volte a provocare un'alterazione del mercato attraverso il rialzo dei prezzi. Le fonti ricordano, come esempio particolarmente rilevante, i comportamenti recanti un danno al regolare rifornimento di generi alimentari, come quelli volti ad impedire o ritardare la partenza delle navi trasportanti grano o altri viveri verso Roma. Le fonti in nostro possesso riferiscono anche che, a tale titolo, erano punite non solo le condotte del singolo, ma anche quelle realizzate in forma societaria. L'esistenza di vere e proprie *societates*, preordinate a determinare un'alterazione dei prezzi e dell'andamento del mercato, lascia desumere che all'epoca il fenomeno avesse raggiunto un impatto significativo sul piano non solo quantitativo, ma anche qualitativo. Tutte queste condotte erano giudicate dal tribunale appositamente introdotto da Augusto (*quaestio de annona*); tuttavia, pare che quest'organo non sia sopravvissuto a lungo, essendo ben presto sostituito dalla competenza di appositi funzionari, in particolare del *praefectus annonae*.

Una storia ben più lunga fu quella dell'altra corte istituita da Ottaviano, competente per la repressione dell'adulterio e di una serie di ulteriori illeciti sessuali: la *quaestio de adulteriis*. Quest'ultima fu creata dalla *lex Iulia de adulteriis coercendis* (legge Giulia sulla repressione dell'adulterio), datata 18-17 a.C., con cui fu radicalmente trasformata la disciplina dell'adulterio, che a partire da questo momento fu perseguito pubblicamente. In passato la repressione dell'infedeltà coniugale era affidata al nucleo familiare e, dunque, si esplicava all'interno delle mura domestiche, essendo riservato il potere repressivo al *pater familias* o al marito della donna.

La *lex Iulia de adulteriis* – che si colloca nell'ambito della legislazione familiare augustea, disegnata attraverso le già citate leggi *Iulia de maritandis ordinibus* e *Papia Poppaea* (vedi *supra*, § 2.2) – puniva non solo l'*adulterium* (*crimen adulterii*), ma anche ulteriori illeciti sessuali, tra cui lo *stuprum* (*crimen stupri*), il *lenocinium* (*crimen lenocinii*) e forse (non sappiamo se solo in caso di concorso con adulterio o stupro) anche l'*incestum* (*crimen incesti*), ossia le relazioni sessuali tra parenti o affini.

Dal punto di vista tecnico, il termine *adulterium* indicava esclusivamente il rapporto sessuale consumato fuori dalle nozze da una donna sposata. La *lex Iulia* configurava, dunque, l'adulterio come un reato proprio della moglie: soltanto questa aveva, infatti, un obbligo di fedeltà coniugale la cui violazione era penalmente sanzionata. Al contrario, sul marito non gravava un corrispondente obbligo nei confronti della moglie, essendo peraltro ammesso a Roma il concubinato.

Invece, il rapporto sessuale consumato al di fuori del matrimonio da una donna non sposata (nubile, vedova o divorziata) di onorata condizione sociale non sarebbe stato inquadrato come *adulterium*, bensì come *stuprum*, termine che dunque aveva in quest'epoca un significato ben diverso da quello odierno.

Connesso all'*adulterium* e allo *stuprum* era poi il *lenocinium*, sotto il cui titolo erano punite (con le medesime pene previste per l'adulterio) una serie di condotte diversificate, ma generalmente connesse al favoreggiamento o allo sfruttamento della prostituzione.

Quanto alla repressione dell'adulterio, la *lex Iulia* distingueva due diverse ipotesi, a seconda che il reato fosse connotato o meno dalla flagranza. L'adulterio non flagrante era represso davanti alla corte istituita da Augusto (*quaestio de adulteriis*), prevedendo la *lex Iulia* un preciso regime processuale. Il marito e il *pater* avevano un diritto di accusa privilegiata per i primi sessanta giorni (*accusatio iure mariti vel patris*), dopodiché qualunque cittadino (*quivis de populo*) sarebbe stato legittimato a promuovere l'accusa per i successivi quattro mesi (*accusatio iure extranei*), in ogni caso nel termine di prescrizione di cinque anni dalla commissione del reato. Tali termini decorrevano dal giorno del divorzio, essendo il marito tenuto a ripudiare la moglie fedifraga. Il *repudium* (termine che indicava in origine il divorzio unilaterale) rappresentava un vero e proprio onere per il marito, il quale, se non vi avesse provveduto, avrebbe potuto essere accusato di *lenocinium*, ipotizzandosi una sua volontà di trarre vantaggio economico dalla condotta della moglie, finanche favorendola.

Dal punto di vista sanzionatorio, la *lex Iulia de adulteriis* prevedeva una pena personale, consistente nella relegazione dei due amanti in isole diverse (*relegatio in insulam*), e una pena patrimoniale (la perdita di un terzo del patrimonio e metà della dote, per la donna, la perdita di metà del patrimonio, per il suo amante). A tali pene andarono incontro anche appartenenti alla casa imperiale, come la stessa figlia di Augusto, Giulia, la quale, all'epoca sposata con Tiberio, fu accusata di adulterio e condannata alla *relegatio* nell'isola di Ventotene. La vicenda di Giulia, oltre ad offrirci una testimonianza sicura della prassi della relegazione, attesta anche la severità con cui Augusto assicurò l'attuazione del suo programma legislativo, non risparmiando dalla condanna neppure i membri della sua stessa famiglia. Tuttavia, occorre precisare che, con specifico riferimento alla vicenda di Giulia, la trama presentava maggiori margini di complessità, tenuto conto che le vere ragioni del suo allontanamento attenevano probabilmente, più che ad una scarsa morigeratezza dei costumi, a motivi politici, stante la vicinanza di Giulia agli ambienti antagonisti del padre (come dimostra la presunta relazione della giovane con Iullo Antonio, figlio di Marco Antonio).

Per l'adulterio flagrante, invece, la legislazione augustea recuperò in parte il *ius vitae ac necis* (diritto di vita e di morte) di epoca arcaica, attribuendo al *pater* la facoltà di uccidere la figlia adultera e il suo complice, laddove colti sul fatto. Occorrevano, però, precisi requisiti temporali e spaziali, dovendo egli procedere all'uccisione immediatamente e solo se avesse sorpreso i due amanti all'interno della propria *domus* o in quella del genero. I poteri attribuiti al marito, invece, erano più limitati, non potendo egli uccidere la moglie, ma unicamente il suo amante, e soltanto se di bassa condizione sociale. L'uccisione della donna adultera o del suo complice al di fuori delle circostanze di luogo e di persona individuate dalla legge augustea avrebbe comportato l'irrogazione della pena prevista per l'omicidio in base alla *lex Cornelia de sicariis et veneficis*.

Se per il marito era preclusa in assoluto la possibilità di uccidere la moglie adultera, anche per il *pater* era previsto un preciso limite: la legge, infatti, imponeva al *pater*, per poter uccidere il seduttore della figlia, di uccidere anche quest'ultima. In sostanza, l'uccisione della figlia era condizione di legittimità per l'uccisione del correo, non potendo il *pater* colpire unicamente quest'ultimo e risparmiare la figlia, incorrendo altrimenti in omicidio.

La disciplina dell'adulterio introdotta da Augusto subì nel periodo successivo una serie di aggiustamenti. In particolare, merita ricordare una costituzione emanata dall'imperatore Antonino Pio, poi confermata da Marco Aurelio e Commodo, la quale accordò al marito, che avesse ucciso la moglie adultera e il seduttore al di fuori delle circostanze di luogo e di persona previste dalla legge augustea, una pena più lieve rispetto a quella ordinariamente prevista per l'omicidio dalla *lex Cornelia de sicariis et veneficis*. Secondo l'interpretazione offerta dai giuristi, tale scelta sarebbe stata fondata sulla necessità di temperare il *iustus dolor*, ossia il legittimo sentimento di dolore o lo sconvolgimento emotivo provocato dalla scoperta dell'infedeltà coniugale.

4.2. *Il declino delle* quaestiones perpetuae *e il nuovo sistema della* cognitio extra ordinem

Come accennato, durante il principato di Augusto la cognizione criminale delle corti permanenti repubblicane rimase, al netto delle modifiche esposte, inalterata. Il *princeps* generalmente non interferiva nelle decisioni della giuria, e non sembra che avesse la possibilità di ribaltare il giudicato del tribunale, non essendo prevista la facoltà di decidere in grado di appello delle sentenze emesse dalle *quaestiones*.

L'unica particolarità era rappresentata dal diritto del principe, nel caso di condanna per un solo voto di maggioranza, di aggiungere il suo voto per assolvere il reo. Si tratta della prassi del c.d. *calculus Minervae* (sassolino di Minerva), dove il termine *calculus* indica la pietra che era depositata nell'urna per esprimere il voto, e il riferimento a Minerva (quale corrispondente nel pantheon romano della dea greca Atena) evoca l'episodio descritto da Eschilo nella tragedia *Le Eumenidi*: secondo la narrazione, Oreste, accusato per l'uccisione della madre Clitemnestra, fu infatti assolto grazie al voto della dea Atena.

Come ormai sappiamo, Augusto non voleva che il nuovo regime apparisse eversivo rispetto alla prassi repubblicana e, per questo, adottò una politica prudente e cauta anche rispetto alla giurisdizione criminale delle *quaestiones*. Le corti di giustizia repubblicane, tuttavia, si rivelarono inadeguate alla nuova realtà giuridica, subendo presto la concorrenza di un nuovo modello di repressione criminale. Gli antichi tribunali presentavano infatti alcune criticità, che li rendevano poco confacenti al nuovo regime. Tali problematiche riguardavano aspetti in primo luogo politici, ma anche profili più strettamente tecnico-giuridici.

A destare perplessità dal punto di vista politico era anzitutto la composizione della giuria giudicante, formata da privati cittadini, estratti a sorte da un ampio albo di potenziali giudici (*album iudicum*) e poi soggetti ad un meccanismo di reciproche ricusazioni, che riservava alle parti la scelta dei giurati, senza possibilità di intervento o di controllo ad opera del *princeps*. Tale meccanismo di composizione della giuria era ancor più pericoloso per quei processi relativi a reati a contenuto politico, come il *crimen repetundarum* o il *crimen maiestatis*, che riguardavano l'integrità delle istituzioni pubbliche e, talora, anche lo stesso *princeps*; condotte, dunque, che necessitavano di un controllo attento e di una repressione certa, essendo rischioso «lasciarne la decisione all'imprevedibile voto di una giuria» (B. SANTALUCIA, *La giustizia penale in Roma antica*, Bologna, 2013, p. 91). Non a caso, le prime corti a scomparire furono proprio quelle competenti per tali reati (*repetundae* e *maiestas*).

Anche dal punto di vista tecnico-giuridico le *quaestiones* manifestavano segnali di inadeguatezza. In primo luogo, dal momento che le leggi istitutive dei tribunali individuavano le fattispecie represse, era preclusa la possibilità per le corti di punire casi non espressamente contemplati. Inoltre, non era previsto il cumulo processuale, dovendosi dunque avviare procedimenti diversi davanti a corti diverse, nel caso in cui il medesimo soggetto fosse autore di più reati. Infine, il sistema punitivo delle *quaestiones* era fondato su pene legali fisse, non graduabili né modificabili in sede di giudizio: compito della giuria era, infatti, quello di stabilire l'esito del processo pronunciandosi in ordine alla condanna o all'assoluzione, senza che vi fosse possibilità di modulare la sanzione in base alla gravità del reato e alla pericolosità del reo.

Tali criticità determinarono, dunque, un progressivo declino del modello processuale delle *quaestiones perpetuae*, portando, col tempo, al loro definitivo abbandono in favore di un nuovo meccanismo di repressione criminale, che traeva la propria legittimazione dal potere centrale e che consentiva, dunque, una maggiore ingerenza del *princeps* nelle decisioni più delicate. Questo nuovo sistema di repressione, che prese avvio già con Augusto, essendo destinato a divenire il principale modello di giurisdizione penale dell'età imperiale, assunse il nome di *cognitio extra ordinem* (cognizione straordinaria), così definita perché nacque e si sviluppò al di fuori dell'*ordo iudiciorum publicorum*, cioè del sistema processuale di giustizia pubblica delle antiche corti permanenti.

Il modello della *cognitio* in un primo momento si affiancò a quello delle *quaestiones*, ma ben presto prevalse e si affermò come unica forma di repressione criminale, peraltro connotata da caratteri profondamenti diversi e, per certi aspetti, antitetici rispetto a quelli propri delle *quaestiones*. Volendo inquadrare gli elementi distintivi tra i due modelli attraverso categorie moderne, potremmo dire che, mentre le *quaestiones perpetuae* seguivano un processo di tipo accusatorio, «le *cognitiones* dei funzionari imperiali erano informate al principio inquisitorio» (B. SANTALUCIA, *Diritto e processo nell'antica Roma*, Milano, 1998[2], p. 241). Non era necessaria alcuna accusa, essendo l'iniziativa processuale assunta da funzionari rappresentanti del *princeps*. I privati potevano eventualmente intervenire denunciando la commissione di un illecito e sollecitando rispetto ad esso l'esercizio dell'azione penale; non erano però considerati dei veri e propri accusatori, ma piuttosto dei meri informatori, veicolo di un'accusa che era riservata al *princeps* (o al funzionario, suo delegato). A quest'ultimo era dunque interamente affidato il giudizio, dal momento della sua introduzione fino alla fase decisoria, che non vedeva neppure la partecipazione di una giuria giudicante.

4.3. *Il tribunale imperiale e la* cognitio *senatoria*

Le fondamenta del nuovo modello di repressione criminale della *cognitio extra ordinem* furono poste già durante il principato di Augusto, il quale, pur mantenendo operative le *quaestiones perpetuae*, istituì una propria corte giudicante. All'interno del tribunale imperiale il *princeps* non decideva da solo, ma era affiancato e assistito dal già ricordato *consilium principis* (vedi *supra*, § 3.5), composto da persone di fiducia a cui l'imperatore si rivolgeva per consultarsi su questioni giuridiche controverse o complesse. La funzione del *consilium* era, tuttavia, meramente consultiva, essendo il *princeps* libero di non attenersi al parere del consiglio o di allontanare da esso i componenti sgraditi o nei cui confronti fosse venuta meno la fiducia. Originariamente costituito caso per caso, come sappiamo, il *consilium* progressivamente si stabilizzò, fino a divenire con Adriano un consiglio permanente, con composizione numerica fissa. I suoi componenti erano professionisti retribuiti, scelti tra i più stretti funzionari dell'amministrazione imperiale (come, ad esempio, i prefetti) e tra i giuristi di maggiore esperienza, chiamati ad assistere il *princeps* per la soluzione delle più delicate questioni.

Per le cause che si svolgevano di fronte al tribunale imperiale non era imposta alcuna disciplina procedurale, non essendo il *princeps* tenuto a seguire le regole previste per il processo davanti alle *quaestiones*. Il tribunale imperiale era, inoltre, competente a giudicare non solo le fattispecie non contemplate dalle leggi istitutive delle singole *quaestiones*, ma anche i reati di competenza di queste ultime, che risultavano dunque esautorate del loro ruolo giudicante, potendo il *princeps*, di sua iniziativa o su impulso dell'interessato, avocare a sé la decisione di qualsiasi causa. Il *princeps* poteva, poi, giudicare congiuntamente reati astrattamente rientranti nella competenza di corti diverse, attuando un cumulo processuale, o anche aggiungere ulteriori capi di imputazione rispetto ai reati per i quali si procedeva. Anche dal punto di vista sanzionatorio il *princeps* godeva di ampia discrezionalità, non essendo vincolato all'entità delle pene legali stabilite per i diversi reati, che egli poteva modificare *in melius* o *in peius*, incrementandole o mitigandole a seconda del caso concreto, potendo valutare la presenza di eventuali circostanze aggravanti o attenuanti.

Anche in ragione della stabilizzazione del *consilium principis*, il tribunale imperiale divenne col tempo una corte organizzata e sempre più attiva, ampliando la propria competenza non solo come giudice di prima istanza, ma anche come organo giudicante in grado di appello. L'imperatore poteva, infatti, essere investito della revisione delle decisioni emanate in primo grado dai funzionari imperiali (prefetti, ma anche governatori provinciali) nell'esercizio della cognizione straordinaria. A seguito dell'*appellatio* al *princeps*, veniva avviato un nuovo giudizio dinanzi al tribunale imperiale, che avrebbe potuto confermare o disattendere l'esito del precedente giudizio. Si trattava, quindi, di una vera e propria impugnazione, volta ad ottenere dal *princeps* una revisione della sentenza emessa dall'organo a cui egli aveva delegato la funzione giurisdizionale.

È stato sottolineato come, nonostante l'identità onomastica, l'*appellatio* non sarebbe del tutto sovrapponibile al moderno appello, poiché non presupponeva l'emanazione di una sentenza di primo grado (A. SCHIAVONE, *Storia giuridica di Roma*, Torino, 2016, p. 350), potendo il cittadino rivolgersi al principe non solo per ottenere la revisione di una decisione già emessa dal funzionario imperiale (*contra sententiam*), ma anche prima della sua emissione (*ante sententiam*). Per questo motivo, è stato sostenuto che l'*appellatio* sarebbe un'evoluzione della *provocatio ad populum*; altri non condividono questa teoria, rinvenendo piuttosto il fondamento del potere di conoscere in grado di appello nell'*auctoritas* imperiale (B. SANTALUCIA, *Diritto e processo nell'antica Roma*, Milano, 1998[2], p. 219), pur non negando la progressiva sostituzione, quanto meno dal punto di vista pratico, dell'*appellatio* all'antica *provocatio*.

Se in origine l'appello era configurato come strumento straordinario di revisione della decisione di primo grado da parte del *princeps*, col tempo esso divenne un mezzo di impugnazione frequente, tanto più quando fu introdotta anche la possibilità di proporre appello davanti ad un funzionario sovraordinato rispetto a quello che aveva emesso la decisione impugnata. Ciò fu conseguenza della progressiva burocraticizzazione dell'amministrazione imperiale, improntata ad un criterio rigidamente gerarchico che consentiva l'individuazione, tanto in ambito amministrativo quanto in ambito giurisdizionale, di diversi livelli di autorità e, dunque, di diversi gradi di giudizio.

La cognizione criminale in età imperiale, oltre che essere esercitata dal *princeps* (personalmente o, come vedremo, mediante delega ai suoi funzionari), fu attribuita anche all'assemblea senatoria. Come già rilevato (vedi *supra*, § 2.3), Augusto, forse per compensare la perdita di potere politico del senato, gli attribuì nuove prerogative, tra cui la possibilità di operare come corte penale (c.d. tribunale senatorio). Accanto alle motivazioni politiche che spinsero il *princeps* a delegare ai *patres* la repressione criminale, vi erano forse anche ragioni più strettamente tecnico-giuridiche, legate alla volontà di superare le già evidenziate criticità del processo davanti alle *quaestiones*, la cui rigidità impediva di perseguire fattispecie non contemplate dalle leggi istitutive delle singole corti, di cumulare in uno stesso processo più imputazioni e di adeguare le pene in base alla gravità del reato e alla personalità del reo.

Inizialmente la competenza giurisdizionale dell'assemblea senatoria fu limitata alla repressione di reati a sfondo politico, che – soprattutto quando relativi a vicende particolarmente clamorose che vedevano protagonisti senatori o esponenti dell'alta società romana – il *princeps* preferiva sottrarre alla competenza delle relative corti per assegnarli alla cognizione dell'assemblea dei *patres.* I criteri che guidavano l'attribuzione del giudizio criminale al senato erano, dunque, sostanzialmente due: uno legato alla materia del reato, l'altro alle persone autrici dello stesso.

Ratione materiae, al senato era delegata la decisione di cause relative a reati politici; i reati comuni restarono normalmente di competenza delle antiche *quaestiones perpetuae* – a meno che non fossero stati commessi da senatori o da personalità di rilievo pubblico – per poi progressivamente transitare, come abbiamo visto, nella competenza dei prefetti, inizialmente concorrente e poi esclusiva. In età augustea le principali fattispecie affidate al tribunale senatorio riguardarono, infatti, casi di *repetundae* e *maiestas*, a cui poi furono affiancate anche ipotesi di *peculatus* e *vis publica.* In materia di *repetundae*, in particolare, merita ricordare il senatoconsulto Calvisiano, emanato durante il principato di Augusto (4 a.C.), che attribuì ad una commissione di cinque senatori il compito di giudicare (al posto dell'intera assemblea senatoria) alcuni casi di concussione, che furono dunque sottratti alla *quaestio repetundarum.*

Ratione personae, il senato giudicava dei reati – non necessariamente politici, ma forse anche comuni – commessi da membri dell'ordine senatorio o da persone appartenenti agli strati più alti della società romana. In sostanza ai senatori era riservato un foro privilegiato, composto da membri del loro stesso ordine. Se da un lato tale concessione può essere interpretata come un indice della volontà del *princeps* di compensare la diminuzione del potere di governo del senato, dall'altro non necessariamente l'essere giudicati dai propri pari si traduceva in un beneficio. Il senato, infatti, quando operava in veste di organo giudicante, godeva di poteri più ampi di quelli attribuiti alle corti repubblicane, potendo perseguire anche fatti non specificamente contemplati dalle leggi incriminatrici, procedere contro una medesima persona per più ipotesi di reato e, soprattutto, tenere conto di eventuali circostanze aggravanti per irrogare una sanzione più elevata rispetto a quella legale.

Quanto alle modalità di svolgimento del procedimento penale di fronte al tribunale senatorio, l'iniziativa processuale era riservata ai consoli, i quali, facendo seguito alla denuncia (*postulatio*) di un privato cittadino, convocavano il senato (*ius agendi cum patribus*), salvo che ritenessero l'accusa infondata. Lo stesso senato – e naturalmente il *princeps* – avrebbero potuto però impedire la ricezione dell'accusa (*receptio*), laddove considerata inammissibile. Se l'accusa fosse stata accolta, sarebbe stato fissato il giorno della discussione, in cui l'accusato avrebbe dovuto comparire di fronte al senato, potendosi eventualmente ricorrere anche a mezzi coercitivi per assicurare la sua presenza. Alla data concordata, il senato si riuniva sotto la presidenza del console o dell'imperatore, che, ove presente, presiedeva l'assemblea. Il dibattimento si svolgeva per lo più secondo le regole ordinarie del processo davanti alle *quaestiones*: alla relazione introduttiva del presidente, seguivano le orazioni di accusatore e accusato, assistiti dai loro patroni, e l'escussione dei testimoni convocati. Al termine della discussione, i senatori esprimevano il loro verdetto, che naturalmente poteva essere condizionato dal parere dell'imperatore, il quale, se presente alla discussione, in quanto *princeps senatus* aveva il diritto di esprimere per primo il proprio voto, che inevitabilmente avrebbe indirizzato il parere dell'assemblea.

Come accennato, rispetto alle giurie operanti nelle *quaestiones*, che potevano pronunciarsi unicamente in ordine ad assoluzione o condanna, essendo vincolate, in quest'ultimo caso, ad irrogare la pena prevista dalla legge incriminatrice, i senatori godevano di maggiore libertà. I *patres* potevano, infatti, decidere anche l'entità della sanzione, aggravandola o mitigandola in base alle circostanze del caso concreto, alla gravità del crimine commesso e alla personalità del reo.

A seguito della votazione (tradizionalmente attuata *per discessionem*), la decisione finale era redatta per scritto a cura del presidente dell'assemblea e depositata presso l'erario (*aerarium*). Una volta depositato, il provvedimento era immediatamente esecutivo. Tuttavia, per garantire all'imperatore di poter controllare l'esecuzione di decisioni particolarmente pesanti, come quelle relative a condanne capitali emesse in esito a processi a cui egli non aveva preso parte, nei primi decenni del principato – attraverso un senatoconsulto voluto da Tiberio e datato intorno al 21 d.C. – fu stabilito un termine di dieci giorni dall'emanazione, prima del quale le sentenze capitali non avrebbero potuto essere depositate all'erario e, dunque, neppure essere eseguite.

L'unico ulteriore caso di possibile rinvio dell'esecuzione del senatoconsulto riguardava i processi nei quali la condanna consisteva nel pagamento di una somma di denaro, la cui quantificazione era rimessa ad un collegio di *recuperatores*. Questo valeva, ad esempio, nel caso di condanna per *repetundae*, reato per il quale pure fu estesa (forse durante la dinastia Claudia) la procedura dei *recuperatores*, che sostituirono la commissione di cinque membri introdotta dal citato senatoconsulto Calvisiano.

Quanto, infine, alla natura giuridica della decisione emessa dal senato in veste di corte criminale, questa «aveva la forma di un senatoconsulto, ma l'efficacia di un provvedimento giudiziario» (B. SANTALUCIA, *La giustizia penale in Roma antica*, Bologna, 2013, p. 104), essendo il risultato dell'esercizio di un potere giurisdizionale.

4.4. *La giurisdizione penale delegata: la competenza dei prefetti e la repressione nelle province*

Ferma restando la possibilità per il *princeps* di esercitare in prima persona la cognizione criminale, nel corso dell'età imperiale si sviluppò anche una giurisdizione penale delegata, affidata ai funzionari imperiali o a soggetti specificamente nominati. L'imperatore poteva, infatti, scegliere di assegnare la soluzione di singoli casi o di interi comparti del diritto criminale alla competenza di persone di fiducia, che già ricoprivano un ruolo di rilievo nell'amministrazione pubblica.

Come sappiamo, i principali funzionari imperiali erano i prefetti (vedi *supra*, § 2.4), nati già durante il principato di Augusto. Questi, titolari di importanti funzioni amministrative, iniziarono progressivamente a vedersi attribuito, nelle materie di loro competenza, anche il compito di giudicare *extra ordinem*. L'attività giurisdizionale dei prefetti, inizialmente concorrente con quella ordinaria delle *quaestiones*, finì per divenire prevalente, contribuendo al definitivo abbandono delle antiche corti permanenti.

In alternativa, per singole ipotesi, il *princeps* poteva scegliere di affidare la funzione giudicante a commissari speciali (*iudices dati*), nominati appositamente per la soluzione del caso.

Le prime notizie in merito ad una competenza giurisdizionale dei prefetti sono relative al *praefectus urbi*, al quale fu verosimilmente concessa una funzione giudicante e repressiva degli illeciti per consentire un più efficace espletamento delle proprie attribuzioni, come sappiamo generalmente attinenti alla *cura urbis* e al controllo dell'ordine pubblico. Questa competenza, inizialmente immaginata come un naturale completamento dell'attività di polizia del prefetto, da esercitarsi in via straordinaria e alternativa rispetto alla repressione dinanzi alla *quaestio*, col tempo si stabilizzò, prevalendo sul modello di repressione ordinario. Inoltre, progressivamente si passò da un criterio per materia ad un criterio per territorio, che affidava al *praefectus urbi* la giurisdizione in ordine a tutti gli illeciti penali (*omnia crimina*) commessi in Roma e nel territorio circostante, entro le cento miglia.

Oltre tale limite territoriale, la repressione spettava al *praefectus praetorio*, a cui furono assegnati analoghi poteri giurisdizionali per i crimini commessi nel territorio italico ma fuori dal raggio di cento miglia da Roma. In questo caso il fondamento della competenza criminale è verosimilmente da rinvenirsi nello stretto legame tra il *praefectus praetorio* e il *princeps*, di cui divenne nel tempo una sorta di vice, tanto che, a partire dall'età severiana, fu giudice di appello per tutte le cause relative a crimini commessi nell'impero, avendo la facoltà di decidere in luogo dell'imperatore (*vice sacra*) in ultima istanza, senza che fosse possibile impugnare il suo verdetto.

In quest'epoca, dunque, il riparto di giurisdizione tra i due più importanti prefetti (quello urbano e quello pretorio) seguiva un criterio di tipo territoriale: per i reati commessi a Roma ed entro il raggio di cento miglia dall'Urbe era competente il prefetto urbano, per quelli perpetrati oltre tale limite la cognizione spettava al prefetto del pretorio.

Fermo restando questo criterio territoriale, che vedeva il *praefectus urbi* protagonista della repressione criminale nello spazio cittadino, alcuni più limitati poteri giurisdizionali furono attribuiti anche alle altre due figure prefettizie istituite da Augusto, il *praefectus vigilum* e il *praefectus annonae*, i cui compiti erano in ogni caso subordinati a quelli del prefetto urbano. La competenza criminale di questi due ulteriori prefetti era naturalmente connessa alle materie di loro pertinenza. Nel caso del *praefectus vigilum*, che aveva compiti di polizia notturna, oltre che di prevenzione e spegnimento degli incendi, i poteri giurisdizionali riguardavano i reati di incendio, furto, effrazione, ricettazione, fermo restando l'obbligo di rimettere la decisione al prefetto urbano se il caso, per l'entità della condotta o per la personalità del reo, fosse particolarmente grave. Per il *praefectus annonae*, incaricato di sovrintendere all'approvvigionamento dei generi alimentari, la repressione atteneva a condotte come l'accaparramento delle derrate, comportamenti tesi ad impedire o ostacolare il trasporto dei viveri, nonché speculazioni sul prezzo dei beni volte ad ottenerne un rincaro.

Quanto ai territori provinciali, la repressione criminale era ivi affidata, già in età repubblicana, ai governatori ad essi preposti. Nel corso dell'età imperiale l'amministrazione del territorio extraitalico andò incontro ad importanti cambiamenti, conseguenza della già ricordata suddivisione, attuata da Augusto, tra province imperiali e province senatorie (vedi *supra*, § 2.5). In entrambe i governatori continuarono ad esercitare la funzione di giurisdizione penale, discendente dall'*imperium* di cui erano titolari i *proconsules* (nelle province senatorie) e dall'*imperium* delegato dal principe ai *legati Augusti pro praetore* (in quelle imperiali).

La giurisdizione criminale esercitata in provincia variava, però, a seconda che l'autore dell'illecito fosse o meno munito di cittadinanza romana. Nei confronti degli stranieri (*peregrini*) la cognizione poteva essere esercitata con ampia discrezionalità, senza che al governatore fosse imposto di seguire le regole procedurali previste per i processi dinanzi ai tribunali dell'Urbe. Laddove l'illecito fosse stato commesso da un cittadino romano, invece, i poteri dei governatori erano limitati dalle garanzie riconosciute ai *cives*, prima tra tutte la *provocatio ad populum*, che imponeva al governatore di arrestare la sua attività e di inviare il presunto reo a Roma, perché ivi fosse giudicato (in via ordinaria) dalla specifica *quaestio* competente o (in via straordinaria) dal tribunale imperiale o senatorio.

Tuttavia, durante il principato, verosimilmente già dal I secolo, il sistema di guarentigie da sempre esistente a tutela dei cittadini iniziò ad essere intaccato. In un primo momento il cambiamento interessò esclusivamente la sfera militare, iniziando gli imperatori ad attribuire ai governatori delle province imperiali preposti a capo di un esercito il *ius gladii*, ossia il diritto di vita e di morte sui cittadini, che fossero anche soldati sottoposti al suo comando, ai quali era preclusa la possibilità di esperire la *provocatio* per essere giudicati dai tribunali dell'Urbe. In seguito, il *ius gladii* dei governatori fu esteso anche ai cittadini non soldati, venendo meno il limite che inizialmente lo vedeva circoscritto al solo ambito militare. La necessità di un simile ampliamento delle prerogative giurisdizionali dei governatori in provincia fu verosimilmente conseguenza dell'aumento del numero dei cittadini nei territori extraitalici, che trovò il suo apice con la già ricordata costituzione di Antonino Caracalla del 212 d.C. (vedi *supra*, § 3.3), con cui la cittadinanza fu concessa a pressoché tutti gli abitanti dell'impero. L'attribuzione dello *status civitatis* ad un numero sempre più vasto di persone comportava infatti anche l'esperibilità del *ius provocationis*, per essere giudicate, anziché in provincia, direttamente a Roma. Fu probabilmente anche l'impossibilità di concentrare nell'Urbe un numero così ampio di processi che indusse gli imperatori ad ampliare i margini del *ius gladii* attribuito ai governatori provinciali, estendendolo, oltre che nei confronti dei militari, anche verso i civili. Iniziò così un processo che portò alla caduta in desuetudine della *provocatio ad populum* nei territori provinciali, nei quali la stessa era esperibile dalla seconda *lex Porcia*, che l'aveva estesa anche ai cittadini che si trovavano fuori Roma.

I cittadini romani residenti nelle province in cui i governatori erano titolari di ampio *ius gladii* non avrebbero, dunque, potuto esercitare la *provocatio ad populum*, restando loro, come unica strada per sottrarsi al giudizio degli organi provinciali, la possibilità di esperire una *appellatio* al *princeps*, eventualmente anche prima dell'instaurazione del giudizio (*ante sententiam*), a meno che non fosse lo stesso governatore provinciale, in ragione della complessità del caso, a rimettere la decisione all'imperatore. Ad ogni modo, l'appello avrebbe potuto essere rifiutato, laddove infondato o avanzato al solo scopo di ritardare l'esecuzione della sentenza.

4.5. *Il sistema sanzionatorio nella* cognitio extra ordinem

Nel corso dell'età imperiale anche il sistema sanzionatorio subì un significativo cambiamento, nel segno di una sempre maggiore diversificazione delle pene. Come sappiamo, nel sistema delle *quaestiones perpetuae* era previsto un sistema di pene legali fisse, individuate nella loro qualità ed entità dalla legge istitutiva di ciascun tribunale e non graduabili da parte della giuria giudicante. La staticità e la rigidità delle sanzioni era destinata ad essere superata nel nuovo sistema di cognizione straordinaria, nel quale la pena «era prevista in termini elastici» (V. GIUFFRÈ, *La repressione criminale nell'esperienza romana*, Napoli, 1998[5], p. 105), godendo il giudice (fosse esso il tribunale imperiale, il tribunale senatorio o i funzionari del *princeps*) di un ampio margine di discrezionalità in ordine non solo alla gravità della condotta imputata, ma anche alla personalità del reo. Proprio in ragione di tale discrezionalità, nel corso dell'età imperiale furono introdotte nuove pene, che affiancarono quelle già previste dalle leggi incriminatrici repubblicane, configurando così un sistema sanzionatorio ben più ampio di quello originario. L'incremento, peraltro, non riguardò soltanto il numero delle pene, ma anche la loro gravità, tenuto conto che le sanzioni di nuova introduzione avevano spesso modalità di esecuzione estremamente pesanti e finanche cruente.

A tale riguardo, emblematica è la storia della pena capitale (*poena capitis*). Quest'ultima, propria del sistema di repressione criminale di epoca arcaica, era stata progressivamente abbandonata durante l'età tardo repubblicana, essendo sostituita dall'esilio, con conseguente *aqua et igni interdictio*. In epoca imperiale si assistette, invece, ad un recupero della pena di morte, per la quale fu mantenuta la tradizionale modalità della decapitazione (*capitis amputatio*), eseguita però con la spada (*per gladium*) anziché con la scure. La pena capitale era, peraltro, spesso accompagnata da sanzioni corporali accessorie, come il percuotimento, realizzato con mezzi diversi a seconda della condizione sociale più o meno elevata del reo: con bastoni (*fustium ictus*) nel primo caso, con fruste (*flagellorum ictus*) nel secondo, stante il carattere infamante della flagellazione.

Accanto alla tradizionale *poena capitis* furono introdotte anche ulteriori e più afflittive pratiche, irrogate per crimini particolarmente gravi o commessi da persone di condizione sociale infima, come la crocifissione (*damnatio in crucem*), l'esposizione alle belve nell'arena (*damnatio ad bestias*), o la vivicombustione (*vivi crematio*). Queste nuove pene conducevano sempre alla morte del condannato e, peraltro, attraverso modalità ben più atroci e dolorose; proprio in ragione della loro particolare efferatezza, erano qualificate complessivamente come "supplizi massimi" (*summa supplicia*).

Accanto alla *poena capitis* e ai *summa supplicia*, il complesso panorama sanzionatorio di età imperiale contemplava poi ulteriori pene che, pur non comportando di per sé la morte del condannato, lo esponevano a condizioni tanto gravose o pericolose da determinare spesso, in tempi più o meno rapidi, un esito analogo a quello della pena capitale, alla quale erano dunque assimilate (*poenae proximae morti*). Al riguardo, basti pensare alle diverse forme di lavoro forzato, tra cui la condanna all'esecuzione coatta di opere pubbliche, come la realizzazione di strade, bagni, cloache (*damnatio in opus publicum*), o la condanna ai lavori forzati nelle miniere pubbliche (*damnatio ad metalla* o *in metallum*) o ai servizi delle miniere (*damnatio in opus metalli*); nonché, la condanna ad essere impiegati nei giochi pubblici (*damnatio in ludum*) per combattere nel circo come gladiatori (*damnatio in ludum gladiatorum*) o contro le fiere (*damnatio in ludum venatorium*).

Queste pene, anche laddove non conducessero alla morte del reo, lo privavano tuttavia sia della libertà (*status libertatis*) sia della cittadinanza (*status civitatis*). Il condannato in questi casi era definito "servo della pena" (*servus poenae*), condizione che comportava la perdita di capacità giuridica, con tutti gli effetti da ciò discendenti, tra cui lo scioglimento del matrimonio, la confisca dei beni, l'impossibilità di ricevere e di disporre per testamento.

Quanto all'antica sanzione dell'*aqua et igni interdictio*, questa fu progressivamente sostituita dalla deportazione (*deportatio in insulam*), che obbligava il *damnatus* a risiedere per sempre in un luogo isolato, con privazione della cittadinanza e del patrimonio.

Meno grave della *deportatio*, sebbene simile per le modalità di esecuzione, era la relegazione (*relegatio in insulam*): anch'essa consisteva in un isolamento territoriale (o nel divieto di residenza in determinate località), ma (a differenza della *deportatio*, che era sempre perpetua) poteva essere temporanea e non comportava la perdita della cittadinanza e dei beni.

Accanto alle pene personali, esistevano poi anche pene patrimoniali, consistenti nella confisca totale o parziale dei beni, che poteva essere irrogata anche come sanzione accessoria rispetto alla pena principale (come nel caso del *crimen adulterii*), o in altre pene pecuniarie, come le multe (*multae*).

Infine, il sistema di cognizione imperiale conosceva anche altre pene minori, di varia natura, che potevano consistere, ad esempio, nella privazione di dignità o nella interdizione dai pubblici uffici o dall'esercizio di particolari professioni.

Tra le nuove pene di età imperiale non compare, invece, la detenzione: il carcere continuò, anche in quest'epoca, ad essere considerato non una vera e propria pena, ma piuttosto una misura preventiva, funzionale non tanto alla punizione del reo, quanto alla sua custodia nelle more del giudizio o dell'esecuzione. In sostanza, la carcerazione era un mezzo per garantire la comparizione in giudizio degli imputati o per evitare la fuga dei condannati.

Nel corso dell'età imperiale si affermò, inoltre, una tendenza a considerare, ai fini della repressione criminale e della individuazione della pena, la condizione sociale del reo. Come sappiamo, nel sistema dell'*ordo iudiciorum publicorum* i *crimina* erano repressi, senza distinzione tra persone libere, con le pene stabilite dalle singole leggi incriminatrici, non modificabili o graduabili in sede di irrogazione. Diversamente, la flessibilità del nuovo sistema della *cognitio extra ordinem* e il conseguente superamento del sistema di pene legali fisse consentiva al giudice di tenere in considerazione lo status del reo e di commisurare la pena in ragione delle sue qualità personali e della sua posizione sociale. A tale riguardo, nelle fonti viene menzionata la distinzione tra due categorie: da una parte gli *honestiores*, ossia gli appartenenti agli ordini sociali elevati (quello senatorio, quello equestre e quello dei decurioni); dall'altra gli *humiliores*, ossia coloro che rientravano negli strati sociali più bassi. Questa articolazione, che trova alcune prime manifestazioni già a partire dal regno di Adriano, risulta radicata in età severiana e riceverà ulteriore affermazione nel passaggio da principato a dominato.

La distinzione tra *honestiores* e *humiliores*, frutto forse di una politica legislativa volta a concedere privilegi agli appartenenti a determinati ordini, corrispondenti ai ceti più abbienti e rappresentativi, comportava un differente trattamento giuridico, sia in ambito processuale, con riferimento ad esempio alla diversa considerazione della prova testimoniale in ragione della *qualitas personarum*, sia soprattutto in ambito sanzionatorio. L'affermazione di queste due categorie soggettive portò infatti alla creazione, per il medesimo crimine, di un sistema binario di pene, ossia alla previsione di due diverse sanzioni a seconda della qualità del reo. Agli *honestiores* erano normalmente riservate le pene più dignitose e onorevoli, mentre agli *humiliores* quelle più atroci, come i *summa supplicia*. Spesso le differenze riguardavano le modalità di esecuzione della pena, ma non i suoi effetti, che erano identici. Ad esempio, la sanzione capitale era eseguita per gli *honestiores* mediante la decapitazione con la spada, mentre per gli *humiliores* attraverso la vivicombustione, l'esposizione alle fiere o la crocifissione. In caso, invece, di *crimina* repressi con pene diverse dalla morte, per gli *honestiores* era prevista la *deportatio* o la *relegatio*, con condanna patrimoniale accessoria alla confisca totale o parziale dei beni, mentre per gli *humiliores* la condanna a combattere nell'arena come gladiatori o contro le belve (*damnatio in ludum gladiatorium* o *venatorium*), o la condanna alle miniere o ai lavori pubblici (*damnatio in metallum* o *in opus metalli* o *in opus publicum*).

4.6. *L'evoluzione delle fattispecie criminali in età imperiale*

In età imperiale si assistette, accanto ad un ampliamento del panorama sanzionatorio, anche ad una significativa trasformazione delle fattispecie criminali già previste dalle leggi repubblicane, il cui contenuto fu esteso e adeguato alle esigenze del nuovo regime.

I primi reati interessati da questo processo evolutivo furono quelli politici, come il *crimen maiestatis* e il *crimen repetundarum*, il cui ampliamento fu dovuto soprattutto all'opera del tribunale imperiale e senatorio, a cui era devoluta, per i motivi esposti, la repressione dei crimini che rappresentavano un pericolo per la sicurezza e la stabilità pubblica.

Il reato di *maiestas*, che ereditava il nucleo originario dell'antica *perduellio*, come alto tradimento e attentato alle istituzioni pubbliche, mutò profondamente la propria fisionomia, in conseguenza del nuovo assetto politico, che vedeva nel *princeps*, e non più nel popolo romano, il titolare della sovranità pubblica. La *maiestas*, ritenuta in origine un reato contro la sicurezza della *res publica* e del *populus Romanus*, si trasformò gradualmente in reato contro l'imperatore, considerato come la personificazione della maestà dello Stato romano. Per questo, all'interno del *crimen maiestatis* confluirono tutti i comportamenti ritenuti lesivi della persona, del nome o della dignità dell'imperatore, come l'oltraggio, la distruzione o il danneggiamento di statue o immagini che lo raffiguravano, il rifiuto di prestare giuramento nel suo nome e di riconoscere il carattere divino della sua persona; ipotesi, quest'ultima, che secondo la tesi prevalente rappresentò il fondamento giuridico della persecuzione del cristianesimo. Secondo altre ricostruzioni, la *maiestas* non sarebbe stato l'unico capo di imputazione addebitato ai cristiani, potendosi ipotizzare anche un'accusa per *sacrilegium*, inteso come empietà verso le divinità romane, o per violazione dei divieti associativi loro imposti, che avrebbero fatto rientrare il reato nell'ambito del *crimen sodaliciorum*. Quanto al profilo sanzionatorio, il reo di *maiestas*, che in epoca augustea era punito con l'*aqua et igni interdictio*, sarebbe andato incontro alla morte, sebbene con modalità diverse a seconda che appartenesse agli *honestiores* o agli *humiliores*: fonti di età severiana attestano, infatti, per i primi la decapitazione, mentre per i secondi la vivicombustione o l'esposizione alle belve.

Il *crimen repetundarum* fu oggetto, a sua volta, di un processo di trasformazione, che portò da un lato al suo ampliamento, potendo essere punito a tale titolo ogni tipo di abuso perpetrato da magistrati o funzionari pubblici, dall'altro all'enucleazione di alcune peculiari condotte, fino a quel momento rientranti nel generale concetto di *repetundae*, che iniziarono ad essere represse in via straordinaria e punite con maggiore severità come fattispecie autonome: è questo il caso della concussione (*concussio*), termine riferito alle estorsioni attuate da magistrati o funzionari con abuso dei poteri di cui erano titolari.

La progressiva trasformazione e l'incremento dei reati comuni fu invece conseguenza, prevalentemente, dell'attività giurisdizionale delegata ai prefetti e ai governatori provinciali. In primo luogo, fondamentali modificazioni interessarono l'omicidio, la cui disciplina, risalente alla *lex Cornelia de sicariis* di epoca sillana, fu ampliata in epoca imperiale, giungendo a comprendere ipotesi originariamente non previste. Tra queste, oltre all'esposizione di infanti e all'uccisione intenzionale di schiavi, comparvero due ipotesi di omicidio particolarmente importanti, quello colposo e quello preterintenzionale, che, originariamente non contemplate, iniziarono ad essere represse come omicidio nell'ambito della giurisdizione provinciale e furono poi confermate da due costituzioni di Adriano, acquisendo così portata generale. La tesi prevalente esclude, invece, che rientrasse nel titolo di omicidio il procurato aborto, che pare piuttosto costituisse, almeno in epoca severiana, una fattispecie autonoma repressa in via straordinaria. Quanto al profilo sanzionatorio, anche l'omicidio era punito con due pene diverse a seconda della condizione sociale del reo, che consistevano solitamente nella deportazione per gli *honestiores* e nella crocifissione o nell'esposizione alle fiere per gli *humiliores*.

Rispetto all'omicidio ordinario mantenne, invece, una propria autonomia, anche sotto il profilo sanzionatorio, il parricidio (inteso come uccisione del padre o dell'ascendente), per il quale in epoca imperiale fu rispristinata la pena di morte, eseguita con l'arcaica pena del sacco (*poena cullei*), che «nel lessico dei supplizi» era «lo strumento dell'esecuzione riservata ai parricidi» (E. CANTARELLA, *I supplizi capitali*, Milano, 2011^2, p. 266) e che, in epoca costantiniana, fu estesa anche all'ipotesi inversa, ossia all'ingiustificata uccisione del figlio da parte del proprio *pater*.

Un significativo ampliamento interessò anche il reato di falso (*crimen falsi*), che nel corso del I sec. d.C., attraverso una serie di senatoconsulti, subì una prima estensione, ulteriormente incrementata nei secoli successivi. L'originario ambito del *crimen falsi*, circoscritto dalla *lex Cornelia testamentaria nummaria de falsis* alle ipotesi di falsità relativa a monete e tavole testamentarie, fu ampliato fino a comprendere, in generale, ipotesi di falsità relative non solo al documento, ma anche al nome. Tra queste, ricordiamo l'uso di qualsiasi documento falso, la sottrazione di documenti autentici, la creazione di scritture false, anche se prive di sigilli, l'assunzione di un falso nome, nonché la simulazione di parto e, inoltre, alcune ipotesi di millantato credito. Anche per il *crimen falsi* la pena era diversificata a seconda della condizione sociale del reo, essendo di norma prevista la deportazione per gli *honestiores* e la *damnatio ad metalla* o la crocifissione per gli *humiliores*.

Meno ampia fu l'estensione di due ulteriori fattispecie, il peculato e il plagio. Per il primo era prevista la *deportatio* per gli *honestiores* e la condanna *ad metalla* per gli *humiliores*; per il secondo la *deportatio* e la confisca di metà del patrimonio per gli *honestiores*, la *damnatio ad metalla* o la crocifissione per gli *humiliores*.

Una menzione meritano anche i reati contro l'amministrazione della giustizia, in particolare quelli commessi con abuso delle funzioni accusatorie, come la calunnia. La portata del *crimen calumniae* fu estesa fino a comprendere casi ulteriori rispetto a quelli già previsti e disciplinati in epoca repubblicana dalla *lex Remnia de calumniatoribus*, che puniva unicamente la fattispecie dolosa, ossia la proposizione di un'accusa infondata nella consapevolezza dell'innocenza dell'accusato. In epoca imperiale, a questa ipotesi fu assimilata, ad opera del *senatusconsultum Turpillianum* del 61 d.C., anche la proposizione di un'accusa temeraria (ipotesi dunque non dolosa, ma colposa). Tali condotte erano punite con la stessa pena prevista per il reato ingiustamente addebitato alla vittima della calunnia. Il senatoconsulto Turpilliano disciplinò anche l'ipotesi della *tergiversatio*, consistente nell'abbandono doloso e ingiustificato dell'accusa nel corso di un processo. La pena prevista per questo reato era l'incapacità a sostenere l'accusa in ulteriori futuri giudizi.

Nella stessa categoria di reati rientrava anche la *praevaricatio*, ossia la collusione tra accusatore e accusato, volta ad escludere un diverso accusatore per favorire l'assoluzione del reo. Tenuto conto, infatti, che l'accusato non poteva essere contemporaneamente colpito da una seconda accusa, quest'ultimo sarebbe stato favorito dalla proposizione (dolosa) di un'accusa, avanzata per prevenirne una più grave. La *praevaricatio* seguiva un regime sanzionatorio simile a quello della calunnia: era punita con la medesima pena prevista per il più grave reato a cui sarebbe stato condannato l'accusato in assenza di *praevaricatio* (ossia esattamente la pena che l'accusato intendeva evitare).

In età imperiale si manifestò, poi, una tendenza alla progressiva attrazione alla sfera dei *crimina* (repressi pubblicamente) di fattispecie originariamente qualificate come *delicta* (perseguiti attraverso azioni penali private). Tra questi ricordiamo alcune ipotesi di furto aggravato in relazione al particolare oggetto sottratto, come nel caso dei ladri di bestiame (*abigei*); in base alla modalità della condotta, come nel caso di chi compie effrazione o furto con scasso (*effractores*), ma anche ricettazione (*receptatores*), borseggio (*saccularii*) o saccheggio (*expolatores*); o, ancora, in base alle particolari circostanze del reato, come chi commette un furto di notte (*fures nocturni*), o con violazione di domicilio e introduzione nelle case altrui (*derectarii*) o nei bagni pubblici (*fures balnearii*). In questi casi la vittima poteva scegliere se esercitare l'azione privata o denunciare il colpevole affinché fosse represso pubblicamente con una pena corporale. A queste peculiari ipotesi di furto represse *extra ordinem* viene tradizionalmente assimilato anche il *crimen expilatae hereditatis*, consistente nell'appropriazione di beni facenti parte di una eredità giacente (*hereditas iacens*), ossia non ancora attribuita ad un erede, rispetto alla quale dunque non sarebbe stato configurabile il delitto di furto. Questo reato era punito con pene corporali, come la fustigazione, o la condanna al lavoro forzato nelle miniere (*damnatio ad metalla*) o alla realizzazione di opere pubbliche (*damnatio in opus publicum*).

Tra i delitti che in epoca imperiale furono attratti alla sfera criminale ricordiamo anche alcune particolari forme di *iniuria*, come le ingiurie dei figli ai genitori, quelle del liberto al patrono, l'oltraggio a magistrati o a esponenti di classi privilegiate, l'offesa al pudore di donne e di giovani ragazzi e, inoltre, la violazione di sepolcri (*crimen sepulchri violati*).

Furono represse in via straordinaria anche ulteriori fattispecie di nuova introduzione, come lo *stellionatus*, punito di regola con la *relegatio in insulam*. Si trattava di un crimine dai contorni indefiniti, in cui rientravano vari comportamenti fraudolenti non riconducibili ad alcuno specifico titolo di reato, modernamente assimilabili ad ipotesi di truffa. Tra queste, ricordiamo la dazione in pegno di una cosa altrui, la vendita di un bene ipotecato, la sottrazione fraudolenta di una cosa venduta e la sostituzione della medesima con un altro bene.

Tra gli altri reati previsti e puniti nel sistema della *cognitio extra ordinem* possiamo menzionare, infine, l'evasione dal carcere con effrazione (*effractio carceris*); la rimozione di pietre di confine tra proprietà private (*crimen termini moti*), punita a partire dall'epoca adrianea con la *relegatio in insulam* per gli *honestiores* e con la *damnatio in opus publicum* o la *damnatio ad metalla* per gli *humiliores*; nonché una serie di condotte derivanti da consuetudini locali, represse nell'ambito della giurisdizione criminale provinciale. Tra queste, ci limitiamo a ricordare lo scopelismo, antica usanza araba consistente nel porre delle pietre in un campo altrui come minaccia di morte o di altra violenza per chiunque osasse coltivarlo.

Parte IV

L'epoca tardoantica

di Fausto Giumetti

Sommario: 1. Tardoantico, Basso Impero o Postclassico? – 2. Il dominato di Diocleziano e il tentativo di recupero della romanità. – 3. L'assolutismo teocratico di Costantino. – 4. Organi di governo e amministrazione del territorio. – 5. Nuovi reati e processo cognitorio. – 6. *Leges* e *iura*: le fonti del diritto. – 7. La codificazione di Giustiniano.

1. *Tardoantico, Basso Impero o Postclassico?*

> «Di decadenza si può bensì parlare e se ne parla, ma per l'appunto in riferenza a certe guise di opere e di ideali che ci sono cari (e troppe volte sì dà così la stura agli insipidi piagnistei del «*peior avis*», del «*nequior*» e del «*vitiosior*»); ma in senso assoluto, e in istoria, non c'è mai decadenza che non sia insieme formazione o preparazione di nuova vita, e, pertanto, progresso» (B. Croce, *La storia come pensiero e come azione*, introduzione di Luciano Canfora, Bari-Roma, 2023, 33).

> «La storia del tardo impero è, in certo senso, una scienza relativamente giovane: concepita per lungo tempo come una 'storia della decadenza' imperiale (storia del 'basso' impero), essa apparve soprattutto in funzione negativa rispetto ai periodi che l'avevan preceduta e di cui invece era, anziché un contrasto, la più naturale spiegazione. Il superamento del concetto illuministico di una storia del basso impero intesa come storia della decadenza imperiale, e il tentativo di dare a questo periodo un'autonomia storica ed una funzione positiva e, si può dire, una conquista relativamente recente» (S. Mazzarino, *Stilicone. La crisi imperiale dopo Teodosio*, Milano, 1990², 3).

Il concetto di "tardoantico" è stato ideato nel 1901 dallo storico dell'arte austriaco Alois Riegl al fine di rivalutare quei periodi comunemente definiti di "decadenza" come momenti storici nei quali irrompono nel panorama artistico universale forme nuove, senza che di queste debba darsi un giudizio pessimistico né ottimistico.

Tale espressione è stata mutuata successivamente dalla ricerca storico-giuridica in relazione alla fase di transizione convenzionalmente databile tra la fine del III secolo d.C. (con l'ascesa al trono di Diocleziano) e gli ultimi decenni del VI secolo d.C. (con la morte di Giustiniano), con cui si chiude l'età antica e inizia quella medioevale.

La nozione di tardoantico è stata preferita rispetto ad altre dalla moderna storiografia in quanto scevra di quei giudizi di valore (forieri di false percezioni o devianti rappresentazioni storiche) che gravano ad esempio sull'idea di "postclassico", con la quale s'individuerebbe, per converso, nella precedente civiltà "classica" l'apogeo della romanità, o su quella di "basso impero", elaborata dall'Illuminismo settecentesco con l'intento di addebitare all'età in esame il declino dello splendore di Roma (soprattutto per il diffondersi del cristianesimo).

La proposta di Riegl ha trovato pieno riscontro nelle riflessioni sulla "Storia" del filosofo Benedetto Croce e dello storico Santo Mazzarino, per entrambi non vi è mai una decadenza in senso assoluto (che si rivela, in quanto tale, uno pseudo-concetto), bensì "fratture" rispetto al passato, che preludono alla nascita di una nuova realtà. Ed è proprio della realtà tardoantica, in relazione alla storia del diritto romano, che verranno delineati nelle pagine che seguono alcuni degli aspetti più significativi.

Nel fare ciò si cercherà di non adottare un approccio meramente descrittivo, evenemenziale, dei fatti accaduti (*res gestae*) ma d'indagare anche sui rapporti di forza sottostanti alla narrazione che di questi fatti ci viene riconsegnata dalle fonti (*historia rerum gestarum*).

Più dettagliatamente, dopo una breve analisi dei regni di Diocleziano e di Costantino, si passerà a tratteggiare la riorganizzazione amministrativa e territoriale dell'impero, le riforme che investirono il diritto penale e il ruolo del tutto inedito che assunse la giurisprudenza.

Il capitolo verrà concluso con le inevitabili pagine dedicate a Giustiniano, cui si deve la composizione e la pubblicazione di quello che sarebbe stato chiamato nel 1593 da Gotofredo (Denis Godefroy) *Corpus Iuris Civilis*; opera che per la sua maestosità fece meritare al proprio autore la presentazione dantesca immortalata nella *Commedia* (Pd VI.10-12): «Cesare fui e son Iustiniano / che, per voler del primo amor ch'i' sento, / d'entro le leggi trassi il troppo e 'l vano».

2. *Il dominato di Diocleziano e il tentativo di recupero della romanità*

Con la fine della dinastia severiana, a seguito dell'assassinio di Alessandro Severo nel 235 d.C., consumatosi in un'insurrezione capeggiata da Massimino il Trace, che si assicurò in tal modo il trono, l'impero romano fu vessato da violentissime lotte per il potere che si protrassero per circa cinquant'anni, scanditi dall'alternanza sul soglio imperiale di una settantina d'"imperatori-soldati" (*Soldatenkaiser*), così chiamati in ragione della loro estrazione militare.

Siffatto periodo di profonda instabilità politica è definito "anarchia militare" e si concluse nel 284 d.C., quando, dopo l'ennesimo assassinio di un imperatore in carica (Numeriano), gli eserciti romani stanziati in Calcedonia acclamarono come imperatore un generale di origini illiriche, Caio Valerio Diocle, noto come Diocleziano.

È dal regno di Diocleziano (284-305 d.C.) che convenzionalmente si fa iniziare il c.d. "dominato", intendendosi con tale termine la forma di governo assolutistica, che, plasmata sul modello delle monarchie orientali, spazzò via il principato e segnò la nascita dell'età tardoantica.

Stando alla testimonianza di Eutropio (epistolografo vissuto nel regno dell'imperatore Valente [364-378 d.C.]), Diocleziano, a differenza dei predecessori, impose l'adorazione della propria persona, mutando così radicalmente il rapporto tra sé – un *dominus* e non più un *princeps* – e i sudditi (Eutr., IX 26). Anche se la svolta definitiva in senso assolutistico venne impressa all'impero da Costantino; ed infatti, mentre Diocleziano si mostrò rispettoso nel proprio operato della tradizione di Roma (si pensi alla difesa del paganesimo), Costantino fu al contrario il grande rivoluzionario che rifondò l'impero su basi teocratico-cristiane.

Sebbene sia difficile attribuire con certezza la paternità di alcune riforme ora a Diocleziano, ora a Costantino, ciò che è certo è che con l'organizzazione del sistema imperiale attuata dall'uno e dall'altro il processo di progressiva saldatura tra sovranità e legalità fu completato: la sfera politica e il sistema giuridico furono ricondotti a quell'unità di cui l'*imperator* era, ha scritto Luigi Capogrossi Colognesi, «il garante ultimo, esclusivo titolare ormai della sovranità statale». Il concetto che stava alla base dell'esaltazione della persona dell'imperatore nel periodo tardoantico era oramai: "l'État c'est moi".

Consapevole del fatto che l'anarchia della quale era stato testimone era attribuibile ad un vuoto di un potere imputabile, per la maggior parte, all'assenza di una successione certa al trono, e che ciò avrebbe potuto segnare la dissoluzione di Roma, Diocleziano, accettando di autolimitare il proprio potere, promosse una riforma costituzionale che si basava sui seguenti principi: 1) una procedura durevole di alternanza nella titolarità del potere supremo; 2) il conferimento di quest'ultimo alla persona giudicata più idonea al comando, a prescindere dal vincolo familiare con il precedente imperatore; 3) la divisione territoriale, e non giuridica, dell'impero in due parti, una quella d'Oriente e l'altra quella d'Occidente.

A capo di queste due parti vennero quindi preposti due imperatori con pari poteri, detti "Augusti", coadiuvati da due luogotenenti da essi stessi scelti, detti "Cesari"; dopo venti anni di regno gli Augusti avrebbero dovuto abdicare in favore dei Cesari, i quali, divenuti Augusti, avrebbero dovuto nominare, a loro volta, due Cesari, e così di seguito. Con ciò si costituì un "governo a quattro" dell'impero: la c.d. tetrarchia.

Dapprima, invero, dal 286 al 293 d.C., l'impero fu retto da una diarchia composta dai soli Augusti: Diocleziano in veste di Augusto *senior* di Oriente, si associò nell'esercizio del potere in Occidente Marco Aurelio Massimiano, suo compagno d'armi. Si conosce poco della struttura e del funzionamento di tale sistema governativo, ma è certo che assumendo l'appellativo di *Iovius* Diocleziano volle sottolineare un rapporto di superiorità gerarchica rispetto a Massimiano, che prese invece quello di *Herculius*; veniva così instaurato tra i due uno pseudo-rapporto padre-figlio corrispondente a quello mitico fra Giove ed Ercole. Ma non solo: l'associazione alla divinità della figura dell'imperatore era altresì funzionale a legittimare la divina trascendenza sottesa non alla sua persona ma al suo *imperium*.

Diocleziano, imbevuto di *romanitas* (da intendersi come ossequio ai valori fondanti della società romana), voleva evidenziare in tal modo – perfezionando concetti metagiuridici già utilizzati in passato, come quello augusteo di *auctoritas* e finanche quello di *felicitas* di Silla – come fosse la funzione di governo ad avere carattere sacro e non l'imperatore in sé.

Ed è proprio questa scissione tra carica imperiale ed individuo chiamato a rivestirla che si sarebbe tradotta nella volontaria abdicazione in seno al sistema tetrarchico, quasi in omaggio alla figura di Silla, il quale era stato capace di abbandonare il potere dopo aver restaurato le strutture della *res publica* aristocratica. Ma Silla prima e Diocleziano poi non compresero – o non vollero pienamente accettare – il fatto che la personalizzazione del potere, impostasi proprio con il sanguinario dittatore repubblicano, aveva legato inscindibilmente la funzione di comando al suo detentore.

Ciascun Augusto, dotato di un esercito autonomo, agì in settori distinti: Massimiano combatté con successo in Occidente contro i Bagaudi in Gallia, e contro gli Alamanni, gli Eruli e Caiboni lungo il corso del Reno, tenendo il suo quartier generale a Magonza e nella città belgica di Treviri; sempre in Occidente Diocleziano si trovò a lungo impegnato sul Danubio contro i Sarmati, mentre in Oriente ristabilì il controllo romano sull'Armenia e iniziò a progettare una grande spedizione contro la Persia.

Roma, che restava sicuramente la città più popolosa e sede di un senato parassitario e sempre meno autorevole, fu volontariamente abbandonata.

Nel 293 d.C., a causa dei molteplici fronti di guerra, si passò poi dalla diarchia alla vera e propria tetrarchia: Massimiano nominò come Cesare per l'Occidente Flavio Valerio Costanzo, detto Cloro, mentre Diocleziano attribuì il medesimo titolo a Galerio per la parte orientale.

Si volle instaurare in tal modo un potere collegiale – ben rappresentato plasticamente dall'iconografia coeva nel gruppo di porfido sito nella basilica di San Marco a Venezia – in seno al quale ogni casualità o imprevedibilità nelle transizioni di potere era tarpata sul nascere; lo Stato romano, come ha scritto Santo Mazzarino, sottraeva così l'autorità imperiale al «capriccio soldatesco di un momento».

Se parte dell'Occidente sfuggiva al controllo di Roma (si pensi ai tentativi di secessione in Britannia e alle rivolte in Egitto e Bacauda), in Oriente il re sasanide Narseh intraprese una serie di attacchi in Siria e in Mesopotamia e solo con la pace del 298 d.C., in seguito alla vittoria del Cesare Galerio, i Persiani non solo furono costretti a riconoscere il protettorato romano sull'Armenia, ma persero altresì il controllo sulla città turca di Nisibi e il monopolio dei commerci orientali; inoltre dovettero cedere a Roma cinque regioni al di là della Mesopotamia; nel frattempo Carpi, Goti e Sarmati continuavano le loro incursioni, a cui posero fine soltanto le fortunate campagne di Massimiano e Galerio negli anni 294-295 d.C.

La riorganizzazione dell'impero operata dai tetrarchi era concettualmente coerente con il nuovo sistema di governo di cui costituiva il corollario; sebbene, infatti, le singole aree geografiche dove le riforme vennero a ricadere erano sottoposte alla direzione dei diversi reggitori (Diocleziano da Nicomedia controllava le province orientali e l'Egitto; Galerio da *Sirmium* controllava le province balcaniche; da Milano Massimiano governava su Italia, Africa del Nord e *Hispaniae*; Costanzo Cloro con sede a Treviri, invece, regnava su Gallia e Britannia) ogni provvedimento preso da uno dei quattro tetrarchi aveva, almeno teoricamente, vincolatività giuridica universale, a prescindere dal luogo di emanazione.

Non venne meno in ambito militare la distinzione tra legioni e corpi ausiliari: l'esercito fu aumentato nei suoi effettivi e suddiviso in unità di limitanei, dislocati a guarnigione delle frontiere, e unità di *comitatenses*, contingenti mobili stanziati presso le capitali al seguito degli imperatori.

In rapporto con l'aumento dell'esercito e la dislocazione delle truppe nelle diverse aree dell'impero si moltiplicarono le attività di fortificazione (fortini, valli, torrioni, vie militari) in tutte le zone limitanee sia in Occidente che in Oriente, e anche le città provinciali dell'interno vennero spesso perimetrate con costruzioni di cinte murarie per lo più finanziate dalle casse municipali.

Connessa con l'accresciuta macchina amministrativa e militare dell'impero fu la serie di longeve riforme di carattere tributario.

Se le guerre civili indebolirono profondamente l'impero, Diocleziano pensò che se ne potessero cancellare le conseguenze negative attraverso un rafforzamento del potere centrale ed una frammentazione dell'autorità periferica, stabilendo sul piano dei tributi l'equivalenza tra *caput* e *iugum*, vale a dire: un'unità di lavoratori era equivalente, ai fini tributari, ad un'unità imponibile fondiaria; una "testa di lavoratore-colono" (*caput*) era equivalente ad un'"unità di superficie lavorabile da un lavoratore-colono" (*iugum*; gli *iuga* erano unità fiscali di uguale valore, ma corrispondenti a estensioni differenti di terreno in base alla qualità e produttività del territorio).

Su questa base si fondava la rinnovata politica d'imposizione attraverso due tipi di tasse: la *capitatio* riguardante le unità lavorative (basata sul potenziale tributario dei singoli individui, *capita*) e la *iugatio* riguardante le unità di superficie coltivabile da ciascuno possedute.

Se lo *iugum* variava a seconda della natura e della tipologia del terreno, nonché dal suo raccolto, il *caput* dipendeva dall'attitudine al lavoro delle persone censite: ad esempio ogni donna era valutata come mezzo *caput*.

Calato nella nuova dimensione amministrativa questo sistema di tassazione risulta ancora più intelligibile: Diocleziano divise infatti l'impero in grandi unità regionali – le diocesi – per ognuna delle quali l'imperatore faceva calcolare attraverso il censimento quinquennale, quanti coloni ogni diocesi avesse e di quanto terreno imponibile disponesse. Dividendo il terreno imponibile per il numero di coloni si stabiliva la quota che ogni *caput* doveva corrispondere alla cassa imperiale, quota diversa nelle diverse diocesi.

La premessa teoretica che, più o meno coscientemente, si è espressa in questo ordinamento culminava pertanto nell'assimilazione e identificazione di ogni singolo *caput* – forza lavorativa – ad un'area catastale.

Le tasse venivano riscosse dai decurioni, rappresentanti della curia locale, per i quali valeva il principio della responsabilità collettiva, secondo cui essi rispondevano personalmente per il gettito fiscale, autoritariamente fissato, del territorio loro affidato.

Questo genere d'imposte dimostra come l'economia dell'epoca fosse quasi esclusivamente agricola e un simile dato spiega la decisione degli imperatori di fissare (non già per un periodo di tempo nel quale ricorressero circostanze eccezionali, ma stabilmente) il valore di scambio delle merci e dei servizi. E fu così che con il c.d. "editto dei prezzi" (*edictum Diocletiani de pretiis rerum venalium*) del 301 d.C. – rivelato da un documento epigrafico rinvenuto ad Afrodisiade di Caria e ricostruito attraverso numerosi frammenti, in greco o in latino, scoperti in parecchie città orientali (mentre in Occidente l'unico frammento in greco è venuto alla luce a Pettorano, nell'attuale Abruzzo) – l'imperatore fissò un dettagliato tariffario che comprendeva generi di prima necessità e quelli di lusso, prestazioni di servizi di bracciante e di operaio e prestazioni liberali come l'avvocatura e la medicina, noli terresti e marittimi.

Si trattò del più colossale calmiere mai emesso da una pubblica autorità, e la pena di morte fissata contro i trasgressori prova quanto intima fosse la presunzione di Diocleziano di avere asservito alla propria volontà le leggi del mercato. Ma il provvedimento fu nella pratica un fallimento che determinò una bolla speculativa gravissima e il mercato nero di molte merci, come denunzia anche lo scrittore cristiano Lattanzio (*De mortibus persecutorum*, VII 6).

A tale provvedimento deve essere altresì collegata la riforma che impose il corso forzoso della moneta, per noi capibile se pensiamo che nell'antichità il valore delle monete derivava dalla quantità di metallo prezioso in esse contenuto, più precisamente d'argento nell'*argenteus*, che era la moneta utilizzata nei traffici mercantili, e d'oro nell'*aureus* destinato alla tesaurizzazione (non si deve dimenticare, al riguardo, che Nerone diventò un mostro nella storiografia senatoria allorché alterò il valore del rapporto tra argento e oro a favore dell'argento, deprezzando in tal modo i capitali dei senatori a favore di quelli dei cavalieri).

Già dagli anni successivi a Traiano, il quale, conquistate le ricchissime miniere d'argento della Dacia, rimpinguò la zecca dell'impero, si avvertì l'emergenza della mancanza di tale metallo prezioso necessario per la monetazione, ed è per questo motivo che si cominciò a svuotare d'argento le monete, sostituendolo con del piombo o del rame, tanto che con l'andare del tempo, ed in particolare sotto Settimio Severo, l'*argenteus* divenne null'altro che «rame imbiancato» secondo la definizione di Santo Mazzarino.

Diocleziano introdusse quindi un nuovo nominale di rame argentato, di buon peso, che avrebbe dovuto avere la funzione del sesterzio, in quanto pari a un quarto della nuova moneta argentea, alla quale si accompagnavano nominali di rame argentato o di solo rame più piccoli, con la funzione di spiccioli.

La riforma non fu in grado, tuttavia, di arginare l'incremento generale dei prezzi, tra cui i prezzi degli stessi metalli nobili, sicché l'imperatore si trovò costretto ad attribuire alla nuova moneta un valore nominale che era diventato inferiore a quello intrinseco: dunque a emettere la propria moneta in perdita.

A Diocleziano si deve poi quel fenomeno d'irrigidimento della società causato dall'ereditarietà coatta dei mestieri tra padri e figli, che molte critiche ha attirato alla politica dioclezianea, soprattutto da parte di storici di ideologia liberale. Ma è necessario riflettere sull'espressione "obbligo di mestiere", ed infatti, se sostituiamo alla parola "obbligo" quella di "licenza" abbiamo il quadro della società tardoimperiale – e poi medievale – che, a causa della profonda crisi economica, si vide costretta a serrarsi in corporazioni di mestieri: sia, ai livelli più bassi, per escludere la concorrenza e assicurarsi la sussistenza, sia, a quelli più alti, per conservare il potere e i relativi benefici.

Per le corporazioni addette ai servizi pubblici era il funzionario più alto delle finanze (*comes sacrarum largitionum*) a garantire l'osservanza delle norme relative alla condizione delle persone appartenenti a questi corpi.

È in seno a questa politica di accentramento che si colloca la feroce persecuzione dioclezianea contro i manichei e i cristiani, definita dallo scrittore cristiano Ottato, vescovo di Milevi (nell'attuale Algeria), vissuto nella seconda metà del IV secolo d.C., come una "guerra al nome cristiano", che venne attuata attraverso quattro editti.

Con il primo editto l'imperatore ordinò la distruzione di tutti gli edifici sacri e istituì una sorta di diritto criminale speciale per i cristiani, i quali, a differenza degli altri sudditi, potevano, ad esempio, essere sottoposti a tortura al fine di estorcere da loro una confessione; un secondo provvedimento determinò l'incarcerazione dei membri del clero; un terzo editto stabilì che i prigionieri cristiani che abiuravano dovevano essere liberati subito, mentre contro gli altri si doveva procedere con le più crudeli torture per costringerli all'apostasia.

Infine, nel quarto editto del 304 d.C. si esigeva da tutti i cristiani un atto di sacrificio idolatrico alla persona dell'imperatore, come fu già richiesto anni prima dall'imperatore Decio (249-251 d.C.).

Molti cristiani, presi da timore, eseguirono i sacrifici imposti, mentre altri si munirono di falsi certificati attestanti l'avvenuto sacrificio – ed è proprio in questo clima che nascono le prime teorie giuridiche sullo stato di necessità che vizia la volontà individuale. Molti fedeli impauriti (tra i quali si diceva fosse da annoverare anche il vescovo di Roma, Marcellino) preferirono consegnare all'autorità imperiale, in segno di rinuncia al cristianesimo, i testi di preghiere e le Sacre Scritture e per questo furono definiti *traditores* – da *tradere* (consegnare); altri vennero bollati invece come *lapsi*, dal verbo *labi* (cadere), in quanto cristiani caduti nell'idolatria, e tra questi si distinguevano i *sacrificati* che avevano cioè compiuto un vero e proprio sacrificio; i *thurificati*, che si erano limitati a bruciare incenso innanzi agli idoli pagani; e i *libellatici*, cioè, in senso stretto, coloro che erano riusciti ad ottenere, in qualsiasi modo, un certificato del sacrificio compiuto.

Le persecuzioni vennero condotte per la prima volta attraverso il rito inquisitorio: il processo – nel quale si scontravano due verità, quella religiosa, rappresentata dal martire, propriamente testimone della fede, e quella ricercata dal funzionario inquisitore – era instaurato d'ufficio, soprattutto dai *praesides* provinciali, senza attendere alcuna *delatio*.

Circa l'esatta configurazione del reato, la letteratura agiografica mostra ampiamente metodi e mezzi delle *cognitiones* contro i cristiani attratti nella sfera della repressione del *crimen maiestatis*.

Le persecuzioni ebbero termine in Oriente solo il 30 aprile del 311 d.C., con l'editto che Galerio emanò a Serdica (odierna Sofia), quando ormai si trovava in punto di morte. Si trattava di un documento di estrema importanza, perché andava più in là di quanto mai fosse andato un imperatore romano: con esso, il cristianesimo otteneva implicitamente lo *status* di religione riconosciuta e ammessa dall'impero (*religio licita*).

L'editto venne promulgato anche a nome degli altri membri ufficiali del collegio tetrarchico e i cristiani furono così reintegrati nella società e nella vita di tutti i giorni, consentendo loro di ricominciare a frequentare gli edifici di culto loro riservati.

Ma quali furono le cause della persecuzione dioclezianea?

Rispondere a questa domanda in modo univoco sarebbe probabilmente fuorviante, ed infatti i fattori in gioco furono molteplici: per il potere imperiale il cristianesimo era, né più né meno, che una setta sovversiva che alimentava atteggiamenti di estraneità ed indifferenza da parte dei suoi adepti verso l'impero romano, il quale non poteva rimanere indifferente a simili condotte: risalgono a questo periodo, ad esempio, i casi più vistosi di obiezioni di coscienza al servizio militare da parte dei cristiani che non intendevano prestare il giuramento di fedeltà facendo sacrifici in nome dell'imperatore, come era prescritto che facesse chi si arruolava.

3. *L'assolutismo teocratico di Costantino*

All'uscita di scena dei primi tetrarchi, il modello successorio congegnato da Diocleziano collassò praticamente subito a causa delle istanze dinastiche dei figli dei tetrarchi stessi, più precisamente quelle avanzate da Costantino, figlio di Costanzo Cloro e di Elena, e da Massenzio, figlio di Massimiano.

Nel maggio del 305 d.C., presumibilmente in concomitanza dei *vicennalia* – i festeggiamenti per i vent'anni di regno – i due Augusti abdicarono, tornando a vita privata, e i due Cesari divenuti Augusti (Caio Galerio in Oriente e Costanzo Cloro in Occidente), elessero come Cesari Severo e Massimino Daia.

Solo un anno dopo Costanzo Cloro morì a *Eburacum* (York), dove si apprestava ad effettuare una campagna militare contro i Pitti e l'equilibrio costituzionale si ruppe definitivamente: nel 308 d.C. in un convegno a *Carnuntum* (nell'attuale Austria orientale) fu nominato

Augusto, al posto di Severo, Licinio e dopo una serie di mutamenti assai complessi, che in questa sede non è possibile ripercorrere, rimasero sulla scena politica, Licinio, Massimino Daia e Costantino (tre Augusti) e l'usurpatore Massenzio autoproclamatosi Augusto.

Costantino e Licinio si allearono e il primo sconfisse Massenzio nella famosa battaglia di Ponte Milvio del 312 d.C., dopo aver visto in sogno, stando a quanto ci riferisce l'autore cristiano Lattanzio, una croce in cielo accompagnata dalla scritta *in hoc signo vinces* e aver udito una voce che gli intimava di far contrassegnare gli scudi dei suoi soldati con i segni celesti di Dio. Nell'estate dello stesso anno, Licinio in Oriente sconfisse Massimino Daia.

La scena imperiale vide allora come attori Costantino e Licinio, ma l'intesa tra i due durò poco tempo e nel 324 d.C. si pervenne allo scontro decisivo, che fu combattuto come se si trattasse di una guerra di religione: da una parte Costantino con le insegne cristiane e dall'altra Licinio con quelle degli antichi dei pagani.

Licinio fu sconfitto due volte, prima ad Adrianopoli e poi a Crisopoli, e, dopo essersi arreso, fu messo a morte sotto il pretesto di aver ordito un complotto finalizzato a prendere il potere, con l'aiuto di tribù barbare danubiane. Come ha scritto Francesco De Martino, «dopo circa venti anni di lotte Costantino era finalmente il solo signore dell'impero e se questa era stata la sua ambizione dal principio possiamo dire che proseguì il fine con tenacia, coraggio e scaltrezza».

Dopo quello di Augusto che durò una quarantina d'anni, quello di Costantino fu il regno più lungo che si protrasse dal 306 al 337 d.C., durante il quale si assistette alla definitiva concentrazione del potere nelle mani dell'imperatore, ad un rafforzamento della burocrazia statale, ad una riorganizzazione dell'esercito e della giustizia, ed, infine, alla fondazione di una nuova capitale: Costantinopoli.

In Costantino i tre pilastri del potere, che possiamo identificare nell'imperatore stesso, nell'esercito e nell'apparato burocratico, vennero riorganizzati al fine di ricostruire l'impero dopo gli scontri determinati dal fallimento tetrarchico. È proprio nel IV secolo d.C. infatti che si assisterà alla sacralizzazione della figura dell'imperatore e alla militarizzazione e burocratizzazione esasperate dello Stato, al fine di consolidare un assolutismo imperiale che avrebbe dovuto essere impermeabile ai pericoli non solo esterni ma anche interni.

Particolarmente complesso da definire è il rapporto dell'imperatore con la religione cristiana, prima legittimata e poi utilizzata come strumento di potere.

Con l'editto dato a Milano nel 313 d.C., dopo la vittoriosa e provvidenziale battaglia di Ponte Milvio, il culto cristiano venne reso legittimo e lecito, pur non divenendo religione ufficiale dell'impero. Costantino mirò a controllarne la dottrina assumendo un ruolo episcopale nel primo concilio ecumenico nella storia della Chiesa, quello indetto e presieduto da lui stesso nel 325 d.C. a Nicea, a seguito del quale l'episcopato greco gli riconobbe il titolo di "tredicesimo apostolo".

Gli autori cristiani (Eusebio, biografo di Costantino, e Lattanzio) contribuirono poi all'affermazione del culto dell'imperatore come santo, alla cui madre, Elena, fu attribuito il ritrovamento, presso Gerusalemme, della croce di Cristo.

Ed in effetti, sulla scia della *Città di Dio* di Sant'Agostino (opera maturata dopo il sacco di Roma nel 410 d.C.) la tendenza fu quella di sottrarre la figura dell'imperatore ai destini dell'impero, saldandola invece a quelli della Chiesa trionfante.

In questa pubblicistica cristiana che ha ammantato la figura di Costantino, va ricordata la creazione, nel VIII secolo d.C., della falsa "donazione di Costantino", che attribuiva all'imperatore la decisione di offrire al vescovo di Roma potere temporale sull'Italia e il primato sulle altre Chiese; ma essa fu smascherata nel 1440 dall'umanista Lorenzo Valla.

Costantino capì che ormai nell'impero l'unica organizzazione efficiente era quella cristiana e iniziò a concedere numerosi privilegi alle istituzioni ecclesiastiche: si pensi, soprattutto, alla possibilità per esse di ricevere legati, che avrà come effetto la creazione della "manomorta ecclesiastica", una condizione giuridica di privilegio, concernente l'insieme dei beni (in genere immobili) appartenenti ad un ente ecclesiastico, i quali, non potendo essere trasmessi per successione ereditaria *mortis causa* a terzi, stante la continuità temporale del soggetto giuridico ecclesiastico nei secoli o addirittura nei millenni, non potevano essere assoggettati alle imposte di successione dello Stato in cui si trovavano.

In questa nuova dimensione si invera la conciliazione tra Stato e Chiesa, tanto che secondo quanto scrissero i Padri della Chiesa il primo dovere del cristiano era quello di difendere l'impero, e che, come esisteva un dio solo, doveva esistere un solo imperatore.

Nasce a seguito di questa commistione tra potere laico e religioso il "cesaropapismo", una teoria politica nella quale il capo di uno Stato è di diritto anche il detentore del potere supremo all'interno della Chiesa.

Nell'economia imperiale, la struttura ecclesiastica assorbì una serie di compiti che prima erano tipici dell'autorità pagana, si pensi, ad esempio, alla possibilità di appellarsi al tribunale di un vescovo avverso le sentenze emanate dai giudici ordinari.

Così facendo l'imperatore attribuiva alla c.d. *episcopalis audientia* funzioni di giudizio di seconda istanza, nel caso in cui le due parti fossero d'accordo nel ricorrere ad essa. È facilmente intuibile quale potere si venisse così a conferire all'autorità ecclesiastica, la quale poteva emettere sentenze sottraendosi ai vincoli della legislazione ordinaria.

La politica religiosa dell'imperatore, unitamente ai fattori economici e alla strategia militare, fu alla base della fondazione di una capitale dell'impero in Oriente, a Bisanzio (l'odierna Istanbul) affacciata sul Bosforo, ribattezzata Costantinopoli (la città di Costantino) consacrata nel 330 d.C.

Qui Costantino stabilì la sua residenza e trasferì l'intera corte imperiale con l'intento di dar vita al più grande centro della cristianità.

Si trattava di un avvenimento senza precedenti.

Quello che colpisce di più nell'organizzazione della nuova capitale è la sistematica imitazione delle strutture romane, a cominciare dalla creazione di un senato.

Le riforme costantiniane investirono più settori e tra le innovazioni maggiormente significative va segnalata l'adozione di una nuova concezione strategica in campo militare, poiché gli effettivi sotto le armi risultavano sempre più insufficienti per proteggere frontiere tanto estese.

Fu incrementato l'esercito mobile (*comitatus*), che ricevette un trattamento privilegiato, anche a livello fiscale ed economico, ed il quale, posto sotto il comando di *magistri peditum* e di *magistri equitum*, costituì l'ultimo baluardo dell'impero in pericolo.

Le *scholae palatinae*, comandate dal *magister officiorum*, fornivano invece la guardia a cavallo, formata da truppe scelte di *comitatenses*, che aveva sostituito i pretoriani.

A partire da Costantino fu fortemente incrementata la tendenza ad arruolare nell'esercito soldati di origine barbarica.

Anche in campo economico le scelte di Costantino appaiono fortemente innovatrici.

La sua decisione di privilegiare la monetazione in oro portò alla coniazione in larga scala di un nuovo pezzo, il solido (*solidus*) – una moneta d'oro pesante – destinato prevalentemente alla remunerazione dei ceti privilegiati, a cominciare dai funzionari più alti dell'apparato burocratico e dai vertici dell'apparato militare. Ma questo significò un ulteriore svilimento della moneta d'argento e ciò produsse un ennesimo aggravamento del divario sociale tra ricchi e poveri, che fu temperato dall'opera assistenziale della Chiesa.

A Costantino si deve anche un completo riordinamento degli uffici della corte e del governo centrale, come verrà successivamente descritto.

Gli avvenimenti successivi alla morte di Costantino fino al regno di Teodosio I il Grande (337–395 d.C.) non hanno particolare rilievo dal punto di vista costituzionale.

Succintamente possiamo ricordare che alla morte di Costantino nel 337 d.C. i suoi tre figli Costantino II, Costante I e Costanzo II divennero Augusti, mentre gli altri familiari furono uccisi; quindi morti Costantino II e Costante I, restò sul trono solo Costanzo II che nominò Cesare, nel 355 d.C., il cugino Giuliano, figlio di un fratellastro di Costantino, sopravvissuto alla strage del 337 d.C., che gli successe. Giuliano, chiamato dai cristiani l'"Apostata" ("il rinnegatore della fede"), fu acclamato Augusto dall'esercito gallico nel 360 d.C.

Col *revival* del paganesimo l'imperatore frenò la cristianizzazione dell'impero, allontanò i cristiani dai pubblici uffici ed emanò una legislazione, in tema di diritto della famiglia, che facilitò il divorzio, tanto che i Padri della Chiesa lo dipinsero come un "terrorista coniugale".

Ma il regno di Giuliano fu brevissimo, infatti l'imperatore rimase sul trono per soli due anni, dal 361 al 363 d.C., quando perì nel corso della campagna contro i Persiani guidati da Shapur II. Gli successe Gioviano, imperatore cristiano, morto dopo soli otto mesi.

Nel 364 d.C. Valentiniano I, eletto successore di Gioviano, associò al trono il fratello Valente, a cui fu affidato l'Oriente. Al fine di consolidare la propria posizione, nel 367 d.C. Valentiniano I procedette a proclamare Augusto il figlioletto Graziano e contestualmente la sede della capitale imperiale fu trasferita a Treviri. Morto Valentiniano I nel 375 d.C., fu eletto Augusto anche il figlio minore Valentiniano II.

Dopo la disfatta di Adrianopoli (378 d.C.) in cui perì l'imperatore Valente, Graziano, rimasto imperatore col piccolo Valentiniano II, chiamò Teodosio a condividere con lui il governo dell'Impero.

Con l'imperatore Graziano, che rinunciò per primo alla carica di pontefice massimo, il cristianesimo divenne con l'editto di Tessalonica del 380 d.C. l'unica religione ammessa nell'impero. Impero che rimase formalmente unito fino a Teodosio, alla cui morte nel 395 d.C. venne diviso tra i suoi due figli: Arcadio (cui spettò l'Oriente) e Onorio (che ebbe il controllo dell'Occidente).

Si trattò di una manovra essenzialmente amministrativa, che possiamo far risalire già alla diarchia di Diocleziano e Massimiano e che venne imposta dalla impossibilità oggettiva per l'Oriente di continuare a difendere l'Occidente.

A partire da questa data ciascuna delle due parti dell'impero ebbe un proprio imperatore, un proprio esercito, una propria amministrazione provinciale; solo la legislazione fu comune.

L'imperatore d'Oriente risedette a Costantinopoli, quello d'Occidente prima a Milano, per essere vicino alle frontiere, poi a Ravenna, sicura per le paludi che allora la circondavano. Ed anche se sul piano formale l'unità dell'impero non venne mai rinnegata, le due parti in cui esso fu diviso costituirono due regni praticamente distinti, la cui sorte sarà molto diversa: infatti rispetto a quella orientale, la parte occidentale dell'impero, politicamente e culturalmente più debole rispetto alla prima, andrà rapidamente dissolvendosi di fronte alla continua pressione delle tribù germaniche.

All'inizio del V secolo d.C. i Visigoti, sotto la guida di Alarico, mossero verso Ovest ed entrarono in Italia e nel 410 d.C. misero al sacco la città di Roma. Seppur questa avesse cessato da tempo di essere un centro amministrativo o militare continuava comunque ad essere simbolicamente importantissima in quanto custode delle antiche tradizioni del passato, sede del senato romuleo e del papato. Alla notizia del suo assedio un'onda di spavento si diffuse in tutto l'impero. San Gerolamo, originario della zona di confine tra l'Italia e l'Illiria, scrivendo da Betlemme, esclamò con orrore che era stata spenta la luce più brillante di tutto il mondo e che l'impero era stato privato della sua capitale (Hier., *Comm. in Ezech.* 1 *praef.*).

L'impero occidentale cadrà poco dopo, nel 476 d.C., quando Odoacre, uno dei capi militari barbari che si erano avvicendati al servizio dell'impero, si ribellò e spodestò il giovane imperatore Romolo Augusto (noto anche con il diminutivo di Augustolo) che finì i suoi giorni in un esilio dorato a Napoli.

Si trattò, come è stato efficacemente scritto da Arnaldo Momigliano, di una caduta che non fece alcun rumore; infatti, «mancò il momento drammatico – la sconfitta militare, l'uccisione del sovrano, la distruzione fisica – che potesse destare echi paragonabili a quelli che accompagnarono la caduta di Ninive, di Babilonia, di Persepoli e fin di Atene, di Sparta, di Tebe».

La data del 476 d.C. segna inoltre l'inizio degli imperi romano-barbarici ed è anche per questo motivo che è stata tanto celebrata dalla storiografia ottocentesca, soprattutto di matrice tedesca, tesa al riconoscimento di tali regni come culla dell'Europa moderna, in quanto luoghi di commistione tra la cultura romana e quella germanica. Questa stessa preoccupazione storiografica (ed ideologica) fece relegare in secondo piano la storia dell'impero orientale.

I regni romano-barbarici furono realtà istituzionali autonome in seno all'impero e rappresentarono in Occidente il punto di sutura tra l'età romana e quella medioevale.

I contatti maggiori si ebbero con i Visigoti, che costituirono quello che viene considerato il primo regno romano-barbarico in Aquitania con capitale Tolosa.

Altro regno che si costituì nella Gallia meridionale fu quello dei Burgundi (da cui l'attuale Borgogna) i quali, dopo varie traversie, intorno al 438-443 d.C. si stabilirono nell'attuale Savoia e poi fino a Lione e alla Valle del Rodano.

L'elemento romano restò invero sempre distinto da quello barbarico, basti pensare alla quasi impossibilità di matrimoni misti tra Romani e Goti, che cominciarono ad essere celebrati solo attraverso l'adozione della confessione cristiana da parte dei barbari convertiti. È anche incentivando questo tipo di unioni che possiamo dire che il cristianesimo favorì la nascita delle nazioni europee, ma si è trattato di un processo lunghissimo, durato dei secoli.

In Oriente, Costantinopoli, la "seconda Roma", crollò sotto gli attacchi dei turchi nel 1453 e divenne capitale dell'impero ottomano, ma il diritto romano bizantino, in forma greca, sopravvisse nei Balcani e in Russia, ai cui imperatori piaceva considerarsi i successori di quelli bizantini.

Nel frattempo, altre Rome si erano via via affermate, prima con l'impero carolingio e soprattutto nel 962, quando l'incoronazione di Ottone I di Sassonia da parte di papa Giovanni XII diede vita al "Sacro romano impero germanico": questa denominazione, poi passata all'impero austro-ungarico, fu abolita nel 1806 poco dopo la pace di Presburgo, conseguenza delle vittorie napoleoniche di Ulm e Austerlitz (entrambe combattute nel 1805).

4. *Organi di governo e amministrazione del territorio*

Nell'assolutismo tardoantico l'architettura amministrativa dello Stato subì una profonda trasformazione, differenziandosi nettamente da quella del principato.

L'imperatore era al vertice di un'articolata burocrazia piramidale di cui ci viene offerto un quadro particolareggiato da un documento ufficiale del V secolo d.C. la *Notitia omnium dignitatum et administrationum tam civilium quam militarium.*

Senatori e cavalieri costituivano la classe dirigenziale che occupava il *comitatus*, cioè l'insieme degli uffici dell'amministrazione centrale dell'impero.

Si poteva accedere all'ordine senatorio (*ordo senatorius*) in tre diversi modi: per diritto di nascita, oppure dopo aver ricoperto una magistratura o, infine, per cooptazione imperiale. Ma, la nobiltà senatoria romana, seppur organicamente inquadrata all'interno dell'amministrazione, attuò sempre una battaglia di retroguardia al fine di conservare le tradizioni nazionali, nonostante il loro palese anacronismo.

Furono per esempio le grandi famiglie senatorie coloro che resistettero più a lungo nella lotta degli imperatori cristiani contro il paganesimo, preservando, fino a quando fu possibile, i culti propri dell'antica religione, che vennero estinti, assieme al fuoco di Vesta nel 391 d.C., per mano dell'imperatore Teodosio, dopo l'emanazione dell'editto di Tessalonica nel 380 d.C.

D'altronde non poteva essere diversamente, infatti l'ordine senatorio continuava ad essere un ceto reazionario, convinto della superiorità di Roma, e della penisola italica, sul resto del mondo, e perciò apertamente ostile a quei personaggi di origine barbarica che, nonostante fossero assurti ai più alti ranghi dell'apparato statale, non avevano sangue romano (come nel caso del vandalo Stilicone, il quale sebbene ricoprì la funzione di console e *magister militum* non riuscì mai a conquistare la simpatia del senato di Roma).

Con la crescita del loro numero, i senatori furono distinti in categorie di *illustres*, *spectabiles* e *clarissimi* a seconda dell'importanza della carica ricoperta.

Solo gli *illustres* conservavano il diritto di voto nell'assemblea, mentre i membri dell'*ordo senatorius* per diritto ereditario ricevevano tutti indistintamente il rango più basso di *clarissimi*. E sebbene il senato non godesse più dell'autorità del passato poteva intervenire in alcune decisioni politiche di particolare rilevanza, come in caso di formale approvazione alla nomina degli imperatori, o in attività altamente simboliche, ad esempio la concessione del *titulum primi nominis et ordinis* che conferiva a chi ne fosse stato insignito il diritto di primazia sugli altri reggenti, il diritto di promulgare editti validi per tutto l'impero, il diritto di nomina dei consoli ordinari.

La funzione senatoria prevalente era però quella di pubblicazione delle leggi, che venivano lette davanti all'assemblea, la quale le approvava formalmente. Per quanto concerne le funzioni giudiziarie, ci sono attestati alcuni casi di processi per accuse di tradimento (*crimen maiestatis*) avocate dal senato su richiesta dell'imperatore.

Per ciò che concerne gli appartenenti all'ordine dei cavalieri (*ordo equester*) questi, sebbene fossero riusciti a conservare sotto Diocleziano un'incisiva autorità in campo politico, la persero sotto Costantino per due ordini di ragioni: 1) da una parte, per l'ampliamento dell'ordine stesso, nel quale venivano cooptati molti funzionari minori; 2) dall'altra parte, per l'emigrazione di molti membri dall'ordine equestre a quello senatorio, dopo aver acquisito per meriti il grado di *perfectissimi* (il più elevato in seno agli *equites*) e per ciò stesso assunti nell'*ordo senatorius*.

Si venne a formare una nuova "aristocrazia dei servizi", i cui appartenenti erano funzionari stipendiati che venivano pagati con la nuova e stabile moneta d'oro, il *solidus* ("il dollaro del Medioevo").

Partecipava alla corte imperiale il *praepositus sacri cubiculi* una sorte di ciambellano, posto a capo di numerosi gruppi di dipendenti palatini, tra i quali: i *cubicularii* che erano addetti alla persona del sovrano, i *silentarii* che provvedevano essenzialmente al mantenimento dell'ordine e del silenzio all'interno della residenza imperiale, gli *admissionales* i quali regolavano le udienze innanzi all'imperatore.

Quest'ultimo riceveva i postulanti a palazzo indossando un mantello di porpora intessuto, a partire da Commodo, di oro e pietre preziose, secondo la foggia dei re persiani. I fortunati ammessi al suo cospetto erano tenuti all'*adoratio*, che consisteva nel genuflettersi davanti all'imperatore come davanti all'immagine di un dio, e baciare l'orlo del mantello di porpora che indossava, donde l'espressione *adorare purpuram*, secondo il rito dell'orientale *proskìnesis*, sempre disprezzata dai Romani, come segno servile indegno di uomini liberi.

Molti altri erano i simboli esteriori del nuovo potere, utilizzati per evidenziarne il carattere divino e spesso mutuati dalla tradizione precedente: i *fasces*, l'antica e più espressiva insegna dell'*imperium* magistratuale, sopravvissero alla fine del principato, ma furono poco usati, in relazione al titolo vitalizio di *imperator*, essi erano *fasces laureati*, concepiti per lo più come un segno onorifico; la *sella curulis*, antico seggio del magistrato repubblicano, attribuita al principe fin dall'inizio e poi venuta distinguendosi per la sua maggiore altezza da quella comune, fu sostituita nella monarchia da un vero e proprio trono. Già sotto il principato, nella raffigurazione degli imperatori spesso si poneva sul loro capo la corona radiante, che era di origine ellenistica. A questa si aggiunse il diadema, che, partendo da Licinio, almeno secondo le raffigurazioni, era indossato come simbolo della posizione degli Augusti.

Ora ci soffermeremo sugli organi dell'amministrazione centrale. L'imperatore si avvaleva come organi consultivi oltre che del senato anche del sacro concistorio (*sacrum consistorium*), la nuova denominazione che assunse l'antico *consilium principis*.

Si trattava dell'organo consultivo per eccellenza che venne probabilmente istituito da Diocleziano, e s'ipotizza che la sua denominazione fosse attribuibile al fatto che i suoi componenti – detti consistoriani – stessero in piedi innanzi all'imperatore seduto.

Tale organo esprimeva il proprio parere sulle questioni politiche e di governo, sull'amministrazione dello Stato, sulla formazione delle leggi. Stante l'eterogeneità delle materie ivi trattate è pensabile che il concistorio si dividesse al suo interno in distinte sezioni.

L'alto consesso aveva competenza anche in materia religiosa e poteva giudicare, su mandato dell'imperatore, sia, in primo grado, nelle liti di maggior interesse pubblico, che in grado di appello. Le sentenze pronunciate in questa sede acquistavano lo stesso valore dei *decreta* e dei *rescripta* e perciò raccolte di esse vennero pubblicate e costituirono fonte ufficiale di diritto.

Il *consistorium* partecipava anche alla procedura legislativa, e a tale riguardo Teodosio II e Valentiniano prescrissero una prima fase di approvazione del provvedimento redatto dalla cancelleria competente nella quale si esprimeva il senato, alla quale doveva seguire una seconda fase di ratifica definitiva, con possibilità di emendamenti, innanzi al *consistorium* e all'imperatore.

Erano membri di diritto del concistorio il prefetto del pretorio *in comitatu*, i *magistri peditum et equitum praesentales* (comandanti militari dislocati presso la corte), il *comes domesticorum* (capo della guardia del corpo imperiale), i capi (*magistri*) dei principali *officia* (o *scrinia*), e il capo dei notai (*primicerius notariorum*). Il consesso era infine integrato da elementi designati dall'imperatore, anche essi solitamente funzionari o ex-funzionari.

Avevano un ruolo preminente nel concistorio quali membri, anch'essi di diritto, i quattro ministri più importanti del governo centrale: il *quaestor sacri palatii*, il *magister officiorum*, il *comes sacrarum largitionum* ed il *comes rerum privatarum*.

Il *quaestor sacri palatii*, istituito da Costantino, era una sorta di ministro della giustizia competente per le *leges dictandae* e le *preces*, cioè l'attività legislativa e la risposta alle preghiere rivolte all'imperatore, per questo motivo al *quaestor* era richiesta una salda conoscenza del diritto, dovendo controfirmare inoltre i rescritti imperiali e sovrintendere ad un archivio centrale degli atti legislativi, detto *liber legum* (l'importanza dell'ufficio del *quaestor* è stata enorme, sol che si pensi all'opera di Triboniano su incarico di Giustiniano).

Era dunque il principale consulente dell'imperatore in materia giuridica.

Il *quaestor* non aveva un proprio ufficio e si avvaleva di conseguenza dell'opera degli impiegati nelle varie segreterie imperiali (*scrinia*), come di quelli che lavoravano nello *scrinium memoriae* (che gestiva i rescritti imperiali, le risposte e le osservazioni in ordine a ricorsi o concessioni); o di quelli impiegati nello *scrinium epistularum* (addetto alla corrispondenza con *civitates* e le amministrazioni provinciali, in risposta ai funzionari); o infine di quelli che si occupavano dello *scrinium libellorum* (per le suppliche private all'imperatore e, dopo la riforma di Costanzo II, all'istruzione delle cause portate alla cognizione imperiale).

Il *magister officiorum*, anch'esso istituito da Costantino, era titolare di un complesso di funzioni disparate, che con il tempo si accrebbero sempre di più aumentandone l'importanza. Il suo nome deriva dal fatto che egli venne chiamato a presiedere i più importanti *uffici* (*scrinia*), tra i quali i già richiamati *scrinia memoriae*, *epistolarum* e *libellorum*. Il *magister officiorum* aveva la direzione delle *scholae palatinae* nonché della *schola* degli *agentes in rebus*. Questi ultimi erano vere e proprie spie imperiali, organizzate militarmente, le quali erano altresì deputate al controllo del funzionamento del *cursus publicus,* per tale motivo a volte erano denominati *veredarii*, utilizzatori cioè dei veicoli che vi erano impiegati. Dalla *Notitia Dignitatum* veniamo informati che i *principes* degli *agentes in rebus*, cioè i più alti in grado tra loro, operavano all'interno dei più importanti *officia* provinciali.

Come si vede, il *magister officiorum* dispiegava la sua influenza sia nel campo della politica estera, allacciando i contatti con le legazioni straniere, sia in materia amministrativa, cioè di politica interna, tramite l'attività degli *agentes in rebus*. Gli vennero inoltre conferiti poteri di controllo anche in ambito militare: la sorveglianza sulle fabbriche d'armi e il compito di ispezionare le difese poste ai confini dell'impero. Non meraviglia, dunque, che questo funzionario originariamente appartenente alla categoria degli *spectabiles*, sia stato accolto, già verso la fine del IV secolo d.C., tra gli *illustres*, vale a dire al rango più elevato fra i componenti dell'*ordo senatorius*.

Il *comes sacrarum largitionum* era una sorta di ministro delle finanze, responsabile della gestione del tesoro imperiale, della riscossione delle imposte e dei pagamenti a nome dello Stato, considerati come elargizioni (*largitiones*) del sovrano, nonché con competenza anche nelle manifatture tessili di Stato. Sovraintendeva inoltre il *fiscus* che aveva sostituito l'antico *aerarium*.

Il *comes rerum privatarum* era un secondo ministro del tesoro, il quale amministrava l'insieme delle grandi proprietà terriere e tutte le ricchezze che costituivano il patrimonio personale dell'imperatore denominato *res privata* e istituito da Settimio Severo. Il *comes rerum privatarum* all'inizio non aveva poteri giudiziari, nemmeno in grado di appello, competente era infatti il giudice ordinario, ma la natura delle sue funzioni lo portò piano piano ad ingerirsi nei processi penali e civili attinenti ai beni della *res privata*.

Accanto ai funzionari dell'amministrazione centrale vi erano quelli delle due capitali, Roma e Costantinopoli, e del governo periferico.

Roma, anche dopo la riforma di Diocleziano, conservò una propria amministrazione autonoma, a capo della quale stava il *praefectus urbi*, che, essendo alle dirette dipendenze dell'imperatore, non era soggetto alla autorità né del prefetto del pretorio d'Italia, né a quella del *vicarius Italiae*, che reggeva le province dell'Italia settentrionale, né del *vicarius urbis Romae*, il quale governava il gruppo di province dell'Italia centro-meridionale.

Il *praefectus urbi* era esponente dell'alta aristocrazia senatoria, presiedeva il senato e aveva giurisdizione sulle liti che vedevano quali parti in causa i senatori. Aveva un generale potere di sorveglianza sull'ordine pubblico e sull'amministrazione dell'Urbe, potere che esercitava per il tramite di impiegati di grado inferiore, quali il *praefectus annonae* e il *praefectus vigilum*, nonché vari *curatores*, competenti per l'approvvigionamento della città, la cura delle acque, dei porti etc.

Nel sistema amministrativo centrale che si venne a costituire nulla o pochissimo contarono le residue magistrature repubblicane, già da tempo private di ogni potere politico; si pensi che i consoli, direttamente nominati dall'imperatore, sopravvissero esclusivamente per la loro antichissimo privilegio di eponimia (il diritto di designare l'anno di consolato con il loro nome), finché nel VI secolo d.C. l'imperatore d'Oriente assumerà egli stesso il titolo di *consul perpetuus*.

Nel fervore della riforma degli uffici centrali, anche l'amministrazione provinciale si trasformò profondamente tracciando nuovi confini nel mosaico della mappa dei territori imperiali ed infatti dalla dissoluzione della distinzione tra provincie senatorie e imperiali emersero mastodontiche circoscrizioni territoriali chiamate *praefecturae* e presiedute dai rispettivi prefetti del pretorio, diretti emissari dell'imperatore e appartenenti alla classe degli *illustres*.

L'istituzione di prefetture come circoscrizioni territoriali delimitate si deve verosimilmente a Costantino, ma un loro assetto stabile si raggiunse solo alla morte di Teodosio I, con la creazione quattro prefetture: due in Oriente e due in Occidente, più precisamente le due prefetture orientali erano l'Oriente e l'Illirico, mentre quelle occidentali erano l'Italia (con annessa l'Africa e l'Illirico occidentale) e la Gallia. Questa suddivisione non venne più modificata, anche se talvolta si ricorse ad una amministrazione collegiale dello stesso distretto.

Ogni prefettura era divisa in più diocesi, governate ciascuna da un vicario (*vicarius*), ed ogni diocesi, a sua volta, era frazionata in più province, che, per rafforzare il potere centrale ed evitare la formazione di potentati locali, Diocleziano raddoppiò e portò a centouno.

In sintesi, alla suddivisione dell'impero in province reciprocamente autonome del periodo del principato, facenti capo direttamente al senato o all'imperatore, si sostituì un sistema di governo del territorio a cerchi concentrici, per cui: più province, di estensione territoriale notevolmente limitata, si unirono in una diocesi, e più diocesi in una prefettura.

In questa distribuzione del territorio dell'impero, i prefetti del pretorio divennero i funzionari di grado più elevato nell'amministrazione periferica, lodati, dalle iscrizioni ufficiali, per la loro conoscenza delle Dodici Tavole, dell'editto del pretore e delle costituzioni imperiali, nonché per la loro giustizia, per la loro equità, integrità e via dicendo.

Venivano incaricati di pubblicare e divulgare le costituzioni imperiali per mezzo di propri editti, ed inoltre dovevano curare che fossero mantenuti l'ordine e la pace e che nelle diocesi e nelle province sottoposte ai vicari ed i governatori questi attendessero ai loro doveri.

Il prefetto del pretorio era giudice di appello delle sentenze dei giudici del proprio distretto che giudicava in nome dell'imperatore (*vice sacra*), tanto che Costantino stabilì che le sentenze del prefetto del pretorio fossero inappellabili. In casi eccezionali il prefetto del pretorio poteva avere anche una giurisdizione di prima istanza, un *extraordinarium iudicium*, ciò avveniva quando la lite riguardava direttamente la persona dei governatori provinciali, o se questi si fossero rifiutati di rendere giustizia oppure fossero stati accusati di parzialità.

I vicari, ai quali era riconosciuto il rango di *illustres*, reggevano le diocesi, senza poter esercitare alcun potere militare, oramai del tutto trasferito nelle mani dei capi di circoscrizioni militari (*duces*), ma godevano nel loro ambito territoriale degli stessi poteri che il prefetto del pretorio aveva sul proprio territorio. Stavano così aldi sopra dei singoli governatori delle province e detenevano importanti funzioni giudiziarie, tanto nel campo criminale quanto in quello civile.

I governatori delle province portavano titoli diversi a seconda del rispettivo rango: i *proconsules* – che reggevano le province d'Asia e d'Africa – appartenevano agli *spectabiles* e avevano tradizionalmente una certa autonomia (dipendevano direttamente dall'imperatore e non erano soggetti né ai vicari né ai prefetti del pretorio); gli altri governatori, chiamati *consulares*, ovvero *correctores* e *praesides*, avevano invece rango di *clarissimi*, vale a dire il rango più basso degli appartenenti all'*ordo senatorius*.

I governatori avevano competenza in campo amministrativo, giurisdizionale e fiscale: essi sorvegliano il mantenimento dell'ordine pubblico ed erano giudici di prima istanza nelle controversie sia civili che penali; inoltre spettava a loro determinare l'ammontare delle imposte dovute dalle singole città della provincia.

In questa metamorfosi amministrativa, l'Italia perdette il suo antico privilegio, immergendosi in una comunione con le altre terre dell'impero e divenendo così soggetta all'imposta fondiaria. La penisola venne divisa in due circoli vitali: il vicariato dell'Italia annonaria, dal cuore pulsante di Milano, e il vicariato della città di Roma, che abbracciava il centro e il sud, insieme alle isole circostanti. Roma, pur non essendo più come in passato il centro dell'impero, godeva di una propria autonomia, ed era sottratta alla giurisdizione del vicariato.

Tutte queste riforme attuarono un generale livellamento fra i primitivi organismi locali, municipi, colonie e città provinciali, che conservarono ben poco della loro autonomia. Sopravvissero le primitive istituzioni cittadine e cioè le magistrature municipali e i consigli (*curiae*) mentre le assemblee popolari scomparvero.

I consigli municipali (*curiae*) erano formati in via timocratica da cittadini (*decuriones*) e a parte il compito di nominare i magistrati cittadini, la loro funzione più importante era quella di formare i ruoli delle imposte per ciascuno dei contribuenti, indi di provvedere alla loro riscossione a mezzo di appositi esattori (*susceptores*), nominati dalle curie medesime. I *susceptores* erano individuati tra i decurioni più solvibili ed erano solidalmente responsabili per gli oneri finanziari gravanti sulle città. Così per assicurare il normale reclutamento dei decurioni, e quindi dei *susceptores*, si ricorse al sistema di renderla una funzione ereditaria, nel senso che gli orfani dei decurioni dovessero essere pronti ad assumere a loro volta i posti vacanti.

La formazione di un sistema di caste chiuse, in cui gli oneri si trasmettevano ereditariamente rappresenta una delle caratteristiche più spiccate dell'organizzazione imperiale del tardoantico.

Così i figli dei veterani, se avessero voluto conservare le terre assegnate in godimenti ai padri, avrebbero dovuto abbracciare il mestiere delle armi. Tutti questi lavoratori, e molti altri la cui opera era considerata essenziale per la comunità, erano ordinati in corporazioni obbligatorie (*collegia*) alle quali si apparteneva per nascita, e il cui abbandono veniva ostacolato con minacce penali o altri mezzi di coazione.

Il caso più rilevante di appartenenza obbligatoria ed ereditaria ad una attività era quello dei coloni, i quali erano vincolati perpetuamente, essi stessi e la loro discendenza, alla terra che coltivano prestando al proprietario un canone in denaro o in natura. Si tratta del modello della futura figura giuridica dei servi della gleba i quali durante il Medioevo erano totalmente asserviti al lavoro che svolgevano, tanto che il padrone non poteva alienare la terra senza di loro né loro senza la terra.

In questa complessa realtà provinciale il governo centrale accentuò ancor maggiormente la sua presenza attraverso l'introduzione del *curator civitatis* e del *defensor plebis* o *civitatis*.

Il primo, che già esisteva nel principato, svolgeva, su incarico dell'imperatore, funzioni di commissario straordinario per controllare la gestione finanziaria delle varie comunità cittadine: questi, poi, divenuto ufficio permanente con Diocleziano, accrebbe a poco a poco i propri poteri fino a diventare il vero capo dell'amministrazione cittadina, quale responsabile dell'ordine pubblico, del censo, della formazione del ruolo dei contribuenti, dell'approvvigionamento della città, del controllo sui prezzi.

Il secondo (il *defensor civitatis* o *plebis*) insediato in ogni città per volere di Valentiniano I, era invece incaricato di difendere le classi più umili contro le vessazioni dei potenti e le indebite esazioni dei funzionari: a questi *defensores*, anch'essi in principio di nomina governativa, poi eletti a suffragio più o meno largo nei vari tempi, spettò in ultima analisi anche la giurisdizione civile nelle minori controversie e una limitata giurisdizione penale.

5. *Nuovi reati e processo cognitorio*

La legislazione tardoantica in materia criminale fu imponente e trasformò in illeciti pubblici (*crimina publica*) condotte che in passato non avevano alcuna rilevanza penale.

Le cause di questo fenomeno furono essenzialmente tre: la prima fu l'emersione di una embrionale forma del principio di legalità (riflesso nel notissimo aforisma *nulla poena, nullum crimen sine lege* coniato nell'Ottocento dal giurista Paul Johann Anselm von Feuerbach) che impose la necessità d'irrogare le pene non più sulla base di decisioni del magistrato, fondate sulla prassi o sull'analogia con altri casi, bensì su precise e tassative disposizioni di legge. In altre parole, se durante il principato i funzionari imperiali preposti alle *cognitiones extra ordinem* in materia criminale giudicavano con ampio potere discrezionale, spesso sulla base di una prassi che si andava man mano consolidando, nel tardo impero invece, come si legge in una costituzione di Giustiniano (C. 7.45.13), si doveva giudicare «non sulla basi di esempi, ma di leggi». La seconda causa è invece da ricondurre alla diffusione e affermazione del cristianesimo come culto ufficiale dell'impero, e la terza si può individuare nella sempre maggiore burocratizzazione della macchina imperiale che esigeva che i suoi funzionari svolgessero in modo ineccepibile le loro funzioni.

Pertanto, volendo individuare alcuni obiettivi primari della tutela penale tardoimperiale possiamo enumerare i seguenti: 1) la lotta contro il paganesimo e le nuove eresie a tutela della fede cristiana, che indusse tra l'altro ad arginare l'immoralità dilagante attraverso una severa repressione dei reati attinenti alla sfera sessuale; 2) la tutela di un corretto funzionamento della pubblica amministrazione, e la conseguente perseguibilità di reati propri da parte dei funzionari commessi nell'esercizio delle loro funzioni; 3) la repressione di numerosi reati volta a tutelare la figura dell'imperatore divenuta oramai, secondo la visione platonica e stoica, "legge incarnata" (*nomos èmpsychos*).

Le sanzioni furono generalmente rafforzate, ponendo particolare enfasi sull'uso frequente della pena di morte, mentre scomparve, tra le pene ordinarie, l'*aqua et igni interdictio*, ora sostituita da due tipi di esilio forzato: la *deportatio in insulam* o la *relegatio*, tra i quali la *deportatio* era il più grave essendo perpetuo e comportando nei confronti del condannato la perdita della cittadinanza e la confisca totale dei suoi beni.

Tra le pene straordinarie, si introdusse la crocifissione non più riservata ai soli schiavi, la quale venne poi abolita da Costantino, nonché la condanna a combattere nell'arena o contro i gladiatori (*damnatio ad ludos*) o contro animali feroci (*damnatio ad bestias*); sopravvissero invece la vivicombustione e l'antichissima pena del *culleus*, nata originariamente per punire il parricida, consistente nella sommersione in acqua del colpevole chiuso in un sacco assieme ad una scimmia, un gallo, un cane e un serpente.

Il carcere continuava ad essere considerato, come già in età classica, una misura detentiva più che una forma di pena e a tal riguardo il Codice Teodosiano ci conserva molte costituzioni volte a tutelare i detenuti da una eventuale crudeltà dei carcerieri.

Costantino, ad esempio, dispose che i detenuti in attesa di giudizio non dovessero essere immobilizzati con catene troppo pesanti e che fosse loro concesso di godere di un intervallo di tempo quotidiano di aria e di luce. La carcerazione, inoltre, non doveva prolungarsi eccessivamente: il processo doveva essere celebrato quanto più velocemente possibile. Il *commentariensis*, l'ufficiale addetto alle prigioni, ogni trenta giorni doveva informare il giudice del numero delle persone carcerate, dei delitti ad esse imputati, dell'ordine di reclusione e dell'età di coloro che si trovavano in catene.

Come è stato osservato da Bernando Santalucia, questi ripetuti interventi sono molto significativi: il legislatore tardoantico si rendeva perfettamente conto che le arbitrarie iniziative di alcuni funzionari potevano assumere i connotati di una sanzione prima della condanna, e ciò non poteva essere in alcun modo tollerato da un regime che considerava la repressione criminale una funzione esclusiva ed essenziale del potere imperiale e conseguentemente non poteva ammettere che suoi funzionari si sostituissero del tutto illegittimamente nell'esercizio di una funzione che spettava allo stesso imperatore delegare secondo una procedura tipica.

Particolarmente severe erano le sanzioni corporali, come la fustigazione, specie per gli schiavi e gli uomini di bassa condizione sociale (gli *humiliores*), i quali potevano subire quale pena più grave, dopo naturalmente quella di morte, la condanna ai lavori forzati nelle miniere (*damnatio ad metalla*), che aveva carattere perpetuo e che comportava la riduzione in schiavitù del condannato (*servitus poenae*).

Si può notare come dalla specificità del trattamento sanzionatorio riservato agli *humiliores* si fosse mantenuta, tra i *cives Romani*, la distinzioni di questi rispetto agli *honestiores*, precisando che tra i primi rientravano: i negozianti, gli artigiani, gli operai delle città e i lavoratori dei campi; mentre tra i secondi, che costituivano in sostanza il ceto medio: i militari, i funzionari dell'amministrazione centrale e periferica, gli esercenti le professioni liberali (come avvocatura, arte medica, insegnamento), il clero e i decurioni (i componenti dei consigli municipali).

Si affermò la tendenza a reprimere ogni fede diversa da quella ortodossa: eretici, apostati ed ebrei vennero colpiti con sanzioni di varia natura.

Gli eretici erano coloro che si allontanavano, sia pure in un aspetto minore della dottrina, dalla fede ortodossa, ai quali il legislatore lasciava però la possibilità di ravvedersi e di sfuggire alle pene tornando alla fede secondo i canoni: scopo degli imperatori non era tanto la punizione in sé dell'eretico quanto il suo ravvedimento, sia pure ottenuto attraverso la minaccia di un castigo e senza indagare sulla sincerità dell'eventuale conversione.

Erano apostati coloro che nati cristiani o che si erano convertiti al cristianesimo e che poi avevano abiurato la fede per abbracciare un'altra religione, in merito a tale reato Teodosio I distinse i cristiani che avevano ricevuto il battesimo (*fideles*) da quelli non ancora battezzati (catecumeni): i primi quando si convertivano ad altri culti erano considerati estranei al diritto romano e, pertanto, perdevano in modo assoluto la capacità di disporre o di ricevere per testamento (*testamenti factio* attiva e passiva).

Più articolata era la legislazione intorno agli ebrei, i quali erano seguaci di una fede, indicata nelle costituzioni imperiali come superstizione (*superstitio*), la cui professione però non costituiva un reato.

Ma se il culto giudaico non era di per sé un reato, varie furono le disposizioni imperiali discriminatorie verso gli ebrei: ad esempio veniva vietato loro di acquistare servi di fede diversa da quella giudaica e si stabiliva la pena di morte se tali schiavi fossero stati circoncisi; inoltre gli imperatori vietarono ogni forma di proselitismo dell'ebraismo, dando in tal modo un messaggio chiaro: la tradizione giudaica, dal cui seno era nato il cristianesimo, poteva sopravvivere solo se essa si fosse rassegnata ad essere un culto del passato.

L'influenza del cristianesimo sulla legislazione imperiale appare chiara pure dall'analisi dei reati contro il matrimonio e la morale.

Con una costituzione del 326 d.C. Costantino limitò il diritto di presentare accuse di adulterio per impedire che chiunque disonorasse temerariamente i matrimoni; il marito venne autorizzato a divorziare solo dopo aver accusato e ottenuto la condanna della moglie per adulterio: fu in questo periodo che quest'ultimo crimine, punito con la messa a morte, divenne una causa legale di divorzio.

Le sanzioni per i rapporti sessuali con persone, uomini o donne, non sposate (*stuprum*) erano meno gravi, tranne nel caso della pederastia (*stuprum cum masculo*), per il quale era prevista la pena capitale. Anche il concubinato di una donna con il proprio schiavo era punito con la morte.

Il divorzio unilaterale (*repudium*) fu incluso nell'ambito dei reati, anche se non vi era una disciplina organica al riguardo. Costantino stabilì che il ripudio dovesse essere giustificato da specifiche cause (tra cui, come già detto, l'adulterio della moglie), e punì chi lo avesse esercitato ingiustificatamente: la moglie infatti veniva privata della dote e colpita dall'esilio, mentre il marito doveva restituire immediatamente tutti i beni dotali e non avrebbe potuto risposarsi. Un secolo dopo, Teodosio II e Valentiniano III abolirono questa legge, ma furono poi costretti a ripristinare il diritto precedente, sebbene avessero ampliato le cause giustificative di divorzio e avessero reso le pene per i divorzi ingiustificati meno severe.

Il reato di rapimento fu considerato un delitto autonomo e le pene, estremamente severe (tra le quali, persino, l'ingestione di piombo fuso), colpivano non solo il rapitore, ed eventuali suoi complici, ma anche la persona rapita se volontariamente lo avesse seguito. Non erano ammesse nozze riparatrici.

Lo stesso rigore era applicato al rapimento o all'adescamento di vergini e vedove consacrate a Dio e alla castità, e persino al corteggiamento con l'intenzione di sposarle.

Anche la prostituzione forzata divenne un crimine autonomo, l'imperatore Leone arrivò a proibire ai lenoni di esercitare la loro attività, sanzionandoli con la confisca dei beni e la perdita della dignità per gli *honestiores*, e le miniere e la deportazione per gli *humiliores*.

Accanto a questi reati vi erano quelli contro l'amministrazione imperiale e l'ordine pubblico, tra i quali esemplare è il caso del crimine di lesa maestà (*crimen maiestatis*), che attrasse le più svariate fattispecie, anche alla luce della mutazione strutturale che subì nel corso dei secoli.

Se infatti configurava nel principato l'alto tradimento e l'attentato alla vita dell'imperatore, nel dominato la tutela penale attrasse molteplici aspetti dell'apparato statale e venne applicata in ipotesi assai diverse tra loro come il sacrificio alle divinità pagane, la falsificazione di monete, il disturbo dell'ordine pubblico durante controversie teologiche e le cospirazioni contro alti funzionari dello Stato. Gli imputati di lesa maestà potevano essere sottoposti alla tortura indipendentemente dalla loro classe sociale e agli schiavi veniva permesso di denunciare i loro padroni.

Le pene non subirono modifiche rispetto al passato, ma in casi di particolare gravità – come le cospirazioni contro senatori o membri del concistorio imperiale – la condanna poteva estendersi anche ai figli e ai discendenti dell'imputato, che venivano dichiarati incapaci di ereditare non solo dai loro genitori, ma anche dalle loro madri o da qualsiasi altro parente, e venivano interdetti in modo perpetuo dagli onori e dalla carriera militare.

Un'altra significativa trasformazione subisce il reato di violenza (*crimen vis*), per il quale Costantino abolì la distinzione classica tra violenza pubblica e privata (*vis publica* e *vis privata*), infliggendo la pena di morte per qualsiasi tipo di violenza e rendendo la sentenza inappellabile. In un secondo momento, Valentiniano II, Teodosio e Arcadio limitarono questa pena agli schiavi, sostituendola con il lavoro forzato nelle miniere se il reato fosse stato commesso su ordine del padrone, il quale, reo dell'istigazione, sarebbe stato colpito da *infamia*.

La fattispecie tipica del *crimen repetundarum* venne allargata e vi si fecero rientrare ipotesi varie di violazioni di doveri d'ufficio da parte dei funzionari imperiali; la pena prevista era, oltre alla perdita dell'ufficio e del grado, una pena pecuniaria corrispondente al quadruplo della somma estorta.

L'imperatore Graziano ritenne perseguibili a tal titolo anche il giudice o l'arbitro che si fossero impossessati di beni delle parti in causa, assoggettandoli peraltro alla pena prevista per i rei di peculato, in genere quella capitale. In questi casi, ritenuti particolarmente gravi, fu ammesso che l'accusa, di norma consentita solo dopo che il funzionario fosse fuoriuscito dalla propria carica, potesse eccezionalmente essere avanzata anche durante il suo mandato. Nel caso del funzionario recidivo fu sancita la pena capitale.

Il reato di *ambitus*, originariamente legato alla corruzione elettorale, aveva perso significato con la fine dei comizi e ora si identificava principalmente con la compravendita di voti, ovvero l'accordo stipulato con un funzionario di corte per ottenere una carica o un onore riservato al principe. Venivano puniti anche coloro che violavano le leggi imperiali occupando una carica pubblica in modo illecito o che ottenevano la stessa carica per la seconda volta mediante suppliche ingiustificate. La pena in entrambi i casi era la deportazione.

Tra i crimini contro l'ordine pubblico, la falsificazione monetaria era considerata particolarmente grave. Mentre Costantino mantenne sostanzialmente le leggi precedenti, Costanzo II reagì con estrema severità all'aggravarsi del fenomeno, ordinando che i falsari fossero condannati a morte, bruciati vivi o sottoposti ad altre pene capitali. In seguito, Teodosio II configurò la produzione di moneta falsa come un tipo specifico di lesa maestà. Questo aumento delle pene fu accompagnato dall'estensione delle modalità di falsificazione, che includevano l'alterazione delle monete mediante limatura, lavaggi chimici, doratura o argentatura, il rifiuto di monete con l'effigie dell'imperatore – Costanzo II arrivò persino a considerare questa pratica un'offesa alla persona del principe, assimilandola al sacrilegio – e la fusione di monete coniate per trarre profitto dal valore del metallo.

La repressione criminale dell'epoca postclassica fu caratterizzata dal venir meno delle *quaestiones perpetuae* definitivamente sostituite dal processo della *cognitio extra ordinem*. Ricordiamo che tali modelli procedurali furono i precursori dei sistemi oggi solitamente denominati "accusatorio" – tipico dei paesi che seguono la tradizione di *common law* inglese – e "inquisitorio" comune ai paesi della tradizione romanistica del *civil law*.

La caratteristica principale della procedura accusatoria è di essere un processo formale nel quale le parti si affrontano davanti al giudice che presiede e alla giuria. Ogni antagonista presenta i propri testimoni che vengono prima esaminati per conto della parte che li ha intimati; e le loro asserzioni vengono quindi riscontrate attraverso un controinterrogatorio per conto dell'altra parte. Le questioni affrontate nel dibattimento e quelle che ne vengono escluse sono controllate dalle parti. Normalmente il giudice non avvia alcuna linea di indagine; il suo ruolo infatti è quello di arbitro. A conclusione delle deposizioni, il giudice le riassume a beneficio della giuria, così da far emergere gli interrogativi che devono essere risolti; toccherà quindi ai giurati emanare il verdetto. La procedura accusatoria, dunque, accentua drammaticamente la contrapposizione delle prove addotte da una parte e dall'altra. Nella procedura inquisitoria non c'è dibattimento, nel senso di un evento concentrato nel quale le parti si confrontano accompagnate dai rispettivi testimoni. C'è di solito una fase preliminare, nella quale vengono presentate le domande ed è nominato un giudice istruttore. Segue una serie di incontri isolati e di comunicazioni scritte fra il giudice ed i rappresentanti delle parti, nelle quali si producono le prove.

Il giudice stesso conduce l'interrogatorio dei testimoni (da qui la denominazione di rito inquisitorio). In teoria egli può chiedere tutto ciò che ritiene necessario per scoprire la verità.

A conclusione della fase istruttoria, il giudice prepara un verbale dello svolgimento della controversia e fa una relazione agli altri giudici (di solito un collegio), che esaminato il verbale, studiano le memorie scritte presentate per conto delle parti e pronunciano il verdetto.

Ebbene nonostante le *quaestiones* non furono mai espressamente abolite, gli operatori del diritto guardarono al loro modulo processuale con sempre minore interesse, poiché, ormai, la quasi totalità dei reati e delle relative pene era dettata dalle numerosissime *leges* imperiali; e non essendo più indispensabile per l'instaurazione di un processo la presenza dell'accusatore, la procedura criminale era caratterizzata dalla prevalenza del sistema inquisitorio su quello accusatorio, potendo i reati essere perseguiti d'ufficio dai componenti di organi pubblici.

L'accusa pubblica, cioè aperta ad ogni cittadino venne mantenuta solo per i crimini introdotti dalle antiche leggi comiziali (come la maestà, l'omicidio, il falso, la violenza, ecc.) e per alcuni altri reati particolarmente gravi (come la violazione di sepolcri o i reati contro la religione); l'accusa privata, quella esperita dalla vittima dell'illecito venne resa più pericolosa dal fatto che, sin dall'età costantiniana, il concetto di *calumnia* fu ampliato e le pene aggravate. Ed infatti mentre nel diritto classico affinché si configurasse il reato di *calumnia* era necessario il requisito dell'elemento soggettivo del dolo dell'accusatore, nel dominato tale requisito non fu più richiesto e Costantino previde per l'accusatore, la cui denuncia, seppur presentata in buona fede, non fosse stata provata, la stessa pena cui sarebbe incorso l'accusato in caso di raggiunta prova.

Tuttavia, il pubblico funzionario poteva sempre intervenire in caso d'inerzia da parte dei cittadini e l'abbandono ingiustificato dell'accusa non sospendeva il processo né impediva la punizione del colpevole: la persecuzione dei crimini venne considerata una funzione dello Stato, alla quale l'accusatore dava solo l'impulso iniziale, senza che la sua rinuncia potesse influenzare il processo e la sentenza. L'unico presupposto era il personale convincimento del funzionario riguardo all'esistenza di elementi sufficienti per trarre l'imputato in giudizio, convincimento che poteva derivare sia dalla conoscenza diretta del fatto criminoso, sia da denunce private o informazioni fornite dagli ufficiali subalterni, la cui credibilità e valore erano valutati dal funzionario stesso.

Con un significativo cambiamento di prospettiva, nelle fonti venne definito "accusatore" anche il funzionario che avvia d'ufficio la causa.

La procedura della *cognitio extra ordinem* era molto semplice: il giudicante avvertito della commissione di un illecito o attraverso una denunzia privata o attraverso un rapporto di polizia, conduceva la propria inchiesta, ricorrendo soprattutto alle testimonianze e all'interrogatorio dell'imputato, che poteva essere sottoposto a tortura. Se il presunto reo avesse confessato, lo si sarebbe condannato automaticamente; in caso contrario, era il giudicante a dover decidere quando dichiarare conclusa l'*inquisitio* e, valutate liberamente tutte le circostanze del fatto, decidere per la condanna o per l'assoluzione.

Ai condannati era riconosciuto il diritto di appello, eccetto se fossero stati rei confessi o colpevoli di reati valutati come gravissimi, quali: l'omicidio, l'adulterio, il ratto, il falso o la violenza.

Il procedimento non era più esclusivamente orale. L'uso di redigere verbali delle dichiarazioni degli imputati e dei testimoni e delle pronunce del giudice, praticamente sconosciuto nei processi davanti alle *quaestiones perpetuae* e diffuso nella pratica delle *cognitiones* dell'età del principato, divenne consueto in quest'epoca. Ogni cosa detta durante il processo veniva registrata stenograficamente dagli scribi dell'ufficio (*exceptores*) e successivamente veniva trascritta nel protocollo dell'udienza, che il giudice sottoscriveva; il documento era poi archiviato presso il tribunale, dove gli interessati potevano consultarlo e ottenere copie; la redazione scritta della sentenza divenne quindi un requisito formale.

Per ciò che concerneva i criteri di valutazione delle prove, è interessante sottolineare che risale a quest'epoca la formulazione del principio *in dubio pro reo*, che costituisce ancora oggi uno dei cardini del sistema processuale penale e per il quale quando le prove di colpevolezza di un imputato lasciano margine di dubbio, egli deve essere assolto. La procedura della *cognitio* del tardo diritto romano costituì il modello della procedura sviluppatasi in seguito nelle corti della Chiesa, che applicavano il diritto canonico. E sotto l'etichetta di procedura romano-canonica divenne infine la procedura seguita nella maggior parte dei paesi continentali.

Gli emissari dell'apparato imperiale assunsero il ruolo di giudici, distribuiti tra le varie circoscrizioni dell'impero: province, diocesi, prefetture.

I governatori delle province esercitavano in prima istanza la giustizia criminale ordinaria; solo le cause di minore importanza furono riservate alla competenza dei magistrati locali e, a partire dal VI secolo d.C., al *defensor civitatis*. Nonostante una diffusa conoscenza del diritto tra coloro che aspiravano a ruoli statali di rilievo, i governatori non sempre possedevano una preparazione giuridica adeguata e, specialmente nei casi più complessi, dovevano fare affidamento sul consiglio di esperti legali (*adsessores*), generalmente selezionati tra gli avvocati.

Questi consiglieri esercitavano una considerevole influenza sui giudici e talvolta commettevano abusi veri e propri: non di rado si verificavano casi di sentenze emesse senza il consenso dei governatori e falsamente attribuite a loro. Per affrontare questo inconveniente, gli imperatori intervennero stabilendo che gli *adsessores*, dopo aver terminato il loro incarico, rimanessero nella provincia per un periodo determinato (solitamente cinquanta giorni) in modo da poter essere chiamati a rispondere per eventuali illeciti commessi durante l'esercizio delle loro funzioni. Tuttavia, per alcune categorie di persone – come senatori, militari, ecclesiastici, ecc. – vigevano principi speciali che le esentavano dalla giurisdizione ordinaria, istituendo invece tribunali privilegiati (*praescriptio fori*). Se i reati erano più gravi allora la competenza erano dei vicari delle diocesi.

Al cittadino era consentito ricorrere in appello avverso le sentenze ritenute ingiuste: la struttura gerarchica dei funzionari consentì una serie di ricorsi dalla base al vertice amministrativo, fondati sul principio che il funzionario superiore potesse sempre modificare le decisioni di quello inferiore. L'ultimo grado d'appello contro le decisioni dei funzionari più alti – ad eccezione del prefetto del pretorio – era rappresentato dal tribunale dell'imperatore. In questo sistema, dunque, i vicari esercitavano le funzioni di giudici di appello rispetto alle sentenze dei governatori e l'imperatore giudicava a sua volta in appello avverso le sentenze emesse dai vicari, ed in quest'ultimo caso spesso l'appello veniva discusso nel sacro concistorio, che divenne così il punto d'incontro tra la giurisprudenza classica, le leggi repubblicane e le costituzioni imperiali.

Come abbiamo già accennato, il prefetto del pretorio giudicava a titolo definitivo e in nome dello stesso imperatore (*vice sacra*), tanto che la sola possibilità che restava al condannato era quella di presentare una petizione al sovrano (*supplicatio*), chiedendo che il nuovo prefetto, subentrato a quello che aveva emesso la sentenza, riesaminasse il caso.

Tuttavia, l'appello contro le sentenze dei proconsoli dell'Asia, dell'Africa e dell'Acaia doveva essere indirizzato direttamente all'imperatore, infatti questi funzionari, appartenenti al rango degli *spectabiles*, non erano soggetti né alla giurisdizione del prefetto né a quella del vicario. Solo in casi eccezionali, come già si è visto, i prefetti del pretorio e vicari potevano essere coinvolti come giudici di prima istanza (*extraordinarium iudicium praefectorum vel vicariorum*), soprattutto quando c'era sospetto di ingiustizia da parte del governatore o di parzialità.

Questo procedimento straordinario garantiva maggiori garanzie rispetto al processo governatoriale, e sembra che vi fosse una tendenza ad utilizzarlo al di là dei casi consentiti, tanto che Costantino dovette intervenire con una sua costituzione per vietare esplicitamente di appellarsi direttamente al tribunale dei prefetti e dei vicari, sottraendosi così alla giurisdizione di prima istanza dei *rectores provinciarum*.

I vicari, pur fungendo ufficialmente da sostituti dei prefetti (*vices praefectorum praetorio*) all'interno della diocesi, disponevano di un'autorità giudiziaria autonoma e non subordinata a questi ultimi. Di conseguenza, le loro sentenze non potevano essere oggetto di appello solo presso il tribunale imperiale.

6. Leges e iura: *le fonti del diritto*

La letteratura giuridica che si sviluppa in epoca tardoantica rispecchia il mutato assetto costituzionale dell'impero, sebbene il diritto perseguiti ad avere quali fonti primarie le *leges* (le costituzioni imperiali) e gli *iura* (i frammenti dei *responsa* dei giuristi classici, chiamati *iura*, per antonomasia, in contrapposizione alle *leges*).

Leges e *iura* intrattenevano tra loro una tensione dialettica, per cui gli *iura* erano visti come espressione della storia, della tradizione del diritto romano consolidatosi nella letteratura dei giuristi; le *leges imperiales* erano invece considerate portatrici dei nuovi valori.

Relativamente alla diffusione delle diverse forme di costituzioni imperiali che si erano consolidate nel principato, i *mandata* scomparvero del tutto e i *rescripta*, ancora particolarmente numerosi sotto Diocleziano ossequioso della tradizione legislativa, assunsero caratteristiche diverse rispetto al passato: divennero infatti immediatamente decisori (confondendosi in ciò con i *decreta*) e sempre più generali (sostituendosi da questo punto di vista ai *responsa* della giurisprudenza).

L'originaria distinzione tra le diverse forme di costituzioni sparì con Costantino, il quale, essendo "legge vivente", stante la legittimazione divina del suo potere, iniziò ad emettere un solo tipo di provvedimenti denominati *leges generales* ossia statuizioni a carattere generale destinate ad essere osservate da tutti i sudditi. Si trattava di provvedimenti che venivano predisposti dagli uffici del *quaestor sacri palatii* e poi discussi dall'imperatore stesso in seno al *consistorium* e al senato.

Le *leges generales* venivano pubblicate attraverso tre forme: o ricorrendo all'invio di un discorso scritto al senato di Roma o di Costantinopoli (*oratio ad senatum*); o attraverso un editto diretto a tutti i cittadini (*edictum ad populum*); o per mezzo di una spedizione ai funzionari imperiali di una lettera (*epistula*) con l'ordine di divulgarla a tutte le popolazioni, facendola precedere da un *programma*, ossia da un editto redatto dal funzionario stesso.

Accanto alle *leges generales* si diffusero due altre nuove forme di costituzioni imperiali: le *adnotationes* e le *pragmaticae sanctiones*.

Per quanto riguarda le prime, consistevano in note apposte di mano dall'imperatore su di un documento, soprattutto su petizioni a lui rivolte. Dato il carattere sacro della persona da cui proveniva l'*adnotatio* assunse un valore ancora più grande di un semplice rescritto.

Le *pragmaticae sanctiones* si configuravano come una via di mezzo fra i rescritti e le *leges generales*, in quanto sovente erano dirette a risolvere singoli casi, ma talvolta avevano un valore ed una efficacia che andava oltre il caso concreto. Il loro contenuto era vario, ma per lo più si trattava di disciplinare la materia amministrativa; venivano emesse sia su iniziativa imperiale che dietro richiesta di funzionari o di privati. Per mezzo di *pragmaticae sanctiones* gli imperatori inviavano le loro costituzioni al collega regnante sull'altra *pars* dell'impero: a tale riguardo deve essere ricordata la pragmatica *sanctio pro petitione Vigilii*, con la quale Giustiniano, su richiesta di papa Vigilio, estese la validità della sua compilazione giuridica all'Italia sottratta al dominio gotico.

Gli *iura* restarono le fonti del diritto assieme alle *leges* ma presentarono maggiori difficoltà applicative per almeno due motivi essenziali: la staticità dettata dall'essere soluzioni casistiche ancorate al passato e la manifesta inadeguatezza della giurisprudenza classica ad intercettare le nuove esigenze socioeconomiche. Tale inadeguatezza è ancor più palese se si pensa al fatto che il definitivo riconoscimento dell'assolutismo imperiale unitamente all'affermarsi del cristianesimo e al persistere delle consuetudini locali avevano profondamente mutato il diritto romano.

Nella prassi sia negoziale che giudiziale nacque infatti quello che la dottrina definisce "diritto romano volgare", un diritto, cioè più semplice e che in quanto tale, sebbene più vicino alle esigenze degli operatori e dei profani, si scontrava con la raffinatezza tecnica degli gli antichi *responsa*.

A tale riguardo vi è da registrare il diverso atteggiamento che Diocleziano e Costantino adottarono innanzi a questo fenomeno di "volgarismo giuridico": mentre Diocleziano si dimostrò ostile alle consuetudini locali e fermamente deciso ad imporre ai provinciali il predominio del diritto romano, al contrario Costantino e i suoi successori cedettero di fronte al diritto consuetudinario delle provincie, per cui proprio a partire da quest'ultimo imperatore, il diritto romano subì un profondo influsso soprattutto da parte dei diritti provinciali di derivazione greca. Ed è per questo motivo che l'epoca postclassica è stata definita da parte della dottrina come "periodo romano-ellenico".

Ciò spiega come venne a rompersi l'equilibrio nella gerarchia delle fonti tra *iura* e *leges* a favore di quest'ultime, che dall'essere "fonti tra le fonti" divennero "le fonti" del diritto per eccellenza; anche le *leges* palesavano però profonde criticità, soprattutto per la loro difficile reperibilità, stante la magmatica sedimentazione negli archivi imperiali.

Ed è per questi motivi che tra la fine del III secolo d.C. e gli inizi del IV secolo d.C. la figura del giurista si distaccò completamente da quella degli autori della giurisprudenza classica, che, come ha scritto Dario Mantovani, mantenne fino a Giustiniano una funzione essenzialmente didattica/formativa.

L'originalità dei giuristi di quest'epoca va dunque ricercata non più nella loro capacità creativa non nella loro prontezza a rispondere alle domande del tempo, "popolarizzando", per usare una efficace espressione di Lucio De Giovanni, un patrimonio giuridico complesso e disperso tra una miriade di fonti e di archivi, il più delle volte assai difficilmente consultabili.

L'attività della giurisprudenza si orientò pertanto da Diocleziano in poi attraverso due coordinate euristiche che mirarono a "ridurre a sistema" le fonti del diritto: 1) studiando le opere della passata giurisprudenza per farne nuove ed aggiornate edizioni, particolarmente in Occidente; 2) raccogliendo la legislazione più attuale, frammentata in *leges* di non facile reperibilità, soprattutto in Oriente.

E non pare un caso la diversità di direttrici d'azione della giurisprudenza in Oriente e in Occidente: la maggiore attenzione dei funzionari occidentali alla tradizione giurisprudenziale manifesta, infatti, la cura per la conservazione di un patrimonio culturale avvertito come modello di scienza giuridica; e sebbene non fosse più possibile intrattenere un dialogo scientifico con tale tradizione giurisprudenziale, a causa dell'impareggiabile tecnicalità che la caratterizzava, era però necessario assicurarne il più agevole utilizzo da parte degli operatori del diritto.

Le tendenze codificatorie orientali invece espressero un diverso modo di pensare il diritto: non come prodotto della saggezza giuridica ma del potere centrale.

Per quanto attiene al primo orientamento vennero prodotte soprattutto epitomi di opere di autori classici, spesso purgate della loro congenita controversialità. A tale riguardo sono interessanti le *Pauli Sententiae* un'opera composta probabilmente tra la fine del III secolo d.C. e gli inizi del IV secolo d.C. che si suddivide in cinque libri ripartiti in titoli. Oggi si ritiene che il giurista Paolo non abbia mai redatto le *sententiae*, ma che esse siano un'antologia, composta sotto Diocleziano, degli scritti non solo di Paolo ma anche di Ulpiano e di altri autori. Le *Pauli Sententiae* sono state ricostruite attraverso i passi della *lex Romana Visigothorum*, dei *Vaticana Fragmenta*, della *Collatio*, della *Consultatio* e dei *Digesta* di Giustiniano. L'opera, che, per la semplicità dello stile riscosse un grandissimo successo grazie all'uso che ne fecero gli avvocati come se fosse un prontuario d'udienza, offre una delle testimonianze più significative dell'attività della giurisprudenza pratica dell'età postclassica; una giurisprudenza che di rado va oltre a un'interpretazione meramente cognitiva dei precetti imperiali, ma che certamente ha il pregio della sintesi e della chiarezza. Il suo stile compilatorio risponde dunque pienamente all'esigenza di semplificazione del materiale giuridico, che sappiamo essere stata tipica del tempo.

Anche per quanto un'altra opera, i *Tituli ex corpore Ulpiani* la critica ritiene che non sia riferibile al nome del giurista classico, Ulpiano, che viene menzionato nel titolo (il termine *corpus* è utilizzato nel significato di raccolta di passi scelti dello stesso giureconsulto). Pervenutaci incompleta attraverso un solo manoscritto conservato nella Biblioteca Vaticana, si configura come una trattazione elementare. I passi sono distribuiti entro 29 titoli; alcuni frammenti si possono leggere, riprodotti tali e quali, anche nella *Collatio* e nel Digesto di Giustiniano, ma in queste due fonti vengono riferiti a un'opera ulpianea dal titolo *Liber singularis regularum*. Ciò ha fatto sorgere diverse ipotesi sulla vera natura dell'opera. Alcuni hanno creduto che si trattasse di una sintesi del *Liber singularis regularum*; altri hanno ritenuto che si tratti di una crestomazia di passi scelti tratti da varie opere di Ulpaino; altri ancora hanno avanzato l'ipotesi che l'opera sia nulla più che un'epitome delle Istituzioni di Gaio, completata da qualche definizione ulpianea.

Fanno parte di questa letteratura un'estesa antologia di testi giurisprudenziali di Papiniano, Ulpiano e Paolo e di costituzioni imperiali databile al IV secolo d.C., conosciuta come *Vaticana Fragmenta*, la cui prima edizione risale all'età costantiniana per giungere poi, con successive integrazioni, alla definitiva riedizione del 372 d.C.

L'opera è a noi pervenuta attraverso un palinsesto mutilo della Biblioteca Pontificia Vaticana – da cui prende il nome – edito dal cardinale Angelo Mai nel 1823. Il fatto che nell'opera si connettano testi giurisprudenziali e provvedimenti legislativi denuncia, come ha scritto Mario Bretone, una esigenza ben chiara quella di ricongiungere legislazione e letteratura giuridica, per quanto fossero lontane tra loro.

Una raccolta analoga ai *Vaticana Fragmenta* è la *Collatio Legum Mosaicarum et Romanarum*, denominata anche *Lex Dei* il cui autore, a noi ignoto, ma probabilmente non un giurista in senso stretto, istituisce un confronto tra il diritto romano e l'antico diritto mosaico. La *Collatio* era suddivisa in libri e ogni libro in brevi titoli, ciascuno dei quali si apriva con una norma del diritto mosaico, cui seguivano passi di scritti giurisprudenziali e di costituzioni imperiali. I giuristi utilizzati sono Gaio, Papiniano, Paolo, Ulpiano e Modestino, mentre le costituzioni provengono dai codici Gregoriano ed Ermogeniano, con l'eccezione di una legge di epoca assai più tarda, emessa nel 390 d.C. da Valentiniano, Teodosio e Arcadio.

La *Consultatio veteris cuiusdam iurisconsulti*, così chiamata da Cuiacio che la pubblicò nel 1577, è una raccolta, compilata probabilmente in Gallia, di pareri su vari argomenti di carattere giuridico, indirizzata da un giurista ad un avvocato. Si tratta, come ha scritto Giuliano Cervenca, di «un'operetta di modesto valore, anche se significativa in quanto riflettente il livello della cultura giuridica del basso impero». Sui diversi argomenti oggetto di trattazione l'anonimo autore enuncia dapprima la propria tesi, quindi, a guisa di dimostrazione, riporta diverse costituzioni tratte dai Codici Gregoriano, Ermogeniano e Teodosiano, nonché numeri passi delle *Pauli Sententiae*. Alcuni studiosi che sia possibile individuare nell'opera due parti frutto di mani diverse: una parte originaria redatta verso la fine del V secolo d.C., e un successivo ampliamento compiuto probabilmente dopo l'emanazione della *lex Romana Visigothorum*. Comunque sia, la presenza, nella *Consultatio*, di citazioni del Codice Teodosiano permette di attribuire con sicurezza la sua redazione ad epoca posteriore al 438 d.C.

Per quanto riguarda invece l'attività dei giuristi, applicati per lo più nelle cancellerie imperiali, in relazione alle *leges*, si propagò un movimento codificatorio mirante a porre rimedio alla confusione legislativa dettata dalla frammentaria e insicura conoscenza delle leggi imperiali, di cui era inadeguato il metodo di pubblicazione e di diffusione.

Le prime codificazioni si ebbero a partire dall'ultimo decennio del III secolo d.C. quando vennero redatte due raccolte a carattere privato, e pertanto non ufficiale, di costituzioni imperiali che conosciamo come Codice Gregoriano e Codice Ermogeniano e che possiamo considerare antesignani delle codificazioni tardoantiche ufficiali, quali esiti finali di un irreversibile passaggio dal diritto giurisprudenziale al diritto autoritativo. Ma prima di passare alla descrizione di queste due raccolte, si crede utile soffermarsi sulla semantica della parola codice, al fine di evitare eventuali fraintendimenti, ed infatti prima che un testo giuridico, il codice è una forma libraria, la quale fornisce una manifestazione solenne al diritto.

Il termine codice (*codex*) era utilizzato dai Romani con un significato molto generico: il vocabolo latino *codex* deriva da *caudex,* cioè il pezzo di legno, poi la tavoletta coperta di cera, e ancora dopo il complesso di tavolette cerate legate insieme, che costituivano il materiale scrittorio più comune ai Romani.

I *codices* erano dunque nell'età più antica, le assicelle incerate, su cui si incideva la scrittura, che poi venivano riunite mediante la sovrapposizione e la cucitura con un legaccio su un solo lato.

Con il passare del tempo, il termine *codex* passò poi a indicare la sola forma esterna; comporre un *codex* significava pertanto creare un libro in senso moderno con pagine cucite lungo una costola, piuttosto che raccolte nel tradizionale *volumen*, consistente nel complesso di fogli di pergamena o di papiro, arrotolati su un'asticella (*volumen* deriva da *volvere*, avvolgere), che si dovevano srotolare per la lettura, il *codex* si presentava invece come un unico libro, compatto, perché cucito sul dorso.

Il nuovo modo di comporre i fogli di scrittura realizzò una vera e propria rivoluzione nella trasmissione e nella preservazione della letteratura, e così le raccolte private di rescritti imperiali dell'età dioclezianea furono denominate, per l'appunto, Codice Gregoriano e Codice Ermogeniano perché redatte su pergamene legate come quaderni, e non su pergamene o papiri arrotolati. La sostituzione dei vecchi *volumina* con i *codices* si verificò in tutti gli ambiti letterari, ma soprattutto indusse a raccogliere con questo nuovo sistema di legatura le leggi imperiali, che venivano quotidianamente consultate dai pratici e nelle scuole di diritto. Ecco perché il vocabolo *codex* passò presto a designare (anche) ogni raccolta di provvedimenti imperiali in un libro unico e compatto che favoriva per la sua struttura la circolazione e la corretta conservazione dei testi.

Il primo codice, quello Gregoriano, pubblicato verosimilmente nel 291 d.C. a Roma, era una silloge suddivisa in 14 libri, articolati in titoli, di rescritti imperiali, diretti sia a privati cittadini che a funzionari pubblici, da Adriano a Diocleziano. Quest'opera godette di una fortuna ininterrotta fino al VI secolo d.C., in Occidente e in Oriente, segno che rispondeva alle esigenze dei tempi.

Si trattava di un'opera, come già accennato, privata e non ufficiale, nella quale i rescritti raccolti non ambivano – a differenza di un codice moderno – a costituire l'intero ordinamento giuridico o anche solo alcuni settori, e consistevano per lo più in brevi regole formulate in relazione a casi concreti. Una raccolta, organizzata per materie, metteva dunque a disposizione dell'utente un repertorio ragionato di casi risolti e muniti dell'autorità imperiale.

Ne costituì un immediato seguito il Codice Ermogeniano, il cui autore, il giurista Aurelio Ermogeniano, fu prefetto del pretorio in Occidente intorno al 300 d.C. Questo codice era articolato in almeno un centinaio di titoli, entro i quali era distribuito un gran numero di rescritti emanati soprattutto tra il 293 e il 294 d.C. Anche questa seconda compilazione ebbe molta fortuna, come testimoniano fra l'altro due riedizioni e varie aggiunte, l'ultima delle quali risale al 378 d.C.

Il Codice Gregoriano e quello Ermogeniano non ci sono pervenuti direttamente ma li conosciamo attraverso due epitomi incluse nella *Lex Romana Visigothorum*, soprattutto il primo attraverso le appendici a questa legge. Altri frammenti derivano dalla *Lex Romana Burgundionum* e dalla letteratura giuridica tarda. Infine, risalgono al Codice Gregoriano e al Codice Ermogeniano i materiali pre teodosiani del Codice Giustinianeo.

È opportuno ricordare, a questo punto, anche una piccola raccolta privata di sedici costituzioni imperiali (la più antica è del 333 d.C., la più recente del 425 d.C.), che fu allestita in Occidente e che dal nome del suo primo editore – Jacques Sirmond (1559-1651) – siamo soliti denominare "sirmondiana".

Ma le esigenze degli operatori e degli utenti del diritto nel vissuto quotidiano furono con il tempo sempre più pressanti, ed infatti la loro situazione divenne esasperante, come ci informa la preziosa testimonianza della metà del IV secolo d.C. dei *Rerum gestarum libri XXXI* dell'antiochieno Ammiano Marcellino.

Lo storico e militare romano lamenta come la scienza del diritto sia stata distrutta dalle contraddizioni reciproche delle leggi (*legum discidia*, Amm. 30.4.11), prive di una raccolta ufficiale. E tale mancanza aveva non solo reso possibile la coesistenza di leggi pur discordanti su un medesimo istituto ma aveva anche fatto sì che di molte di esse non era possibile rintracciare gli originali; quando infatti avvocati senza scrupoli citavano disposizioni risalenti queste erano oramai divenute "provvedimenti sconosciuti" (*leges ignotae*) e non ne era possibile per il giudice verificarne l'attendibilità (anche se, ad onor del vero, in età repubblicana, Cicerone [*de leg.* 3.20.46] aveva accennato alla necessità di una raccolta ufficiale di norme). Ed è proprio nel tentativo di porre un rimedio a tale situazione di estrema incertezza, per la quale i tribunali erano il più delle volte "fogne ingannevoli e cieche" ("*fovae fallaces et caecae*", Amm. 30.4.13), che si giustificarono la "legge delle citazioni" e il Codice Teodosiano, una prima concreta risposta del governo imperiale al caos dilagante nei tribunali.

Con il nome di "legge delle citazioni" si intende una costituzione emessa dall'imperatore d'Occidente Valentiniano III nel 426 d.C. (*oratio Valentiniani ad Senatum*), recepita poi da Teodosio II nel suo Codice Teodosiano, con la quale l'imperatore stabiliva che potevano essere citate nelle corti di giustizia solo le opinioni di cinque giuristi: Papiniano, Paolo, Gaio, Ulpiano e Modestino, istituendo così, come è stato scritto con un'espressione ad effetto, "un tribunale di morti" (Gustave Hugo).

La legge prevedeva che fossero allegabili anche i pareri di altri giuristi, se la loro autorità si trovasse riconosciuta negli scritti di almeno uno tra i cinque e se, inoltre, avesse avuto il conforto dell'esibizione del relativo manoscritto e ciò affinché nelle loro difese giudiziali (*recitationes*) gli avvocati si rifacessero alla sapienza giuridica degli ultimi giuristi classici senza ricorrere ad autori sconosciuti, di difficile reperibilità o ancora peggio si abbassassero a recitare false citazioni.

D'ora in poi, pertanto, gli avvocati non potevano più esibire pareri di giureconsulti dei quali i giudici, mancando i testi genuini, non fossero in grando di raffrontare la genuinità.

Quando le opinioni di questi non fossero state concordi, il giudice nell'accogliere una posizione avrebbe dovuto seguire, secondo il dettato del provvedimento imperiale, il parere della maggioranza; quando non fosse stato possibile stabilire un orientamento maggioritario, invece, doveva prevalere l'opinione di Papiniano; e soltanto nel caso in cui questa procedura non avesse condotto ad una soluzione, il giudice poteva ricorrere al suo libero apprezzamento.

Questa costituzione rimase in vigore fino al tempo di Giustiniano, da cui fu inclusa nel *Codex* del 529 d.C., poi resa desueta dalla pubblicazione del Digesto, essa fu esclusa dal *Codex* del 534 d.C.

Tre anni dopo la promulgazione della legge delle citazioni, e più precisamente nel marzo del 429 d.C., Teodosio ordinò ai suoi commissari la compilazione di due codici; nel primo si doveva raccogliere tutte le costituzioni generali da Costantino in poi, vigenti o no che fossero; nel secondo solo le costituzioni in vigore già ricomprese nel primo, insieme con quelle ricavabili dal Codice Gregoriano e dal Codice Ermogeniano e con quanto di utile si potesse desumere, titolo per titolo, dai trattati e dai responsi giurisprudenziali.

Le due raccolte, per quanto collegate fra loro, avevano scopi diversi: alla finalità scolastica dell'una si contrapponeva il deciso orientamento pratico dell'altra. Ma un simile programma restò sulla carta, infatti nel 435 d.C. fu nominata un'altra commissione per un progetto meno ambizioso, quello di riunire in un unico codice tutte le costituzioni di carattere generale emanate da Costantino e dai principi successivi, le opere dei giureconsulti non furono più menzionate, probabilmente perché la realizzazione di questa articolazione dell'idea originale doveva apparire eccessivamente ambiziosa.

Il nuovo progetto fu articolato attraverso tre direttrici: in primo luogo, dovevano esse incluse anche le costituzioni destinate ad avere un'applicazione limitata a certi luoghi geografici; le costituzioni nelle quali si trattavano più materie, inoltre, dovevano essere suddivise tra i diversi titoli interessati; infine i testi delle costituzioni, le cui verbose introduzioni o sezioni finali erano state già eliminate dalla prima commissione istituita da Teodosio in vista dell'introduzione nella prima raccolta, dovevano subire un'elaborazione editoriale ulteriore, per eliminare tutti i passaggi superflui e introdurre ove necessario altre parti del testo.

Questa volta il progetto fu condotto a termine: il Codice Teodosiano, ordinato in sedici libri, vide la luce il 15 febbraio del 438 d.C. nella parte orientale dell'impero e fu presentato nello stesso anno al senato di Roma. Entrò in vigore il primo giorno dell'anno successivo, in tutto il territorio imperiale ed era destinato ad avere validità esclusiva a partire dal 439 d.C., da questa data infatti nessun'altra costituzione poteva essere citata in tribunale. Il codice, tuttavia, non poggiava unicamente sull'autorità di Teodosio, i nomi degli imperatori precedenti erano stati mantenuti, e ogni costituzione continuava a derivare la sua natura di fonte autorevole dal potere dell'imperatore che l'aveva emanata. La sua efficacia durò un secolo; ma le sue norme, trasferite o abbreviate nella legislazione romano-visigotica (o romano-burgundica), e variamente riprese, si applicavano ancora dopo l'età carolingia nel sud della Francia, e in Spagna, durante e oltre la plurisecolare vicenda della dominazione araba. L'attività forense e la pratica giudiziaria trovavano nel Codice Teodosiano il diritto applicabile, ma il codice non comprendeva tutto il diritto.

Certo, per il periodo a cui esso si riferiva, nessuna costituzione poteva essere richiamata che non vi fosse inclusa (salvo alcuni casi particolari). Tuttavia, i Codici Gregoriano e quello Ermogeniano non erano stati aboliti, e le opere giurisprudenziali erano sempre impiegabili secondo i criteri fissati dalla "legge delle citazioni". Infine, vi erano le costituzioni nuove, e ogni nuovo atto normativo, disposto in una delle due parti dell'impero, avrebbe avuto efficacia anche nell'altra, una volta che fosse stato trasmesso nelle forme necessarie.

Il movimento codificatorio tardo-antico non si chiuse con la raccolta legislativa di Teodosio.

Le compilazioni di diritto romano che furono allestite nei regni germanici, in Gallia e nella Spagna, e forse in Italia, prima e dopo la caduta dell'impero romano di Occidente, formano un argomento a sé accanto alle leggi più propriamente barbariche.

In Occidente, fra il V e il VI secolo d.C. erano possibili solo opere legislative come quelle dei re barbari in quanto il diritto nell'enciclopedia del sapere non conservava più un posto di primo piano e fu pertanto dirimente il fatto che nel regno ostrogoto o visigoto, gli uomini dell'aristocrazia senatoria romana, o della gerarchia ecclesiastica più elevata, fossero i soli ad avere una formazione essenzialmente letteraria, retorica e filosofica (si pensi a figure come quelle di Cassiodoro, del filosofo e senatore Boezio, o di Cesario dotto arcivescovo di Arles).

Possiamo seguire la storia della produzione giuridica romano-barbarica lungo tre direttrici, che si identificarono con altrettante *gentes* germaniche (Visigoti, Burgundi e Ostrogoti) filtrate e poi dilagate dentro i confini dell'impero d'Occidente.

La premessa è che generalmente, e per le prime generazioni dopo la fine dell'ordinamento costituzionale occidentale, i popoli barbarici tesero a conservare il proprio diritto tradizionale, non scritto a matrice consuetudinaria, mentre lasciarono ai Romani l'uso delle loro risalenti regole consolidate nelle compilazioni tardoantiche, in primo luogo nel *Codex Theodosianus*.

Questa tendenza è stata formalizzata dalla dottrina moderna come principio di personalità del diritto, ma il tema è oggi molto dibattuto, e se guardiamo ai Visigoti, forse troviamo le vestigia più importanti di questa tradizione. È infatti alla volontà del re visigotico Alarico II che dobbiamo nel febbraio del 506 d.C. la compilazione della *Lex Romana Visigothorum*, conosciuta anche come *Breviarium Alaricianum*, che restò in vigore per circa centocinquant'anni, finché Chindasvindo e Reccesvindo non l'abolirono. Il lavoro legislativo era stato affidato, sul modello imperiale, a una commissione di esperti, e Alarico cercò e ottenne, nonostante il suo arianesimo, l'assenso dei vescovi e dei provinciali più ragguardevoli. Ed infatti nell'introduzione della *lex* è menzionato come autorità legislativa sia Alarico II che la Chiesa cristiana e l'insieme dei notabili, mentre sembra che l'incarico di preparare il testo fosse affidato al *vir illustris* Goiaricus.

Lo scopo del suo codice era di eliminare l'oscurità delle leggi romane e del diritto antico, che pure contribuivano a formarne il testo.

Nessuna legge o formula giuridica, che non vi fosse ricompresa, poteva essere invocata o applicata nei giudizi.

Nella *Lex Romana Visigothorum* vennero ricomprese le fonti che costituivano il patrimonio giuridico della Gallia alla fine del V secolo: il Codice Teodosiano, estratti delle Novelle posteodosiane, un riassunto in due libri dei primi tre libri delle Istituzioni di Gaio, estratti delle *Pauli Sententiae*, 23 rescritti estratti dal Codice Gregoriano e due da quello Ermogeniano, ed infine un unico responso papinianeo di due righi. Ai testi così compilati non di rado venne aggiunta una *interpretatio* elaborata nella cancelleria visigotica.

Il *Breviarum* sarà a lungo utilizzato, e diverrà uno degli elementi della fusione del diritto romano e di quello germanico che si verificherà anche formalmente nella Spagna visigotica del VII secolo. La *lex Romana Visigothorum* ebbe vigore, ma il dato è discusso, solo per i sudditi romani, per i Goti era stato composto infatti, negli anni Settanta del quinto secolo, un altro codice, fatto redigere dal re Eurico, tra il 476 e il 479 d.C., probabilmente a Tolosa che governava sia i Visigoti che i Romani residenti nei territori del regno, secondo il principio della territorialità del diritto.

Analoga alla *Lex Romana Visigothorum* è la *Lex Romana Burgundionum*. I Burgundi conquistarono il potere nella Francia sud-orientale nel V secolo d.C., facendo di Lione la loro capitale, la *Lex Romana Burgundionum* si diffuse attorno al 520 d.C. sotto il re Sigismondo.

Non è attestata la presenza di alcun decreto reale che abbia conferito al testo forza di legge, segno che si trattò più probabilmente di un testo giuridico che di una codificazione; l'opera, struttura in quarantasette titoli, sintetizza il diritto applicato ai cittadini romani nel regno dei Burgundi.

Consisteva di testi tratti dal Codice Teodosiano, dalle Novelle post-teodosiane e dalle Sentenze di Paolo. Furono inoltre adoperati anche le Istituzioni di Gaio, i codici Gregoriano ed Ermogeniano, nonché il Codice Euriciano. Ma al contrario della legislazione visigotica quella burgunda non reclamò per sé autorità esclusiva: i giudici, infatti, erano liberi di usare altri testi giuridici al pari di essa.

Il regno dei Burgundi fu conquistato dai Franchi nel 534 d.C., ma essi mantennero inalterate le leggi esistenti; tuttavia, nel corso dell'VIII secolo d.C., la *Legge Romana dei Burgundi* venne sostituita dalla più ampia *Legge Romana dei Visigoti*, anch'essa mantenuta in vigore dai Franchi.

Grazie a questi testi normativi, il Codice Teodosiano sembra avere avuto diretta o indiretta influenza anche nella legislazione dei Franchi, così come della Chiesa. È opportuno evidenziare come attraverso la *Legge Romana dei Burgundi* e *Legge Romana dei Visigoti* si mantenne una tradizione di diritto romano nel Sud della Francia e, in parte, nelle attuali Svizzera e Italia del Nord. Questa tradizione ininterrotta contribuì senz'altro alla più tarda ricezione del diritto romano che prese avvio a Bologna, per estendersi subito dopo al Sud della Francia.

Tra le leggi romano-barbariche, si include tradizionalmente anche l'Editto di Teodorico (*Edictum Theodorici*). È incerta la sua paternità, infatti, una lunga tradizione lo attribuisce all'attività legislativa del re ostrogoto Teodorico il Grande, il quale ben presto, dopo la caduta di Romolo Augustolo, ottenne il potere in Italia, sottomettendosi formalmente a Zenone imperatore d'Oriente, e questo dato potrebbe giustificare l'utilizzazione del nome di *edictum* invece di *lex*; altri invece credono che sia opera di Teodorico II re dei Visigoti (453-466 d.C.).

Nel primo caso certamente le disposizioni sarebbero valse sia per i Romani che per gli Ostrogoti; nel secondo, invece, l'editto avrebbe avuto una sua parte nella storia della legislazione del regno tolosano e non riguarderebbe il regno degli Ostrogoti in Italia; si tratterebbe di conseguenza della prima forma di legislazione barbarica scritta, in latino, precedendo il *Codex Euricianus*.

L'Editto di Teodorico è una raccolta di fonti romane che consta in un prologo, un epilogo e 154 brevi capitoli. Le sue fonti, spesso rielaborate con travisamenti ed alterazioni, sono essenzialmente il Codice Gregoriano, Ermogeniano e quello Teodosiano, nonché le Novelle posteodosiane, le *Pauli Sententiae* nel loro testo originario o attraverso mediazioni interpretative.

I dati di sistema più rilevanti rispetto a queste leggi sono l'assunzione del latino come lingua del diritto, l'influenza sulle successive legislazioni di altri popoli germanici, la progressiva fusione di ordinamenti che ha forgiato il diritto dell'Europa altomedievale. In tale contesto si ricordi l'importanza del fatto che la Chiesa cattolica (oramai divenuta una istituzione) continuò sempre ad utilizzare il diritto romano, forgiandone progressivamente una sua versione funzionale, il c.d. diritto canonico.

7. *La codificazione di Giustiniano*

Quando nel 527 d.C. Giustiniano ascese al trono della parte orientale dell'impero quella occidentale si era già dissolta da tempo. L'imperatore era di madrelingua latina (ultimo imperatore d'Oriente ad essere tale) ma ricevette un'istruzione in greco a Costantinopoli, che in quest'epoca ritornò ad avere il vecchio nome di Bisanzio.

Dotato di grande forza di volontà e capace di amministrare pienamente le proprie energie, Giustiniano era profondamente influenzato dalla propria moglie Teodora, un ex attrice, tanto che dopo la morte di lei, nel 448 d.C., la sua attività legislativa diminuì.

Nel corso di una lunga vita conclusasi nel 565 d.C. egli marcò in profondità la storia della propria epoca, prestando grande attenzione sia alle crisi interne alla Chiesa cristiana, dilaniata da violentissimi contrasti teologici e dal fermentare di molteplici eresie, sia alla possibilità di restaurare l'unità imperiale. Ed è in ragione di quest'ultimo ideale che Giustiniano operò su più fronti al fine di rafforzare un impero inteso quale *kosmos* (ordine) contrapposto all'*akosmìa* (disordine) caratterizzante i popoli barbari.

Sul fronte bellico, grazie alle imprese dei suoi generali Narsete e Belisario, riconquistò il Nord Africa dai vandali e ristabilì l'autorità imperiale sul regno ostrogoto in Italia. Perseguitò i pagani, gli ebrei e gli eretici, resistette al Papa che rivendicava un'autorità uguale a quella dell'imperatore e si considerò il detentore supremo tanto del potere religioso quanto di quello temporale.

Il simbolo della sua autorità religiosa fu la grande chiesa di Santa Sofia, a Bisanzio, nella costruzione della quale egli pretendeva di aver superato Salomone.

Sul piano istituzionale promosse una codificazione del diritto romano che lo trasformò in una figura archetipica, incidendo in profondità sulla futura fisionomia dell'universo mentale, prima che culturale, dell'Europa tardomedioevale. Senza la sua opera, infatti, quasi tutto l'enorme materiale prodotto dalla scienza giuridica romana nel corso di tanti secoli si sarebbe dissolto nel nulla. Nella sua opera codificatoria Giustiniano ebbe la fortuna di avere un brillante ministro della giustizia, Triboniano, come esecutore dei suoi piani.

Alla più che legittima domanda se si possa affermare che Giustiniano sia stato "l'ultimo dei Romani", possiamo rispondere come ha fatto Giusto Traina, che di certo si è trattato dell'ultimo imperatore a tentare di restaurare il grande impero mediterraneo.

Nel 528 d.C. Giustiniano enunciò, con la costituzione "*Haec quae necessario*", il suo progetto di far redigere una raccolta di tutte le costituzioni imperiali, riallacciandosi a quanto già aveva fatto Teodosio, ma di fatto aggiornando l'opera di quest'ultimo.

Il *Codex Iustinianus* doveva differire dunque dal *Codex Theodosianus* non solo perché aggiornato, ma anche perché andavano in esso incluse le *leges speciales* (relative a casi singoli e a singoli sudditi) dei codici Gregoriano ed Ermogeniano, e ne andavano escluse le costituzioni che non fossero più in vigore in quanto esplicitamente o tacitamente abrogate da costituzioni successive. Presieduta da Giovanni di Cappadocia (ex *quaestor sacrii palatii*), la commissione fu composta da sette alti funzionari: Triboniano, il futuro protagonista delle altre successive e più importanti operazioni codificatorie, il professore costantinopolitanoTeofilo, i *magistri militum* Leonzio e Foca, l'ex *praefectus praetorio* Basilide, il *quaestor sacrii palatii* Tommaso, il *comes sacrarum largitionum* Costantino e dagli avvocati Dioscoro e Presentino.

L'imperatore autorizzò i suoi commissari ad effettuare sul testo delle costituzioni raccolte tutti quei tagli, modifiche ed aggiornamenti che fossero stati ritenuti necessari per adeguarne il tenore al diritto vigente della sua epoca. Nell'aprile del 529 d.C. il testo venne pubblicato, accompagnato dalla costituzione che iniziava con le parole *Summa rei publicae*, con la quale si sanciva la sua entrata in vigore, come organico e unitario testo legislativo. Questo codice non ci è pervenuto poiché fu rifuso dopo soli quattro anni nel *Codex repetitae praelectionis*; pertanto, grazie ad un papiro rinvenuto ad Ossirinco (in Egitto) ne conosciamo solo *per indicem* le costituzioni contenute nei titoli 11-16 del primo libro.

Stante il considerevole numero di costituzioni emanate dopo il 530 d.C. si rese necessaria una riedizione – *repetita praelectio* – del *Codex Iustinianeus*.

Giustiniano incaricò di questo lavoro nei primi mesi del 534 d.C. una commissione composta da: il *quaestor sacrii palatii* Triboniano, il professore della scuola di Berito Doroteo e i tre avvocati Mena, Costantino e Giovanni.

L'opera venne conclusa nello stesso anno e venne pubblicata con la costituzione *Cordi*, che abrogò il primo codice e le costituzioni posteriori in esso non inserite dai compilatori.

Il *Codex repetitae praelectionis* (o *Novus Codex Iustinianus*), l'unico che si è conservato, è ripartito in dodici libri (a ricordo delle antiche XII Tavole), ogni libro contiene numerosi *tituli* ed ogni titolo comprende un certo numero di costituzioni ordinate cronologicamente: ciascuna corredata da una *praescriptio*, nella quale si indica il nome dell'imperatore e quello del destinatario del provvedimento, e da una *subscriptio*, relativa alla data di emanazione dell'atto.

I poteri dei compilatori di questo secondo codice furono molto estesi, infatti essi potevano scindere e riunire le costituzioni, secondo le esigenze dell'inquadramento sistematico, eliminare le costituzioni non più in vigore e riformare il dettato di quelle accolte nella compilazione.

Successivamente alla redazione del primo codice ma prima di quella del secondo e più precisamente nel dicembre del 530 d.C. Giustiniano con la costituzione *Deo auctore*, indirizzata a Triboniano, divenuto *quaestor sacri palatii*, tracciò le linee di un nuovo programma.

In tale costituzione, infatti, si dava ordine di provvedere ad una raccolta di tutti gli antichi testi dei giuristi romani (si circoscriveva la scelta di questi ai soli giuristi muniti di *ius publice respondendi*, senza alcun ordine di preferenza degli uni sugli altri), anche qui avendo cura di adeguare i loro scritti al diritto allora vigente, modificando, tagliando o aggiungendo quanto necessario a tale scopo.

Tutto l'ordinamento giuridico si sarebbe retto dunque su due opere: l'una, il codice, contenente le costituzioni imperiali (*leges*), e l'altra, il *Digesta* (in greco *Pandectae*), che avrebbe raccolto il diritto estratto dalla letteratura giuridica (*iura*).

Quest'ultima colossale opera fu completata in tre anni e il 16 dicembre del 533 d.C., Giustiniano con la costituzione bilingue *Tanta* o *Dédoken*, indirizzata al senato e al popolo, la pubblicava, facendola entrare in vigore il 30 di quello stesso mese.

La commissione incaricata dei lavori era presieduta dal ministro della giustizia Triboniano e ne facevano parte: il *comes sacrarum largitionum* Costantino, quattro professori (dei quali, due della scuola giuridica di Berito, Doroteo e Anatolio, e due di quella di Costantinopoli, Teofilo e Cratino) e undici avvocati abilitati a patrocinare presso il tribunale supremo della prefettura d'Oriente (Stefano, Mena, Prosdocio, Eutolmio, Timoteo, Leonide, Leonzio, Platone, Giacomo, Costantino e Giovanni).

I 16 commissari che avevano realizzato quest'opera sulla base delle indicazioni di Giustiniano si lessero e si scelsero duemila libri e oltre tre milioni di righe, raccogliendo testi dei giuristi del principato.

In questa antologia il primo posto tra i giuristi era stato riservato ai cinque giuristi della "Legge delle Citazioni".

Un terzo dei *Digesta* venne escerpito dall'opera di Ulpiano e un sesto da quella di Paolo, ma i compilatori si spinsero ad accogliere anche *responsa* di autori tardorepubblicani, come quelli di Alfeno Varo, l'allievo di Servio Sulpicio Rufo, o addirittura quelli di Quinto Mucio.

L'intera opera costituisce un immenso mosaico, nel quale gli estratti della *scientia iuris* del passato sono distribuiti in titoli dedicati a specifici argomenti e disposti in cinquanta libri.

Ogni libro di varia ampiezza è pertanto diviso in due o più titoli (salvo i libri 30-32, che costituiscono un titolo unico sui legati e i fedecommessi).

L'ordine dei titoli è quello tradizionale dell'editto del pretore con la differenza che, all'interno di ciascun titolo, i frammenti sembrano collocati senza una logica precisa. Ai compilatori era stata impartita la direttiva di attribuire ciascun frammento alla sua fonte, attraverso un'appropriata indicazione in epigrafe, detta *inscriptio*, indicante sia l'opera dalla quale era stato tratto il brano giurisprudenziale che l'autore della stessa.

Nell'Ottocento, lo studioso tedesco Friedrich von Bluhme dimostrò, in base ad uno studio compiuto sulle *inscriptiones*, che le opere dalle quali furono tratti i frammenti appaiono suddivise in tre gruppi e che, all'interno di ciascuno di questi gruppi, gli estratti delle singole opere appaiono per lo più nello stesso ordine, anche se i tre grandi gruppi non sono disposti nel medesimo ordine in ogni titolo.

Da ciò lo studioso ipotizzò che i compilatori, sotto la pressione dell'imperatore per una conclusione quanto più rapida dei lavori, dovettero probabilmente essersi divisi in tre sottocommissioni, ciascuna delle quali aveva assunto l'incarico di escerpire una determinata quantità di opere. A quel punto, le tre sottocommissioni avevano esaminato le varie catene di frammenti in una sessione plenaria nella quale avevano deciso per ciascun titolo l'ordine nel quale le catene di frammenti dovevano susseguirsi. Pochi frammenti particolarmente significativi vennero estratti dall'ordine definito e collocati in posizione di maggior rilievo.

Sempre sulla base delle disposizioni imperiali, i compilatori introdussero molte modifiche dei testi, non solo come previsto, al fine di adeguarli alle modifiche normative intervenute nel frattempo, ma anche per renderli tra loro congruenti ed evitare antinomie, sopprimendo a tal fine le contraddizioni, pur presupposte dal carattere *controversum* dell'antico sapere.

Tali interventi testuali sono noti come "interpolazioni", o, sin dal XVI secolo, "emblemi di Triboniano" (*emblemata Triboniani*). Per questo motivo, anche se è stata indicata la fonte di ciascun parere giurisprudenziale, non possiamo ritenere che ciò che i compilatori hanno attribuito a ciascun giurista sia ciò che egli scrisse realmente.

In quest'ottica come ha scritto Dario Mantovani il Digesto ha offerto ai giuristi classici «un riparo, al prezzo però di una brutale mutilazione».

Il Codice e i *Digesta* sono le parti principali della compilazione di Giustiniano, ma essi erano troppo complessi per essere posti nelle mani di studenti agli inizi dei loro studi (si ricordi che nella seconda metà del V secolo d.C. si assistette ad una notevole ripresa dell'insegnamento giuridico nelle scuole di diritto di Costantinopoli e di Berito). Pertanto, a completare il progetto giustinianeo si colloca la redazione di un'opera didattica che si sostituì ai manuali allora più diffusi, in particolare alle istituzioni di Gaio. Pur trattandosi di un libro di testo elementare, quest'opera ricevette lo *status* di fonte del diritto al pari dei *Digesta* e del Codice.

Anche in questo caso l'incarico fu affidato a Triboniano, insieme a Teofilo e Doroteo. Talché con la costituzione *Imperatoriam* Giustiniano poté, negli ultimi mesi del 533 d.C., rivolgersi alla *cupida legum iuventus*, presentando le sue nuove *Institutiones*, strutturate in quattro libri, in cui l'insieme delle istituzioni vigenti era esposto in forma semplificata, destinata ad avviare dei principianti allo studio giuridico.

Ciascun libro è suddiviso in titoli, secondo la materia: il primo libro tratta il diritto delle persone, il secondo della proprietà e dei diritti reali, il terzo dei contratti e delle obbligazioni e il quarto, oltre che delle obbligazioni per fatto illecito, delle procedure giudiziali.

Attraverso queste opere l'antico sapere e gli antichi testi venivano assunti unitariamente dal sovrano come la compiuta espressione del diritto vigente, non più destinato a mutamenti di sorta, tanto che l'imperatore proibì non solo ogni citazione del materiale originario utilizzato per la sua compilazione, ma bandì pure i commentari ai nuovi testi in base all'osservazione che quest'ultimo era di una chiarezza cristallina così com'era espresso.

Giustiniano continuò a emanare costituzioni fino all'anno della sua morte, queste, denominate *Novellae* (in quanto nuove costituzioni), e nella maggior parte scritte in greco, furono raccolte in una collezione a sé stante e vennero aggiunte alle altre tre parti di ciò che fu chiamato *Corpus Iuris Civilis*, in contrapposizione al diritto canonico della Chiesa.

Ma l'opera di Giustiniano essendo scritta in latino era del tutto incomprensibile a molti giuristi bizantini di lingua greca.

Uno dei compilatori delle *Istitutiones* Teofilo produsse pertanto una versione greca, nota come *Parafrasi*, di quest'ultima opera. Nell'VIII secolo d.C., comparve in lingua greca una più breve raccolta ufficiale, chiamata *Ecloga*, che cercò di modificare il diritto di Giustiniano nella direzione della pratica bizantina corrente.

Intorno al 900, l'imperatore Leone il Saggio promosse un ampio riadattamento in lingua greca del diritto di Giustiniano, denominato i *Basilica*, che intrecciarono Digesto, Codice, Istituzioni e Novelle in un'unica opera. I testi vennero integrati con scolii, cioè note derivanti principalmente dai commenti dei giuristi dell'epoca di Giustiniano e pertanto qualche volta utili per spiegare il testo latino originale. Nei secoli seguenti furono prodotte versioni abbreviate dei *Basilica*, fra queste, quella destinata a esercitare la maggiore influenza fu l'*Hexabiblios* ("opera in sei libri"), pubblicato nel 1345, e ancora riconosciute alla base del diritto della Grecia moderna, finché non fu sostituito dal codice del 1940.

È indiscutibile che grazie all'opera di Giustiniano un patrimonio giuridico millenario si rinserrava in una sola opera, che i giuristi, dal medioevo all'età moderna, avrebbero letto, interpretato, commentato per adattarla ai bisogni del loro tempo o ricercarvi un modello di pensiero duraturo e autorevole.

Cronologia

a.C.

Metà dell'VIII secolo	Fondazione di Roma (753 a.C., secondo Varrone)
VIII sec. (metà) – VII sec. (anni 30)	Monarchia Sabino-Latina (secondo la tradizione: Romolo, Numa Pompilio, Tullo Ostilio, Anco Marcio)
VIII sec. (a partire da -)	*Responsa* pontificali Repressione penale attraverso: violenza privata delitti sacrali
VII sec. a.C. (anni 30)	Monarchia Etrusca (secondo la tradizione: Tarquinio Prisco, Servio Tullio, Tarquinio il Superbo).
VI secolo a.C.	Riforma centuriata.
[VII sec. a.C.]	*Leges regiae* (leggi regie) Diffusione dello *ius coercitionis*
510	Cacciata dell'ultimo re, Tarquinio il Superbo. Fine dell'età monarchica.
509	Istituzione dei consoli. *Lex Valeria de provocatione.* Stabilisce che nessun magistrato può far fustigare e mettere a morte un cittadino romano che abbia provocato al popolo.
494	Prima secessione della plebe (sul monte Sacro).
493	Prima *lex sacrata.* Istituzione dei *tribuni*, degli *aediles* e dei *concilia plebis tributa.*
492	Seconda *lex sacrata.*
486	Il console Spurio Cassio propone la prima legge agraria.
471	Seconda secessione della plebe (sul monte Aventino).
454-452	Emanazione leggi Aternia Tarpeia e Menenia Sestia
451-450	Costituzione del collegio decemvirale (*decemviri legibus scribundis*). Redazione delle XII Tavole.
449	*Lex Valeria Horatia* che proibisce l'istituzione di magistrature *sine provocatione.*
445	Plebiscito Canuleio (o *lex Canuleia*): abrogazione del divieto di *conubium* tra patrizi e plebei.

444- 368	Istituzione del tribunato militare *consulari potestate.*
443	Istituzione della censura.
367	Leggi Licinie-Sestie, tramite le quali i plebei vengono ammessi al consolato. Contestuale istituzione del pretore.
351	Prima censura plebea.
339	*Leges Publiliae Philonis.*
300	*Lex Valeria de provocatione* con contenuto analogo alla legge del 509, ma con una sanzione più efficace ritenendo l'atto del magistrato, che abbia agito in onta alla *provocatio*, *improbe factum.*
	Plebiscito Ogulnio: i plebei sono ammessi al collegio dei pontefici e a quello degli auguri.
287	*Lex Hortensia de plebiscitis*: definitiva equiparazione dei plebisciti alle *leges publicae.*
264-241	Prima guerra punica.
254	Tiberio Coruncanio, plebeo, diventa pontefice massimo.
242	Istituzione del *praetor peregrinus.*
219-202	Seconda guerra punica.
195 (circa)	*Leges Porciae*
186	*Senatusconsultum de Bacchanalibus*
149-146	Terza guerra punica.
133	Tribunato di Tiberio Gracco
123	Tribunato di Caio Gracco. *Lex Sempronia de capite civis.*
122	Secondo tribunato di Caio Gracco. *Lex Acilia repetundarum*
104	Vittoria di Mario su Giugurta.
102-101	Mario sconfigge definitivamente Cimbri e Teutoni.
100	Mario diventa console per la sesta volta.
91-89	Guerra sociale (o *bellum Marsicum*) (relativa alla concessione della cittadinanza agli Italici).
87-82	Guerra civile tra mariani e sillani.
82-79	Silla assume la dittatura *legibus scribundis et rei publicae constituendae.*
79	Silla lascia spontaneamente la dittatura.
70	*Lex Aurelia Cotta*
67 e 66	*Lex Gabinia de bello piratico* e *lex Manilia.*
60	Primo triumvirato: accordo politico tra Cesare, Marco Licinio Crasso e Pompeo.
56	Convegno di Lucca
49-44	Dittatura di Cesare: dopo la dittatura annuale del 49, e il consolato negli anni successivi, Cesare ottiene, nel 46, una seconda dittatura. Nel 44 Cesare è dittatore a vita.

48	Battaglia di Farsalo.
44	Cesare è ucciso nella congiura guidata da Gaio Cassio Longino e Marco Giunio Bruto.
43	Secondo triumvirato, stretto tra Ottaviano, Antonio e Lepido: la *lex Titia* lo istituisce come magistratura straordinaria, *rei publicae constituendae*. Ottaviano sconfigge Antonio a Modena.
32-30	Guerra di Ottaviano contro Antonio.
31	Battaglia di Azio.
30	Morte di Antonio e Cleopatra. Presa di Alessandria e conquista dell'Egitto.
27 (13 gennaio)	Con una dichiarazione solenne, Ottaviano 'restituisce' la *res publica* al senato (*restitutio rei publicae*), mantenendo solo il consolato.
27 (16 gennaio)	Conferimento ad Ottaviano del titolo onorifico di *Augustus*.
23	Attribuzione ad Augusto della *tribunicia potestas* e dell'*imperium proconsulare*.
18-17	*Lex Iulia de adulteriis coercendis*: legge augustea in materia di repressione dell'adulterio, con cui viene istituito un tribunale competente per questo reato (*quaestio de adulteriis*).
17	*Lex Iulia iudiciorum privatorum* e *lex Iulia iudiciorum publicorum*: leggi augustee in materia giudiziaria, con cui viene riordinato il processo privato e pubblico.

d.C.

14	Morte di Augusto.
14-68	DINASTIA GIULIO-CLAUDIA.
14-37	Principato di Tiberio.
37-41	Principato di Caligola.
41-54	Principato di Claudio.
54-68	Principato di Nerone.
64	Incendio di Roma.
68-69	*Longus et unus annus*: anno dei quattro imperatori, Galba, Otone, Vitellio, Vespasiano.
69-96	DINASTIA FLAVIA.
69-79	Principato di Vespasiano.
79-81	Principato di Tito.
81-96	Principato di Domiziano.
I secolo	Si esaurisce la produzione legislativa comiziale.
96-98	Principato di Nerva.
98-138	DINASTIA «SPAGNOLA».

98-117	Principato di Traiano.
117-138	Principato di Adriano.
130-138	Su incarico di Adriano, Salvio Giuliano redige il testo definitivo dell'editto pretorio (*edictum perpetuum*).
138-192	DINASTIA DEGLI ANTONINI.
138-161	Principato di Antonino Pio.
147	Antonino Pio associa al governo il figlio adottivo, Marco Aurelio.
161	Morte di Antonino Pio.
161-180	Principato di Marco Aurelio, che associa a sé nel governo Lucio Vero (anch'egli figlio adottivo di Antonino Pio).
169	Morte di Lucio Vero.
176	Marco Aurelio associa a sé nel governo il figlio Commodo.
180	Morte di Marco Aurelio.
180-192	Principato di Commodo.
193	Principato di Pertinace e, a seguire, di Didio Giuliano.
193-235	DINASTIA DEI SEVERI.
193-211	Principato di Settimio Severo.
211-212	Governo congiunto di Caracalla e Geta.
212	Assassinio di Geta e del giurista Papiniano.
212-217	Principato di Caracalla.
212	*Constitutio Antoniniana*, nota come editto di Caracalla, che estende, salvo limitate eccezioni, la cittadinanza a tutti gli abitanti dell'impero.
217-218	Principato di Macrino.
218-222	Principato di Eliogabalo (o Elagabalo).
222-235	Principato di Alessandro Severo.
223	Assassinio del giurista Ulpiano.
III secolo	Compilazione dei Codici Gregoriano e Ermogeniano.
235-284	Cosiddetta "crisi del terzo secolo" e periodo di "anarchia militare".
284-305	Principato di Diocleziano. Riassetto delle unità amministrative (*provinciae* e *diocesi*).
293-305	Prima tetrarchia: Diocleziano e Massimiano (Augusti), Costanzo e Galerio (Cesari).
301	Riforma monetaria e Editto sui prezzi.
303	Editti di Nicomedia: persecuzione dei cristiani.
305	Diocleziano si ritira a vita privata.
306-337	Costantino I imperatore.
311	Editto di Serdica (Galerio) che concede ai cristiani libertà di culto: fine delle persecuzioni.

313	Incontro a Milano (febbraio) tra Costantino e Licinio, che ribadiscono, di comune accordo, il principio della libertà religiosa per tutti e, in particolare, per i cristiani (cosiddetto Editto di Milano). Muore Diocleziano.
324-330	Fondazione di Costantinopoli, nei pressi dell'antica Bisanzio.
325	Concilio di Nicea: definizione del simbolo di fede cattolico-ortodosso. Condanna dell'arianesimo.
361-363	Regno di Giuliano l'Apostata.
364	*Partitio imperii*: suddivisione dell'impero in due parti, duplicazione degli apparati amministrativi centrali (d'Occidente e d'Oriente).
364-375	Sono imperatori Valentiniano I in Occidente e Valente in Oriente.
367-383	Graziano è nominato Augusto per l'Occidente.
378	Disfatta di Adrianopoli. Valente, sconfitto dai Visigoti, è ucciso in battaglia.
379-395	Teodosio I è Augusto per l'Oriente.
380	Teodosio promulga l'Editto di Tessalonica, in conseguenza del quale il credo (simbolo) niceno è imposto a tutti i cristiani.
395-455	DINASTIA TEODOSIANA.
395-408	Onorio in Occidente e Arcadio in Oriente.
401	I Visigoti, con a capo Alarico, penetrano in Italia.
408-450ì	Teodosio II è imperatore d'Oriente.
410	Sacco di Roma da parte di Alarico.
425-455	Valentiniano III è imperatore d'Occidente.
426 (7 novembre)	Viene emanata a Ravenna, sede dell'imperatore in Occidente, la cosiddetta «legge delle citazioni».
438 (15 febbraio gennaio)	Pubblicazione del *CodexTheodosianus* (che entrerà in vigore il 1 gennaio 439).
476	Odoacre uccide Oreste a Piacenza. Romolo è deposto e le insegne imperiali sono inviate a Zenone: fine dell'Impero romano d'Occidente.
476-493	Odoacre in Italia.
493	Teodorico, re degli Ostrogoti, sconfigge Odoacre.
500-526 (?)	Editto di Teodorico.
506	*Lex Romana Visigothorum* (*Breviarium Alaricianum*).
527-565	Impero di Giustiniano I.
528 (13 febbraio)	Con la costituzione *Haec quae necessario* prende avvio la realizzazione del primo codice giustinianeo (*Novus Iustinianus Codex*).
529 (7 aprile)	Pubblicazione del *Novus Iustinianus Codex* (in vigore dal 16 aprile) con la costituzione *Summa rei publicae*.
530	Con la costituzione *Deo auctore* (del 15 dicembre) iniziano i lavori per la compilazione dei *Digesta seu Pandectae*. Avvio della realizzazione del progetto delle *Quinquaginta decisiones*.

531-532	*Constitutiones ad Commodum.*
533 (novembre-dicembre)	Pubblicazione dei Digesta con la costituzione *Tanta* (*Dédoken*). Vedono contemporaneamente la luce le *Istituzioni*, pubblicate con la costituzione *Imperatoriam*.
	La costituzione *Omnem* riforma degli studi giuridici.
534	Con la costituzione *Cordi* si pubblica una nuova raccolta di costituzioni, il *Codex repetitae praelectionis*.
534-565	Provvedimenti legislativi di Giustiniano, che verranno raccolti dopo la morte dell'imperatore con il nome di *Novellae Constitutiones*.
554	Giustiniano riconquista l'Italia.
	Pragmatica sanctio pro petitione Vigilii, con la quale la compilazione giustinianea entra in vigore in Italia.
568	Invasione longobarda dell'Italia.

Bibliografia

La presente bibliografia intende proporre ai lettori – studenti e futuri possibili laureandi in Storia del diritto romano – i primi essenziali riferimenti bibliografici divisi per l'approfondimento dello studio di ciascun periodo della storia giuridica di Roma trattata in questo testo. Le quattro sezioni, a cura degli autori delle singole parti, danno conto anche dei pochi testi richiamati nel testo.

Parte I – L'epoca monarchica

BENVENISTE É., *Il vocabolario delle istituzioni indoeuropee*, I-II, Torino, 2001.

CANNATA A., *Per una storia della scienza giuridica europea*, I. *Dalle origini all'opera di Labeone*, Torino, 1997.

CANTARELLA E., *I supplizi capitali. Origine e funzioni delle pene di morte in Grecia e a Roma*, Milano, 2011².

CAPOGROSSI COLOGNESI L., *Storia di Roma tra diritto e potere*, Bologna, 2021³.

CARANDINI A., *La leggenda di Roma*, 4 voll., Milano, 2010-2014.

DE FRANCISCI P., *Primordia civitatis*, Roma, 1959.

DE MARTINO F., *Storia della costituzione romana*, I, Napoli, 1958.

DUMÉZIL G., *La religione romana arcaica*, rist. Milano, 2001.

FIORI R., *Homo sacer. Dinamica politico-costituzionale di una sanzione giuridico-religiosa*, Napoli, 1996.

MAZZARINO S., *Dalla monarchia allo stato repubblicano*, rist. Milano, 1992.

MOMIGLIANO A., *Roma arcaica*, Firenze, 1989.

ORESTANO R., *I fatti di normazione nell'esperienza romana arcaica*, Torino, 1967.

SANTALUCIA B., *Diritto e processo penale nell'antica*, Milano, 1998².

SANTALUCIA B., *Dalla vendetta alla pena*, in *Altri studi di diritto romano*, Milano, 2010, pp. 7 ss.

SANTALUCIA B., *La giustizia penale in Roma antica*, Bologna, 2013.

SCHIAVONE A. (a cura di), *Storia giuridica di Roma*, Torino, 2016.

SCHIAVONE A., *Ius. La storia del diritto in Occidente*, Torino, 2017².

Parte II – L'epoca repubblicana

AA.VV., *Il diritto nell'esperienza di Roma antica*, Torino, 2021.
BURDESE A., *Manuale di diritto pubblico romano*, Torino, 1987[3].
CAPOGROSSI COLOGNESI L., *Storia di Roma tra diritto e potere*, Bologna, 2021.
COSTABILE F., *Temi e problemi dell'evoluzione storica del diritto pubblico romano*, Torino, 2016.
DE MARTINO F., *Storia della costituzione romana*, I-II, Napoli, 1951.
FASCIONE L., *Manuale di diritto pubblico romano*, Torino, 2013[2].
FREZZA P., *Corso di storia del diritto romano*, Roma, 1974.
GILIBERTI G., *Elementi di storia del diritto romano*, Torino, 2001.
GROSSO G., *Lezioni di storia del diritto romano*, Torino, 1960.
LONGO G.-SCHERILLO G., *Storia del diritto romano*, Milano, 1947.
PETRUCCI A., *Corso di diritto pubblico romano*, Torino, 2012.
SANTALUCIA B., *Diritto e processo nell'antica Roma*, Milano,1998[2].
SANTALUCIA B., *La giustizia penale in Roma antica*, Bologna, 2013.
VALDITARA G., *Diritto pubblico romano*, Torino, 2013.
VENTURINI C., *Processo penale e società politica nella Roma repubblicana*, Pisa, 1996.
VINCENTI U., *La Costituzione di Roma antica*, Bari-Roma, 2017.

Parte III – L'epoca imperiale

BRETONE M., *Storia del diritto romano*, Roma-Bari, 1987.
BURDESE A. (a cura di), *Idee vecchie e nuove sul diritto criminale romano*, Padova, 1988.
CANTARELLA E., *I supplizi capitali. Origine e funzioni delle pene di morte in Grecia e a Roma*, Milano, 2011[2].
CAPOGROSSI COLOGNESI L., *Storia di Roma tra diritto e potere*, Bologna, 2021[3].
DE FRANCISCI P., *Sintesi storica del diritto romano*, Roma, 1968[4].
DE MARTINO F., *Storia della costituzione romana*, vol. IV, Napoli, 1974.
GIUFFRÈ V., *La repressione criminale nell'esperienza romana*, Napoli, 1998[5].
GROSSO G., *Lezioni di storia del diritto romano*, Torino, 1960.
GUARINO A., *Storia del diritto romano*, Napoli, 1969[4].
SANTALUCIA B., *Diritto e processo nell'antica Roma*, Milano, 1998[2].
SANTALUCIA B., *La giustizia penale in Roma antica*, Bologna, 2013.
SCHIAVONE A. (a cura di), *Storia giuridica di Roma*, Torino, 2016.
SOLIDORO L. (a cura di), *Regole e garanzie nel processo criminale romano*, Torino, 2016.
TALAMANCA M. (direzione di), *Lineamenti di storia del diritto romano*, Milano, 1989[2].
VENTURINI C., *Scritti di diritto penale romano*, a cura di F. Procchi e C. Terreni, Padova, 2015.
VINCENTI U., *La Costituzione di Roma antica*, Bari-Roma, 2017.

Parte IV – L'epoca tardoantica

BRETONE M., *Storia del diritto romano*, Roma-Bari, 1987.

BROWN P., *Il mondo tardo antico. Da Marco Aurelio a Maometto*, Torino, 2017.

CAPOGROSSI COLOGNESI L., *Storia di Roma tra diritto e potere*, Bologna, 2021[3].

CROCE B., *La storia come pensiero e come azione*, introduzione di Luciano Canfora, Bari-Roma, 2023.

DE GIOVANNI L., *Introduzione allo studio del diritto romano tardoantico. Lezioni*, Napoli, 1999[3].

DE GIOVANNI L., *Istituzioni scienza giuridica codici nel mondo tardoantico. Alle radici di una nuova storia*, Roma, 2007.

DE MARTINO F., *Storia della costituzione romana*, vol. V, Napoli, 1975.

GABBA E., FORABOSCHI D., MANTOVANI D., LO CASCIO E., TROIANI L., *Introduzione alla storia di Roma*, Milano, 2008.

GIARDINA A., *Esplosione di tardoantico*, in *Studi storici*, 1999, anno 40, nr. 1, pp. 157-180.

HUGO G., *Historire du droit romaine*, Bruxelles, 1840.

MANTOVANI D. (a cura di), *Le strutture nascoste della legislazione tardoantica*, Bari, 2019.

MAZZARINO S., *L'Impero romano*, vol. II, Roma-Bari, 1976.

MAZZARINO S., *Stilicone. La crisi imperiale dopo Teodosio*, Milano, 1990[2].

MOMIGLIANO A., *La caduta senza rumore di un impero nel 476 d.C.*, in *Annali della Scuola Normale Superiore di Pisa. Classe di Lettere e Filosofia*, 1973, ser. III, vol. 3, nr. 2, pp. 397-418.

SANTALUCIA B., *La giustizia penale in Roma antica*, Bologna, 2013.

SCHIAVONE A. (direzione di), *Storia di Roma*, vol. III (*L'età tardoantica*), II (*I luoghi e le culture*), Torino, 1993.

STEIN P.G., *Il diritto romano nella storia europea*, Milano, 2001.

TALAMANCA M. (direzione di), *Lineamenti di storia del diritto romano*, Milano, 1989[2].

TRAINA G. (a cura di), *Storia d'Europa e del Mediterraneo, Il mondo antico, III. L'ecumene romana*, vol. VII, Roma, 2010.

TRAINA G., *La storia speciale. Perché non possiamo fare a meno degli antichi romani*, Bari-Roma, 2020.

Finito di stampare nel mese di settembre 2024
da Rotolito S.p.A. - Pioltello (MI)